AF287094

Ein Buch schreibt man wohl niemals ganz allein ...

Für geduldiges Korrekturlesen und kreative fachliche wie sprachliche Ratschläge danke ich Gerd Koch, Irmela Beyer und Roland Renner.

Ein besonderer Dank für vielfältige Formen der inhaltlichen wie persönlichen Unterstützung geht an Jürgen Nestler und an meine Kinder Jakob und Marie Ache.

Sein Entstehen verdankt dieses Buch zudem den vorantreibenden wie auch widerständigen Impulsen der Spielerinnen und Spieler meiner verschiedenen Theatergruppen sowie meiner Studentinnen und Studenten an der Universität der Künste Berlin.

Last not least waren Angehörige der Ulrich-von-Hutten-Schule in Berlin und der Hochschule für Bildende Künste in Braunschweig, die sich für die Veröffentlichung eingesetzt haben, an dem Zustandekommen dieses Buches beteiligt.

Dorothea Hilliger

Theaterpädagogische Inszenierung

Beispiele – Reflexionen – Analysen

Schibri-Verlag Berlin • Milow • Strasburg

Bestellungen über
den Buchhandel
oder direkt beim Verlag

© 2009² by Schibri-Verlag
Dorfstraße 60, 17337 Uckerland OT Milow
email: Schibri-Verlag@t-online.de
Homepage: www.schibri.de

ISBN 978-3-937895-24-6

Inhalt

Vorbemerkungen

Vorbemerkungen

Zielortbestimmung und Skizzierung der Wegstrecke

1   Der Begriff „Theater-lehrer" meint im engeren Sinn all diejenigen, die in der Schule das Fach „Darstellendes Spiel" unterrichten, lässt sich aber auch über-tragen auf Theater-pädagogen, die außerhalb dieser Institution Theater praktisch lehren, also mit einer Amateurtheater-gruppe arbeiten. Die Begriffe Theater-lehrer und Theater-pädagoge werden im Folgenden synonym benutzt.

2   Nur aus Gründen der besseren Lesbarkeit wird im weiteren Verlauf des Buches durchgängig die männliche gram-matikalische Form benutzt.

Mit einer Gruppe von Amateuren ein Theaterprojekt zu realisieren, führt Theaterlehrer[1] immer wieder auf spannendes, neues Terrain. Dieses kann sich jedoch auch als ein Dschungel erweisen, in dem es nicht immer einfach ist, die Orientierung zu behalten. Schließlich lässt man sich gemeinsam mit den Spielern auf einen künstlerischen Gestaltungsprozess ein, dessen Ausgang notwendigerweise offen ist.

Die Komplexität der Kunstform Theater verlangt vielfältige Kenntnisse und Fähigkeiten in Stimm- und Körperarbeit, Improvisation, Bühnenbild, Kostümbild, Dramaturgie, Regie und anderem mehr, die in der theaterpädagogischen Arbeit mit einer Gruppe in methodisch-didaktisches Handeln umgesetzt werden müssen. Diese umfassende Aufgabe wirft nicht nur für Anfänger immer neue Fragen auf und kann in pädagogischer wie künstlerischer Hinsicht zu Verunsicherungen führen, aus denen aber durchaus wieder kreative Impulse zu gewinnen sind. Gerade weil der Theaterlehrer[2] in die Suchbewegung nach einem künstlerischen Ausdruck grundsätzlich eingeschlossen ist, braucht er ein methodisch-didaktisches Handwerkszeug, auf dessen Basis die Bewegung so vorangetrieben werden kann, dass notwendige Umwege und vielleicht sogar die eine oder andere Sackgasse Teil des kreativen Weges zur Ausdrucksfindung mit einer Gruppe werden.

Das vorliegende Buch kann als Kompass durch die Themen und Erfordernisse einer theaterkünstlerischen Arbeit mit Amateuren dienen. Es leistet mit einer Vielzahl von Vorschlägen auf gestalterischer wie reflektierender Ebene eine Vermittlung zwischen Theaterkunst und Pädagogik. Zielort ist – wie im professionellen Theater auch – die Aufführung vor einem Publikum.

Zusammen mit den benachbarten Bühnenkünsten Tanz und Performance gilt das Theater als die flüchtigste aller Kunstformen. Sie ist nicht auf Konservierung und Dauer angelegt, sondern direkt und unmittelbar im Erleben aller Beteiligten, in der Zeiterfahrung und in der Kommunikation. In der theaterpädagogischen Praxis wird oft ein Jahr lang an der Gestaltung einer Produktion gearbeitet, die einem Publikum dann in nur wenigen Aufführungen präsentiert werden kann. Für jugendliche Amateure bietet diese Mischung aus Formgebung und Flüchtigkeit eine besondere Chance: Sie erlaubt ihnen eine Positionierung im ‚Hier und Jetzt' in einer zentralen Entwicklungsphase ihres Lebens. Sie nehmen Stellung zu theatralen Gestaltungsmöglichkeiten, zu Themen, Figuren, Bezügen und Beziehungen sowie zum sozialen und gesellschaftlichen Umfeld, das sie umgibt. Diese Positionierung wird auf der Basis einer künstlerischen Formfindung veröffentlicht und kommunizierbar gemacht.

Immer sind die Wege zum Ziel einer Aufführung vielfältig, egal, ob es sich um die gestalterische Auseinandersetzung mit einer dramatischen oder anderen Textvorlage handelt oder ob mit einer Gruppe ein Stück komplett selbst entwickelt werden soll, auch unabhängig davon, ob es sich um Bewegungstheater, Bildertheater oder um Theater der Sprache[3] handelt. Immer prägt der Erarbeitungsweg nicht nur die Ästhetik, Aussagekraft und Qualität einer Aufführung, sondern entscheidet auch über den Gewinn, den eine Gruppe und jeder einzelne Spieler aus der Theaterarbeit ziehen kann. Ergebnisoffenheit ist hier das entscheidende Stichwort: Alle kennen das Ziel, doch keiner weiß schon am Anfang des Weges, wie es dort genau aussehen wird. Festgelegt sind einige Stationen, doch welche Erfahrungen, Verwandlungen und Entwicklungsmöglichkeiten die Strecke birgt, stellt sich erst im Gehen heraus. Gleichwohl handelt es sich bei der Vermittlung der Kunstform Theater an eine Gruppe von Amateuren um einen pädagogischen Prozess, den der Theaterlehrer anleitet und in dem er die Verantwortung übernimmt für das Vorankommen des Projektes, für den thematischen Rahmen und damit das Erfahrungsfeld, das sich den Jugendlichen öffnet, sowie für die sozialen Prozesse innerhalb der Gruppe. Die vorgestellten Probenbeispiele und Reflexionen loten die Balance zwischen kreativer Offenheit und immer neuer Kursfindung aus.

Das theatrale, ästhetische, soziale und auf den Umgang mit Materialien verschiedenster Art gerichtete Verhalten muss auf Seiten aller Beteiligten immer wieder neu ausgehandelt und

3 Vgl. zum Begriff „Theater der Sprache" Kapitel 6: Textarbeit.

definiert werden. Beteiligung wird also zu einem weiteren zentralen Stichwort. Der Theaterlehrer hat es mit einer komplexen Situation zu tun, in der nur eine immer neue Aufmischung und Ausdifferenzierung zum Ergebnis führen kann. Einen allgemein gültigen Weg kann es hierbei nicht geben. Innerhalb solcher offenen kreativen Prozesse will dieses Buch Orientierungen vermitteln.

Die Wegweiser, die es enthält, sind aus der Spezifik der Theaterkunst mit ihren verschiedenen Einzelkünsten gewonnen worden. Die Kapitel liefern unterschiedliche Schwerpunkte für die Annäherung an diese komplexe Ausdrucksform, konzentriert auf einzelne Gestaltungsbereiche des Theaters: **Kostüm, Figur, Requisit, Raum und Text.**

Entsprechend den Notwendigkeiten eines theatralen Gestaltungsprozesses wird der Leser dieses Buches immer als aktiv Gehender, Wahrnehmender, Suchender und Experimentierender gedacht. Die Praxisteile, die jedes Kapitel einleiten, regen ein bildhaftes Lesen an, das die vorgestellten Probeneinheiten plastisch deutlich werden lässt. Im besten Fall entstehen vor dem inneren Auge Alternativen, Fortführungen und Modifikationen, die sich auf eine eigene Gruppe und ein eigenes Projekt beziehen. Schon die Praxisteile sind also auf Modifikation und Transfer hin angelegt.

Den jeweiligen Praxisteilen folgen Reflexionen mit unterschiedlicher methodisch-didaktischer Schwerpunktsetzung. Damit ist das Buch aufgebaut wie eine mögliche Probenfolge im Amateurtheater: Das Tun, das heißt trainieren, experimentieren, improvisieren und gestalten geht der Reflexion, Diskussion und Einordnung voraus. Die Spieler erfahren sich zunächst als Handelnde, gewinnen eine Position im gestaltenden Tun und in der Beobachtung, bevor über Inhalte, Gestaltungsformen und -alternativen nachgedacht, gelacht, gestritten und vielleicht sogar um sie gekämpft werden kann. Diskussionen und weitergehende Fragestellungen haben dann einen gemeinsamen Erfahrungshintergrund und ein Gestaltungsziel.

Die in den Reflexionen zusammengefassten didaktisch-methodischen Einsichten dienen dem Erwerb von Strukturierungen im Gestaltungsprozess. Auch sie sind darauf angelegt, ihre Gültigkeit in der Übertragung auf andere Gruppen und andere Projekte, also in ihrer Variation und Erweiterung zu erweisen. Jede didaktische und methodische Überlegung muss sich im Leser neu entfalten und ausdifferenzieren können, um für ihn eine Bedeutung zu erlangen. Der Dialog zwischen Theaterlehrer und Gruppe, der die Impulse für den theaterpädagogischen Prozess liefert, soll auch im Umgang mit dem Buch zum tragenden Element werden: Ziel ist ein lebendiger Austausch zwischen Erfahrungen und Reflexionen, die sich bereits zur Methode verdichtet haben, und neuen Erfahrungen sowie weiterführenden Erkenntnissen.

Jedes Kapitel schließt mit einer erweiterten Reflexion im Hinblick auf die professionelle Theaterkunst und ihre Teilbereiche. Diese letzte Wegstrecke dient der gegenseitigen Spiegelung von Theaterkunst und Theaterpädagogik. Sie ist auf eine Einordnung des eigenen Tuns gerichtet und kann in der experimentierenden Anwendung des Spiegelungsgedankens ebenfalls als Impulsgeber fungieren.

Bezug genommen wird auf theatergeschichtliche Entwicklungen, die bis heute relevant sind. Einen besonderen Stellenwert nimmt dabei die Kulturkrise während der Wende vom 19. zum 20. Jahrhundert ein, in deren Folge Entwicklungen angestoßen wurden, die die Theaterlandschaft bis heute prägen. Diese Passagen haben Exkurscharakter und sind auch auf die Beantwortung von Fragen gerichtet, die sich aus den Praxis- und Reflexionsteilen ergeben können.

Eine Spiegelung erfährt die vorgestellte theaterpädagogische Praxis zudem in der Bezugnahme auf neuere Inszenierungen im professionellen Theater, die der Öffnung von Assoziationsräumen dient. Dabei können Reflexionen auf je eigene Kunsterfahrungen des Lesers an die Stelle der beschriebenen treten.

Der Aufbau des Buches, wie er sich im Inhaltsverzeichnis wiederfindet, stellt eine enge Verzahnung von Theorie und Praxis dar und enthält eine Systematik, die aus den verschiedenen Gestaltungsbereichen des Theaters gewonnen wurde. Daraus ergeben sich verschiedene Möglichkeiten, das Buch zu lesen: In der en-

geren Orientierung an den beschriebenen Probeneinheiten kann es erste Schritte in die Theaterarbeit mit einer Gruppe begleiten. Erfahrene Theaterpädagogen werden – ein eigenes Projekt vor Augen – Übertragungen und Fortführungen vornehmen und neue Reflexionsebenen für die eigene Praxis ableiten können. Praxisteile, methodische Reflexionen und Spiegelungen lassen sich zusammen oder – im Abschreiten der je einzelnen Linien – quer durch das Buch lesen.

Im Zusammendenken der Praxis- und verschiedenen Reflexionsebenen ist das Buch für die Ausbildung von Theaterpädagogen und Lehrern des Darstellenden Spiels gedacht. Es zielt auf die Beschreibung und Vermittlung eines experimentellen Prozesses, in dem aus der Vielfalt an künstlerischen wie pädagogischen Möglichkeiten die für ein Projekt und eine Gruppe angemessenen Lösungen immer wieder neu gewonnen werden können.

Hinweise zum Gebrauch

* Das Buch verdankt seine Entstehung der Theaterarbeit mit vorwiegend jugendlichen Amateuren und ist vor allem auf diese Zielgruppe ausgerichtet. Die meisten Praxisteile lassen sich problemlos im Hinblick auf andere Altersgruppen modifizieren, doch werden solche Umwandlungen nicht explizit angeboten. Sie müssen von den jeweiligen Theaterpädagogen selbst geleistet werden.
* Es ist möglich, die Praxiseinheiten, wie sie hier vorgestellt sind, auszuprobieren und so einen systematischen Einstieg in die verschiedenen Bereiche theatralen Gestaltens zu gewinnen, Modifikationen im Hinblick auf die jeweilige Gruppe und ihren Theaterlehrer vorausgesetzt. Jede Einheit ist für ca. 1 1/2 Zeitstunden konzipiert.
* Die einzelnen Sequenzen innerhalb einer Praxiseinheit bauen aufeinander auf. Wird die Grundstruktur beibehalten, können Veränderungen innerhalb der Einheit vorgenommen werden, je nach den Erfordernissen der Gruppe oder des Gestaltungszieles. Dabei können die vorgeschlagenen Übungstexte grundsätzlich durch andere ersetzt werden. Jede Einheit lässt sich auf diese Weise so modifizieren, dass sie zu einem Erarbeitungselement in einem ganz anderen Projektzusammenhang werden kann.
* Kursiv Gedrucktes innerhalb der Praxiseinheiten enthält Überlegungen zur Funktion einzelner Sequenzen und weitere Hinweise für den Theaterlehrer.
* Will man Vorgestelltes modifizieren, übertragen und verallgemeinern, ist es sinnvoll, Praxis-, Reflexions- und Spiegelungsteile zusammenzudenken. In der Fortführung und Weiterentwicklung lassen sich je eigene Ausprägungen des Arbeitsansatzes gewinnen.
* Für die Auseinandersetzung mit einzelnen Aspekten innerhalb der Theaterpädagogik kann es sinnvoll sein, Teile der Reflexion und die Theorieteile unabhängig von den Praxiseinheiten zu nutzen.
* Die Anleitungen in den Praxissequenzen sind so ausformuliert, dass die Aufgabenstellungen konkrete Gestalt annehmen. Es werden auch Formulierungsvorschläge gemacht, doch muss jeder Theaterlehrer in der jeweiligen Gruppe seinen eigenen Arbeits- und Anleitungsstil finden.

- Die den Kapiteln vorangestellten Erläuterungen zu zentralen Handlungsbegriffen dienen nicht nur der klaren Verständigung, sondern in ihnen wird bereits ein theaterpädagogisches Grundverständnis deutlich.
- Im letzten Kapitel finden sich auf die Schulpraxis bezogene Planungsmodelle für Probeneinheiten sowie für Projekte, die auch der theaterpädagogischen Probenvorbereitung und Projektplanung außerhalb dieser Institution dienen können.

Handlungsbegriffe

Amateur

wird als Begriff für nicht professionell arbeitende Theater-
spieler gegenüber dem Begriff Laie bevorzugt, da dieser in seinem religiösen Anklang einen Hinweis auf ein Hierarchie-
gefälle enthält (Priester versus Laie). Auch weil Teile der
Laienspielbewegungen aus der Zeit der Reformpädagogik in
die Spielscharen der Nationalsozialisten eingegliedert wurden, erscheint der Begriff nicht mehr geeignet.
Das Wort „Amateur" (von amo – lieben) enthält zudem einen
Hinweis auf Spiellust und ein affektives Verhältnis zur Theaterkunst.

Anleitung

meint im engeren Sinne die Heranführung einer Gruppe an
einzelne Übungen und komplexe Probensequenzen durch
den Theaterlehrer. In der theaterpädagogischen Inszenierung
schließt dieser Begriff immer auch die Anleitung zu eigenem
künstlerischen Tun ein und hat damit die Entwicklung und
Erweiterung der persönlichen Ausdrucksfähigkeit der Spielenden zum Ziel.

Besprechung

von Improvisationen und Gestaltungsvorschlägen bildet ein
Kernstück der theaterpädagogischen Arbeit mit einer Gruppe.
Sie findet in der Regel mit der ganzen Gruppe unmittelbar im
Anschluss an eine Präsentation im Rahmen des Proben-
prozesses statt. Damit ein gemeinsames Gestaltungsziel formuliert und verfolgt werden kann, müssen alle Spieler die
Kunst der Beobachtung, Beschreibung und Einschätzung eines theatralen Spielvorganges erlernen. Wichtig ist dabei die
Vorbildfunktion des Theaterlehrers, doch sollten innerhalb
einer Gruppe auch Regeln zur Besprechung festgelegt werden,
die eine solidarische, ermutigende und doch konstruktive,
weil kritische Reflexion zum Ziel haben.

Fokussierung

ist in der szenischen Arbeit von zentraler Bedeutung. Hat ein
Spieler zum Beispiel eine kleine Solopartie, wird er die Zu-

schauer dann am besten erreichen, wenn ihn die Gruppe
durch Blicke, Immobilitäten, Laute, Rhythmisierungen,
Gegenpole oder andere Ausdrucksmittel unterstützt. Fokus-
sierung wird also immer durch die ganze Gruppe geleistet.
(„Den König machen immer die anderen.") Das Training zur
Fokussierung auf der Bühne dient damit auch dem kreativen
Zusammenspiel der Gruppe.

Gestaltungsaufgaben

sind das Kernstück jeder Probeneinheit. Sie werden durch ein
Training vorbereitet, in dem die Gruppe umfassend und breit
mit Gestaltungsmöglichkeiten experimentiert, die auf die Erarbeitung einer Szene gerichtet sind. Die Gestaltungsaufgabe
soll den Spielern die Möglichkeit geben, Ergebnisse der
Trainingsphase selbständig aufzugreifen und zur Szenen-
entwicklung nutzbar zu machen.

Handlung

auf der Bühne ist zu unterteilen in Sprechhandlungen (jede
Art von stimmlicher und sprachlicher Äußerung), Ausdrucks-
handlungen (z.B. Schweigen, die Schultern hochziehen) und
physische Handlungen (z.B. eine Tür schließen, herumlau-
fen).
Amateuren muss deutlich werden, dass man als Spieler auf
der Bühne immer handelt und also auch niemals aus dem Geschehen aussteigen kann. Auch eine Immobilität ist eine
Handlung und muss durch einen inneren Vorgang (ein
Selbstgespräch, eine Geschichte, eine besondere Aufmerksamkeit auf eine andere Figur oder anderes) gefüllt werden.

Immobilität

ist zentral für die Wahrnehmung der Spieler untereinander,
für die Formfindung wie auch für die Präsentation auf der
Bühne. Der Begriff kennzeichnet in Trainingsphasen ein
„Freeze", das den Spielern immer wieder eine Vorstellung von
der eigenen Position im Gesamttableau geben kann. Immobilität ist damit eine Vorübung zur Wahrnehmung der eigenen
Position im Raum und zu den anderen Spielern auch in Bewegung. Auch für den Überblick des Theaterlehrers ist eine Immobilität zuweilen hilfreich.

Die in einem Moment der Gestaltung angehaltene und fixierte Bewegung macht es den Spielern möglich, den eigenen Körperausdruck zu erkennen, ggf. zuzuspitzen oder in anderer Weise zu modifizieren und später wiederholbar zu machen. Außerdem nehmen die Spieler die Ausdrucksformen ihrer Mitspieler wahr und können im erneuten Losspielen genauer darauf reagieren. Starke Momente werden so herauskristallisiert, die Spieler können in der Besprechung darauf hinweisen und Ideen zum Einbau in eine Szene entwickeln. Es entstehen auf diese Weise schon konkrete Vorstellungen von den Gestaltungsmöglichkeiten für eine Szene und Lust zur Weiterarbeit.

Impuls

ist alles, was eine Reaktion auf Seiten der Spieler herausfordert. Der Impuls kann von außen gesetzt werden (neue Anweisungen in Trainingsphasen, veränderte Vorgaben, z.B. eine spontan geänderte Spielortvorgabe, Musik- oder Lichtwechsel in Aufführungen). Impulse müssen aber im Training, in Improvisationen und in Aufführungen vor allem von den Spielern selbst gesetzt werden, da eine aus dem Spiel selbst entwickelte Impulsgebung dieses vorantreibt, variiert und verändert und so ein Spielgefüge für eine Gruppe schafft.
In Trainingsphasen sind Aufgaben so zu stellen, dass von allen Spielern Impulse sowohl gesetzt als auch aufgenommen werden müssen, da nur so ein lebendiges Zusammenspiel aller zu erreichen ist.

Improvisation

ist in der Theaterpädagogik ein so gängiger Begriff, dass er scheinbar keiner weiteren Erläuterung bedarf.[4] Als Handlungsbegriff für den Theaterlehrer soll er hier aber doch spezifiziert werden. In der Improvisation, verstanden als freies szenisches Spiel rund um eine Situation, ein Thema, einen Ort, einen Konflikt oder bestimmte Figuren, lernen die Spieler zentrale Dinge, die sie auf der Bühne brauchen. Hierzu gehören

* die Etablierung eines Als-Ob,
* das freie Experimentieren mit selbst gesetzten Regeln (ein bestimmter Ort, Körper und Gangart einer Figur usw.),
* sich schnell und aktiv neuen Gegebenheiten anzupassen (ein Spieler gibt einen völlig unerwarteten Impuls) und

4 Vgl. hierzu Anke Siegemund: Improvisation. In: „Wörterbuch der Theaterpädagogik", S. 137-139

selbst das Spiel voranzutreiben, das heißt, Verantwortung
zu übernehmen für das, was auf der Bühne passiert.

* Durch Beobachtung und gemeinsame Reflexion der Improvisationen von Mitspielern wird zudem deutlich, was
auf der Bühne „funktioniert" und was nicht.

Theaterarbeit mit einer neuen Gruppe wird immer mit Improvisationen beginnen. Doch auch die Annäherung an eine
Stückvorlage oder ein anderes Theaterprojekt geht von Improvisationen aus, die ausloten, welcher spielerische Zugriff
für eine Gruppe interessant und mit ihr möglich ist. Solche
„umkreisenden" Improvisationen dienen dem Theaterlehrer
als Rückkoppelung im Herantasten an eine „Lesart"[5] sowie
dem Auffinden von Spiel- oder sogar schon Gestaltungsmaterial. Sie machen zudem die Spieler mit den Figuren vertraut und bereiten die Rollenverteilung vor.[6]

Doch Improvisationen sind nicht nur in der Anfangsphase
von Bedeutung, sondern sie begleiten die Stückerarbeitung
bis hin zur letzten Aufführung. Ein improvisierender Durchgang durch ein teilweise oder schon ganz erarbeitetes Stück,
z.B. als aufführungsvorbereitendes Training, ermöglicht immer wieder neue Blicke und Akzentsetzungen und hält das
Spiel und das Zusammenspiel lebendig.

Eine Amateurgruppe, die vor Zuschauern spielt, muss so geübt sein in der Technik und Fähigkeit des Improvisierens und
sich das Stück, auch wenn es hochartifiziell und präzise aus-
geformt ist, über Improvisationen so vielschichtig angeeignet
haben, dass sie jede Situation auf der Bühne, inklusive Text-
hängern, meistern kann.[7]

Inselprinzip[8]

nenne ich eine Erarbeitungsweise, die im Verlauf des Stückes
Inseln schafft, auf denen sich die Spieler ganz sicher bewegen
können. Diese Inseln sind Szenen, die besonders gründlich,
am besten unter Einbezug der ganzen Gruppe, erarbeitet wurden und in denen die Gestaltungsprinzipien, die das Projekt
formen, entweder entwickelt wurden oder besonders deutlich
zutage treten.

Die Stückerarbeitung mit Amateuren zieht sich oft über ein
ganzes Jahr hin und die erarbeiteten Einzelteile müssen gegen
Ende wie ein Mosaik zusammengesetzt werden. So geschaffene Inseln ermöglichen es der ganzen Gruppe, bei einer

5   Vgl. hierzu das
    entsprechende
    Stichwort in den
    Handlungsbegriffen.

6   Vgl. hierzu auch
    Kapitel 7, darin:
    „Ein Vorschlag zur
    Projektplanung".

7   Souffleusen lehne
    ich in meiner Arbeit
    strikt ab, weil schon
    die Erwartung einer
    Einhilfe von außen
    das lebendige
    Zusammenspiel
    behindern muss.

8   Nähere Ausführungen
    zum „Inselprinzip"
    finden sich im
    2. Kapitel unter der
    Überschrift „Grund-
    legendes zur Szenen-
    und Stückerarbeitung
    mit einer Gruppe".

Wiederaufnehme zu helfen. Außerdem können andere Szenen auf der Basis der hier getroffenen Gestaltungsentscheidungen auch einmal ganz schnell entwickelt werden.

Kettenimprovisation

ist eine Improvisationsform, in der immer wieder ein Spieler auf der Bühne durch einen anderen ersetzt wird. Dies kann durch Abklatschen geschehen, was bedeutet, dass ein außerhalb der Bühne sitzender Spieler die zumeist zwischen drei Spielern laufende Improvisation durch Klatschen anhält, die immobile Position eines Spielers übernimmt, und mit einem neuen Impuls die Szene weiterführt, während der abgeklatschte Spieler die Bühne verlässt. Es kann auch eine freiere Form gewählt werden, bei der immer wieder ein Spieler einen klar motivierten Einstieg in eine laufende Szene sucht, während ein anderer Spieler einen Impuls setzt, mit dem er seinen Abgang motiviert.

Jedwede Form der Kettenimprovisation eignet sich gut dazu, alle Spieler als aktiv Zuschauende wie auch als Akteure in das Geschehen einzubeziehen.

Klischees

sind gängige, alltägliche Ausdrucks- und Verhaltensmuster, die den Vorteil haben, griffig und allgemein verständlich zu sein. Auf der Bühne kennzeichnen sie eine Darstellungsweise, die gängige Ausdrucksmuster reproduziert, ohne dass ihnen eine künstlerische Prägung gegeben wird.

Wenn Klischees unreflektiert benutzt werden, bleibt das Spiel eindimensional. Je uniformer die im sozialen Umfeld der Spieler anerkannten Verhaltensnormen und je eindimensionaler die von den Medien und der Bilderwelt der Werbung vermittelten Lebens- und Glücksvorstellungen sind, desto eindimensionaler wird die Darstellung ausfallen. Einmal als Klischee erkannte Verhaltensweisen können aber in fiktiven Räumen und Lebenswelten auch erforscht und in der Darstellung bewusst und kontextfremd eingesetzt werden. Kann man sich mit den Klischees in dieser Weise künstlerisch auseinandersetzen, gewinnt man kostbares Gestaltungsmaterial.

Eine solche differenzierte, suchende Auseinandersetzung mit Verhaltensklischees dient auch der Reflexion gängiger Lebensmuster.

Lesart

wird verstanden als theaterpraktische, die künstlerische Umsetzung betreffende Interpretation einer (dramatischen) Textvorlage. Sie enthält die Textbearbeitung (Strichfassung), zu
der es zu Beginn eines Projektes meist schon eine tragende
Grundidee gibt, die aber erst im Laufe der Stückentwicklung
vom Theaterlehrer in Zusammenarbeit mit der Gruppe endgültig festgelegt wird. Grundlage für die Lesartentwicklung
gerade im Amateurtheater sind die äußeren Voraussetzungen
(Größe, Zusammensetzung und Vorerfahrung) einer Gruppe
sowie deren inhaltliches wie gestalterisches Interesse an einem Stoff. Der Zugriff auf einen dramatischen oder anderen
Text entwickelt sich also im Laufe seiner Erforschung mit den
Mitteln der Improvisation. So zeigt sich die Lesart beispielsweise in der Art der Aktualisierung eines Stoffes, aber auch in
der Figurendarstellung, Raumnutzung, Zuschaueranordnung,
den Kostümen usw. Von der germanistischen Interpretation
unterscheidet sich die Lesart durch die spielerisch-suchende
und handlungsorientierte Annäherung an einen Stoff. Ziel ist
immer die Aufführung auf der Bühne.

Löcher

entstehen während der szenischen Improvisation, wenn Spieler in irgendeiner Form aus den Handlungsprozessen auf der
Bühne aussteigen. Dies kann sich darin zeigen, dass Anschlüsse nicht gespielt werden, keine neuen Impulse gegeben werden oder der Spielraum nicht angemessen genutzt wird. Oft
geben Löcher einen Hinweis auf Unverstandenes, in einer
Szene Ungeklärtes. Die Vermeidung von Löchern erfordert
Kommunikation und viel Aufmerksamkeitstraining, zum Beispiel beim neutralen Gehen im Raum. Die Gruppe erhält die
Aufgabe, den Raum gleichmäßig auszufüllen, wobei die anderen Gruppenmitglieder aus dem Augenwinkel wahrgenommen werden sollen. Diese simple Übung schult die Aufmerksamkeit und die Verantwortung jedes Einzelnen für das Gesamtergebnis.
Dem selben Ziel dienen Improvisationsaufgaben, bei denen
die Spieler wechseln (z. B. Kettenimprovisation). Die Gruppe
muss wahrnehmen, wann den Spielenden der Improvisa-
tionsstoff ausgeht und ist gefordert, sofort zu reagieren. Das
heißt, alle, auch die Zuschauenden sind beteiligt an dem, was
auf der Bühne passiert. Die Aufforderung: „Keine Löcher las-

sen" bewirkt – aufbauend auf diesem Training –, dass Anschlüsse in Improvisationen sowie während Proben und Aufführungen reibungslos funktionieren können. Hat man als Theaterpädagoge während der Erarbeitung den entsprechenden Hinweis etabliert, werden Gruppen während der Aufführungen auch mit unerwarteten Situationen und so genannten „Patzern" fertig werden können.

Neutralität

z. B. für elementare Bewegungen wie Stehen und Gehen ist der Theaterpädagogik Jacques Lecoqs entlehnt (dort ist es die Arbeit mit der neutralen Maske und der Prozess der körperlichen Ent-Individualisierung). Der neutrale Gang bezeichnet ein Gehen, das präsent und zielgerichtet ist, aber ohne individuelle Formung oder speziellen Ausdruck. Das Training des neutralen Ganges, oft Gestaltungsaufgaben vorgeschaltet, dient der Bewusstmachung und Reduzierung körperlicher Eigenarten und privater Gesten, die sonst automatisch in jede Gestaltung hineingetragen würden. Neutrales Gehen und Stehen – natürlich immer nur in Annäherung zu erreichen – dient also der körperlichen und geistigen Vorbereitung für Darstellungsformen, die über die momentane Verfasstheit hinausgehen.

Ähnliches gilt für das „neutrale Sprechen".[9]

9   Vgl. hierzu Kapitel 7: Ergänzungen zum „Handwerk" des Theaterlehrers.

Pausen

sind notwendige Bestandteile eines Stückes und deshalb mit Löchern nicht zu verwechseln. Sie sind Teil des Rhythmus eines Stückes und müssen in der gesamten Handlung erforscht und gefunden werden. Sie sind damit ein ebenso zentrales Gestaltungsmittel wie Handlung und Text. Die Spielern müssen lernen, Ruhepunkte in einer Aufführung zu füllen und zu tragen. Als Vorbereitung hierzu dient die Arbeit mit Immobilitäten im Training und in Improvisationen.

Probeneinheit

bezeichnet ein vom Theaterpädagogen strukturiertes Arbeitstreffen mit einer Theatergruppe, das Trainings- und Erarbeitungselemente enthält. Die in diesem Buch vorgestellten Probeneinheiten dienen der Einführung in verschiedene Gestaltungsschwerpunkte (Kostüm, Requisit usw.) und haben oftmals erste Gestaltungsvorschläge zum Ziel.

Probensequenz

bezeichnet eine Trainings- oder Erarbeitungsetappe innerhalb
einer Probeneinheit, die mehrere Aufgaben bzw. Übungsteile
umfassen kann. Die einzelnen Probensequenzen bauen aufeinander auf und sind auf das Gestaltungsziel gerichtet.

Projekt

ist die Bezeichnung für jedwedes theatralische Vorhaben, das
auf Veröffentlichung gerichtet ist, unabhängig davon, ob als
Basis ein dramatischer oder anderer Text benutzt wird, eine
selbst entwickelte Geschichte erzählt werden soll oder Material im Hinblick auf abstrakte Gestaltungsaspekte montiert
wird. Unter den Begriff fallen z. B. auch Aufführungen aus
dem Bereich des Tanz- oder Musiktheaters.

Rhythmus

ist ein wesentliches Element jeder szenischen Arbeit. Der angrenzenden Kunstbereichen entlehnte Blick (Tanz, Musik)
dient nicht nur einer für Spieler und Zuschauer spannungsreichen Präsentation, sondern ist auch der inhaltlich sinnvollen Verknüpfung erarbeiteter Einzelteile verpflichtet. Die Fähigkeit zur Rhythmisierung wird bereits im Training in vielfältiger Weise ausgebildet.
Insbesondere die Aufführung in ihrem Gesamtergebnis muss,
bevor sie einem Publikum präsentiert wird, auf ihren Rhythmus, ihr Tempo und ihre Tempovariationen hin kritisch überprüft werden.

Spieleranzahl

Für Improvisationen empfiehlt sich zumeist eine ungerade
Spieleranzahl. Sie ist konfliktträchtiger, die Szene wird impuls- und handlungsreicher und damit spannender.
Bei der Stückauswahl muss die Spieleranzahl in einer Gruppe
kein primäres Kriterium darstellen. In der szenischen Arbeit
mit Amateuren geht es vielmehr um eine Lesartentwicklung,
die auf die Bedingungen einer Gruppe wie Spieleranzahl, Geschlecht etc. Bezug nimmt.

Spielebenen im Raum

lassen sich grob in die drei Bereiche unten / Mitte / oben einteilen. Unten bezeichnet den Spielbereich am Boden, die Mitte kennzeichnet Spielpositionen in einer nicht aufgerichteten Körperhaltung (z.B. auf Stühlen sitzend, gebückt gehend) und oben meint deutlich aufrechte Körperpositionen. Oben kann zudem die Nutzung von Gegenstände und Vorrichtungen im Raum beinhalten, die eine Erhöhung erlauben (Stühle, Fensterbretter etc.). Der gezielte Einbezug verschiedener Raumebenen verleiht dem Spiel körperliche Präsenz, Ausdruckskraft und Variationsreichtum. Für eine Fortgeschrittenengruppe wird dies zu einer Selbstverständlichkeit, Anfänger müssen auf diese Gestaltungs- und Stilisierungsmöglichkeiten aber erst hingewiesen werden.

Spielregeln

strukturieren bereits die Phase der Materialsuche für ein Stück und geben auch ersten Ergebnissen schon eine vorläufige Gestalt. Selbst ein auf das innere Erleben einer Figur gerichtete Vorgang wie die Erforschung ihrer Grundemotion als ein körperliches Geschehen könnte beispielsweise mit der Zusatzaufgabe gekoppelt sein, dieser Emotion einen deutlichen Platz im Körper zuzuweisen und mit der Verortung in einer Improvisation zu spielen.

Ganz wichtig ist der Hinweis an die Gruppe, dass Spielregeln in Trainings- wie Erarbeitungsphasen spontan und ohne Rücksprache, die das Spiel für alle unterbrechen würde, modifiziert werden können und durchaus für die verschiedenen Spieler oder die von ihnen repräsentierten Figuren unterschiedliche Deutungen zulassen. Nicht zugelassen ist hingegen der oft geäußerte Einspruch: „Das würde meine Figur niemals tun", (z. B., sich auf drei Körperpunkten am Boden fortbewegen, eine für manche vielleicht nicht sehr lustvolle, aber für die Gestaltung eventuell mal notwendige Teilaufgabe). Einem solchen Einwand kann vom Theaterlehrer begegnet werden: „Dann finde einen Weg, wie deine Figur die Aufgabe lösen würde!"

Oft bringt gerade die sehr eigenwillige Modifikation von Spielregeln durch einzelne Spieler oder eine Gruppe ganz überraschende und spannende Gestaltungsvorschläge, die die Phantasie der Gruppe und des Theaterlehrers beflügeln können.

Für eine spannungsreiche Aufführung gilt darüber hinaus: Regeln sind dazu da, um irgendwann einmal bewusst durchbrochen zu werden.

Standbilder

sind einem Photo oder einer Plastik vergleichbare Arrangements mit einer oder mehreren Personen. Sie eignen sich beispielsweise hervorragend als Ausgangspunkt für Improvisationen, insbesondere, wenn andere Spieler sie „bauen". Doch auch in Improvisationen und Erarbeitungsphasen ist es sinnvoll, Bewegungen immer wieder einfrieren zu lassen und sie dann, eventuell mit Hilfe neuer Impulse, wieder in Gang zu setzen. Die Funktion der Immobilität[10] auf der Bühne kann so deutlich werden. Improvisationen und Trainingsphasen können auch mit einem Standbild beendet werden: Es wird von den Spielern ein klarer Schlusspunkt gesetzt, die Erfahrung wirkt einen Moment nach, alle haben die Möglichkeit, das Gesamttableau und ihre Positionen darin in Ruhe wahrzunehmen und wieder in der „Realität" anzukommen.

10 Siehe weiter vorne das Stichwort „Immobilität".

Stilisierung

meint eine inhaltliche und formale Zuspitzung von Vorgängen auf der Bühne. Sie wird erreicht durch die Entscheidung für ein ausgewähltes Repertoire an Ausdrucksmitteln und die Fokussierung auf eine bestimmte Darstellungsweise. Die formale Zuspitzung geht mit der inhaltlichen Hand in Hand.
Gerade in der Theaterarbeit mit Amateure ist die Stilisierung ein wichtiges Mittel, um den Spielern einen persönlichen Schutzraum zu gewähren und das ausgesetzt Sein, dass die von ihnen repräsentierten Figuren auf der Bühne erleben mögen, nicht zu einem privaten ausgesetzt Sein werden zu lassen. Die Suche nach Stilisierungsformen ist wesentlicher Teil der Suche nach adäquaten künstlerischen Ausdruckformen und gehört damit zum Kern der theaterpädagogischen Arbeit. Voraussetzung sind ein erforschendes, die Stilisierungsformen innerhalb eines Projektes auslotendes Körpertraining und die Entwicklung klarer Gestaltungsaufgaben und -regeln, die auf den inhaltlichen Aspekt einer Inszenierung und dessen Gesamtgestalt bezogen sind.

Stück

bezeichnet im engeren Sinn eine dramatische Textvorlage, im weiteren Sinn eine fertige Aufführung. Im Amateurtheater impliziert der Begriff immer die Adaption der Textes entsprechend den Gegebenheiten einer Theatergruppe.

Synchronität

findet sich im Theater auf der Ebene von synchroner Bewegung, synchronem Sprechen oder der Koppelung von bei-
dem. Man kann sie zu den Stilisierungsmöglichkeiten[11] zäh-
len, die auch im Amateurtheater sinnvoll und vielfältig eingesetzt werden können. In (sprecherisch-)chorischen Passagen
erhalten die kleinsten synchron ausgeführten Bewegungen,
z.B. eine Drehung des Kopfes, eine enorme Kraft und die Spieler gewinnen in der Zusammenarbeit – ein entsprechendes
Training wird vorausgesetzt – eine hohe Bühnenpräsenz. Synchrone Bewegungen können Figuren zusammenbinden, die
Bedeutung einzelner Gesten unterstreichen, für Komik sorgen
und vieles andere mehr.
In der Erarbeitung und auch später auf der Bühne zwingen
partiell eingesetzte synchrone Bewegungen wie auch umfassende sprech- und bewegungschorische Gestaltungen zu einem hohen Maß an Genauigkeit und damit zu Aufmerksamkeit und Konzentration, was insgesamt eine positive Auswir-
kung auf die Darstellungskraft der Gruppe haben kann. Allerdings müssen synchron gearbeitete Passagen regelmäßig und
häufig geübt werden, damit sie funktionieren.

11 Vgl. hierzu das
    entsprechende
    Stichwort.

Text lernen

stellt im Amateurtheater keineswegs – wie oftmals vermutet
wird – die höchste Anforderung dar. Das hängt damit zusammen, dass im Umkreis einer Szene zunächst einmal so ausgiebig improvisiert wird, dass vor dem eigentlichen Textlernen
das Geschehen, seine Entwicklung, Motivierungen, Hintergründe und Zusammenhänge in ihrer Ausformung für jede Figur bereits so deutlich geworden sind, dass der Text sich als
quasi notwendiges Element dazu gesellt. Die Annäherung an
eine Szene über den Weg der Improvisation führt häufig auch
dazu, dass Text durch andere Formen der Darstellung ersetzt
wird und somit ausgiebige Textstriche vorgenommen werden
können. Der verbleibende Text wird durch die Improvisationen zudem auf verschiedene Ebenen der Figur gelegt: Er existiert nicht nur im Kopf, sondern auf allen Handlungs- und
Spielebenen der Figur und ist also kräftig „gefüttert" und an-
gereichert worden.
Ziel sollte es sein, dass vor dem Textlernen, das in einer fortgeschrittenen Probenphase selbstverständlich erfolgen muss,

die Gestaltung der Szene so weit fortgeschritten ist, dass der Text im Gedächtnis mit körperlichen Handlungen gekoppelt werden kann und die Gestaltung bereits eine gewisse Rhythmisierung erfahren hat. Beides erleichtert das Textlernen.

Theaterlehrer
(im weiteren Verlauf des Buches abgekürzt als **TL**)
wird hier gegenüber der Bezeichnung Spielleiter bevorzugt. Der Begriff „Theaterlehrer" entspricht in höherem Maße der Komplexität der Aufgaben, die sich in der Vermittlung theaterpraktischer Grundlagen und innerhalb eines theaterpädagogischen Projektes stellen. „Spiel" erscheint hier nur als ein Element unter anderen. In der Schule ergibt sich mit der Bezeichnung „Theaterlehrer" zudem eine ausdrücklich gewünschte Parallelität zu den anderen künstlerischen Fächern.

Training
umfasst Atem-, Stimm- und Körpertraining sowie Entspannungs-, Wahrnehmungs-, Aufmerksamkeits- und Reaktionstraining.
Es bezieht sich auf die Fähigkeiten, Handlungs- und Ausdrucksmöglichkeiten der trainierenden Einzelperson, ist aber auch auf ihren inneren (geistig-seelischen) und äußeren (körperlichen) Bezug zu anderen Personen, Raum, Zeit, einer gestellten Aufgabe u.a.m. gerichtet.
In und mit dieser Komplexität zielt das Training auf die theatrale Gestaltung und ist somit ein unverzichtbarer Bestandteil der Stückerarbeitung mit einer Gruppe. Enthält das Training beispielsweise Isolationsübungen für einzelne Körperteile, durch die zunächst einmal die rein motorischen Möglichkeiten erprobt und erweitert werden sollen, so könnte hiervon ausgehend die Aufgabe gestellt werden, verschiedene Begierden und Gefühle mit jeweils einem Körperteil darzustellen. Diese Experimente können dann Teil einer gezielten Gestaltungsaufgabe zu einer entsprechenden Szene werden. Auf diese Weise wird auch der Sinn und Zweck von Training für alle Spieler sichtbar.
So gestaltetes Training hat Teil an der tätigen Suche nach theatralen Zeichen verschiedenster Art und gewinnt damit eine zentrale Funktion in der Vermittlung theatraler Gestaltungsmöglichkeiten. Es bereitet von der ersten gemeinsamen

Probeneinheit an die Aufführung vor, indem es von vorn herein auf Ausdrucks- und Präsentationsformen sowie auf die
Mitspieler und die Gruppe bezogen ist.

Trainingskleidung

soll völlige Bewegungsfreiheit ermöglichen, ohne dass die
Konturen des Körpers ganz dahinter verschwinden. Details
im Stand und in der Bewegung müssen sichtbar bleiben, damit sie gewürdigt werden können und Korrekturen möglich
sind.

Trainingskleidung sollte zudem möglichst neutral sein, d.h.
nicht „privat". Natürlich kann es insbesondere für Jugendliche schwierig sein, sich von dem gewohnten Outfit zu trennen, das Sicherheit vermittelt und die eigene soziale Rolle innerhalb einer Gruppe signalisiert und unterstützt. Der Hinweis, dass die Spieler ja nicht sich selbst, sondern eine fremde,
eine theatrale Rolle spielen sollen und wollen, und dass Eigenes nicht in der Form von täglichen, auch durch die Kleidung
geprägten Gewohnheiten in das Spiel einfließen sollte, an denen sie dann immer wieder als Privatperson zu erkennen
sind, ist in der Regel für alle einleuchtend und hilft, die gewünschte Trainingskleidung durchzusetzen. Gleiches gilt für
Schuhe, die immer schon eine starke persönliche Prägung mit
sich bringen. Straßenschuhe stellen im Training für die anderen Spieler außerdem eine Verletzungsgefahr dar und führen
dazu, dass man aufgrund der Verschmutzung keine Übungen
am Boden mehr durchführen kann. Im Übrigen ist der beim
Gehen so notwendige Kontakt zum Boden nur barfuß, mit
rutschfesten Socken oder Gymnastik- bzw. Tanzschläppchen
herstellbar.

Um deutlich zu machen, dass Theaterarbeit immer einen
ganz eigenen Raum schafft und braucht, sollte auch der Theaterlehrer eine spezielle Arbeitskleidung tragen.

Untertext

ist ein Begriff aus der Schauspiel- und Regiearbeit Stanislawskis. In ihm sind, anders als in dem gesprochenen Dramentext, die emotionalen Hintergründe, verborgenen Gedanken
und uneingestandenen Handlungsmotive und – vor allem –
die Ziele einer Figur enthalten. Der Untertext wird gewonnen,
indem die Schauspieler in eigenen Worten die Gedanken, Ge-

fühle und Ziele einer Figur in einer Szene formulieren und diese Ebenen, die den gesprochenen Worten konträr entgegenlaufen können, dem Dramentext unterlegen.

Zeitangaben

für Erarbeitungsphasen müssen sein, damit die Spieler auch in dieser Hinsicht eine Orientierung erhalten. Innerhalb der in diesem Buch dargestellten Probeneinheiten werden die Zeitrahmen bewusst knapp gehalten. Dies führt erfahrungsgemäß dazu (und kann vom Theaterlehrer auch gefordert werden), dass es schnell zu einer Erprobung, nicht nur zu einem Gespräch zwischen den Spielern kommt. Im Bedarfsfall kann die zur Verfügung stehende Arbeitszeit nachträglich verlängert werden.

Ziel

und Handlung sind auf der Bühne eng verschwistert. Das jeweilige Ziel einer Figur in einem Satz formulieren zu lassen, der einen klaren Handlungsimpuls enthält, kann auf dem Weg zu einem klaren, ausdrucksstarken Spiel hilfreich sein.
Zu unterscheiden sind dabei die Ziele einer Figur innerhalb eines Spielzuges, einer Äußerung oder Replik, innerhalb einer Szene und im ganzen Stück.

Annäherung an eine Arbeitsform

Erstes Kapitel

Annäherung an eine Arbeitsform

Probeneinheit

Gestaltungsansätze zu einer Szene aus Aristophanes „Die Vögel"

Mit unterschiedlicher Schwerpunktsetzung (Stimme/Text, Figurengestalten, chorischem Gestalten, Gestaltung der Szene im Raum) wird von verschiedenen Spielern einer Gruppe an derselben Szene gearbeitet, was zwangsläufig zu unterschiedlichen Ergebnissen in der theatralen Umsetzung führt. So kann auch einer theaterunerfahrenen Gruppe deutlich werden, in welchem Maße **die Art der Annäherung an eine Szene – späterhin an ein Stück oder Projekt – die Art der künstlerischen Umsetzung bestimmt** und damit zur Lesartfindung[1] beiträgt.

1   Zu Begriff und Bedeutung der Lesart in der theaterpädagogischen Arbeit vgl. Handlungsbegriffe.

Die Probeneinheit kann deshalb auch am **Anfang einer Stückerarbeitung** stehen. Es muss dann aus dem gewählten Stück eine Szene ausgesucht werden, die vielfältige Gestaltungsmöglichkeiten zulässt. An die praktische Erprobung kann sich eine Diskussion über den von der Gruppe bevorzugten Gestaltungsansatz anschließen.

2   Aristophanes: Die Vögel. Übersetzung von Christian Voigt. Stuttgart 1971, S. 19

Hier wird jetzt beispielhaft an einer Szene aus Aristophanes „Die Vögel"[2] gearbeitet:

Chor der Vögel (*durcheinanderschreiend*):
Wo wo wo wo wo wo wohnt, der mich gerufen?
Wo wo ist denn nur sein Nest?

Wiedehopf: Hier, hier bin ich längst zur Stelle, niemals lass ich euch im Stich.

Chor: Li li li li lieber sage, was du Gutes künden willst!

Wiedehopf: Etwas Frohes, Dauerhaftes, Rechtes, Volksbeglü-
ckendes!
Denn zwei Männer, feine Köpfe, sind bei mir hier zu Besuch.

Chor: Wo? Wie? Was sagst du?

Wiedehopf: Von den Menschen hergekommen sind zu mir
zwei noble Herrn,
Brachten einen feinen Grundriss zu 'nem ungeheuren Werk.

Chorführer: O du größter Galgenvogel, seit ich aus dem Ei
geschlüpft!
Ha, was sagst du?

Wiedehopf: Lass mich reden!

Chorführer: Was hast du mir angetan!

Wiedehopf: Aufgenommen hab ich Männer, die die Sehnsucht zu mir trieb.

Chorführer: Solche Tat hast du begangen?

Wiedehopf: Und ich freu mich solcher Tat.

Chorführer: Und sie weilen unter uns hier?

Wiedehopf: So gewiss wie ich bei euch!

Chor: Weh, weh!
Verraten, verkauft, betrogen sind wir!
Denn der unser Freund, unser Bruder war,
Der mit uns lebte auf heimischer Flur,
Übertrat das uralt heil'ge Gesetz,
Er brach die Eide der Vögel.
Er hat mich umstrickt mit Listen und Trug
Und gab mich preis dem verruchten Geschlecht,
Das, seit es erzeugt, mit mir lebte in Feindschaft.

Chorführer *(auf Wiedehopf zeigend)*:
Hier mit diesem, denk ich, reden wir hernach ein ernstes Wort.
Doch die beiden alten Sünder trifft die Strafe ungesäumt.
Auf sie! Reißet sie in Stücke!

Einstieg / Training

1. Sequenz

Ankommen / Körperwahrnehmung / Vorübung zur Figurenerarbeitung

- Die Gruppe steht im Kreis mit geschlossenen Augen, die Füße parallel, Beine hüftbreit, die Knie leicht gebeugt (guter Stand), der Theaterlehrer (TL) gibt Anweisungen zur Aufrichtung der Wirbelsäule, zur Öffnung des Oberkörpers und zur Lösung der Muskulatur: „Die Arme hängen seitlich des Körpers, die Hände sind gelöst, das Gesicht ist entspannt, die Zunge liegt locker im Mund, der Atem geht tief bis in das Becken."
- „Gebt euer ganzes Gewicht an den Boden ab, spürt nach, nehmt den Boden wahr. Spürt, wo auf den Füßen das Gewicht liegt, ist es gleichmäßig verteilt oder liegt es mehr vorne, hinten oder auf den Seitenkanten. Nehmt nur wahr, verändert nichts."
- „Verlagert jetzt das Gewicht auf die Außenkanten, spürt, was diese minimale Verlagerung im Körper verändert — bis hinauf zum Kopf. Denkt diese kleine Bewegung weiter, vergrößert sie gedanklich und stellt euch vor, was das für ein Mensch sein könnte, der diesen Körper hat."
- Das gleiche mit dem Gewicht auf den Innenkanten, der Hacke und Spitze des Fußes.

2. Sequenz

Stimme einsetzen / Gestaltungsvariationen ausprobieren / die Notwendigkeit zeigen, in Extreme zu gehen, immer wieder Neues zu finden, um zu einem interessanten Ausdruck zu gelangen / verdeutlichen, dass ein dem Inhalt gegenläufiger Sprachgestus besonders ausdrucksvoll sein kann / Gruppenbildung: Aufnehmen. Weitergeben. Wahrnehmung. Fremdes ausprobieren

- „Konzentriert euch jetzt auf die Atmung, nehmt sie wahr bis tief in den Bauch und auch in den Rücken; spürt die Einatmung und lasst den Atem mit einem leisen, entspannten Ton wieder heraus *Übungen zur Stimme sind am Anfang im-*

mer schwierig, behutsames Vorgehen ist also angebracht; holt den Ton tief von unten, werdet in der Gruppe gemeinsam langsam lauter; geht hin bis zu der Vorstellung, den ganzen Raum auszufüllen; werdet ganz langsam wieder leiser. Lasst den Ton dabei nie abreißen; findet ein gemeinsames Ende."

* „Öffnet die Augen, schaut euch um, schüttelt den Körper aus und kommt wieder in einen guten Stand."
* Der TL gibt einen Ton vor, der Nachbar nimmt den Ton auf und verändert ihn, gibt ihn weiter, der nächste Nachbar nimmt ihn auf, verändert ihn etc., bis er wieder beim TL angelangt ist.
* Der TL gibt ein beliebiges Wort vor (z.B. Wut, blau oder Socke) und kombiniert dies mit einer beliebigen körperlichen Haltung. Das Wort geht von Spieler zu Spieler durch den Kreis, jeder findet einen eigenen Sprachgestus, Lautstärke etc. Die Gruppe wiederholt jeweils chorisch. Wenn das Wort einmal durch den Kreis gegangen ist (man kann auch eine verkürzende Verabredung treffen), findet der Nachbar des Spielleiters ein neues Wort, gibt es weiter, bis jeder Spieler ein Wort in den Kreis gegeben hat.

3. Sequenz

Eine theatrale Figur über den Körper finden, entwickeln / Wahrnehmung der anderen Spieler / erste Übungen zu chorischem Gestalten / erste Übungen zur Raumwahrnehmung und zur gemeinsamen Bewegung im Raum / Fokussierung und Polarisierung / Kommunikation innerhalb der Gruppe

* Die Spieler gehen durch den Raum, der TL gibt Anweisungen zum neutralen Gang (Aufrichtung der Wirbelsäule, Aufsetzen des Fußes von der Hacke bis zu den Zehenspitzen etc.), der Blick soll horizontal gerichtet sein, die anderen Spieler werden aus dem Augenwinkel wahrgenommen, die Gruppe verteilt sich beim Gehen möglichst gleichmäßig im Raum.
* Jetzt fordert der TL dazu auf, einzelne Körperteile zu verschieben, z. B. das Becken nach hinten zu kippen (Entenpopo), eine Schulter hochzuziehen, den Rücken zu beugen etc. und wahrzunehmen, was diese Verschiebungen im Körper jeweils verändern.

- Zu jeder Körperverschiebung soll jetzt eine Figur assoziiert werden: „Stellt euch vor, was das für ein Mensch sein könnte, der einen solchen Körper hat."
- Der TL ruft einzelne Spielern auf und fordert sie dazu auf, durch Gewichtverlagerung und Verschiebung einzelner Körperteile (Schulter, Becken, Kopf etc.) in eine extreme Figur zu gehen, die ganze Gruppe kopiert. Der TL weist daraufhin, dass es nicht um eine exakte Kopie geht, sondern darum, dass jeder in der vorgegebenen Form seinen eigenen Ausdruck findet. Bei neuem Zuruf eines Namens: neue Figur. Als weiterführende Aufgabe: Die neue Figur wird aus der alten entwickelt, die Gestaltung wird nie abgebrochen, auch die Gesamtgruppe kommt fließend in die neue Figur.

  Vom Beginn der Theaterarbeit an muss deutlich werden, dass es auf der Bühne niemals zu nicht verabredeten Unterbrechungen kommen darf. Auch wenn während der Premiere plötzlich der Text weg ist, muss das Spiel weitergehen. Was auf der Bühne getan wird, darf niemals kommentiert werden. Arbeitet man schon im Training daraufhin, wird es bei den Aufführungen nicht zu Einbrüchen kommen.

- Der TL nennt zwei Spielernamen, es gibt jetzt also zwei verschiedene Figuren im Raum. Die Spieler werden aufgefordert, sich einer der Figuren zuzuordnen und die vorgegebene Form aufzunehmen. Im Weitergehen rückt die Gruppe räumlich näher zusammen und bildet einen Chor, die vorab aufgerufenen Spieler erhalten die Funktion eines Chorführers. Dieser kann die Ausrichtung im Raum mehrfach wechseln, die Gruppe folgt. *Der TL muss jetzt länger bei einer Figur bleiben, um die Gruppe die chorische Form ausprobieren zu lassen.* Dann werden die Spieler wieder ins neutrale Gehen geschickt und zwei neue Namen werden genannt.
- Nach zwei bis vier Versuchen wird bei zwei Figuren geblieben, die Gruppen erhalten die Aufforderung, sich im Raum auch auf verschiedenen Ebenen zu bewegen (oben, Mitte, Boden). Der Chorführer kann jetzt auch wechseln: Bei Drehungen z.B. wird es jeweils derjenige, der in der Gruppe gerade vorne steht. Wenn das gut funktioniert, soll auf die jeweils andere Gruppe geachtet werden. Es kommt zu Beobachtung, Begegnung, nonverbaler Kommunikation, zum Spiel der beiden Teilgruppen miteinander.

Erarbeitung

1. Auftrag zur Szenengestaltung

Der TL weist darauf hin, dass in der Trainingsphase schon kleine Experimente zur Stimme und Figurenentwicklung, zu chorischem Gestalten und zur Raumnutzung durchgeführt wurden. *Bei unerfahrenen Gruppen ist es immer sinnvoll, auf den jeweiligen Zusammenhang von Training und Gestaltung hinzuweisen, da insbesondere der Sinn von Körpertraining sich erst durch längere Praxis erschließt.* Die Elemente der Trainingsphase sollen jetzt ausgebaut und zur Szenengestaltung nutzbar gemacht werden.

Eine Szene aus Aristophanes „Die Vögel" soll in verschiedenen Untergruppen zu den Schwerpunkten Stimme / Text, Gestaltung der Szene im Raum, Figurengestaltung und chorisches Gestalten erarbeitet werden. Der Theaterlehrer legt Zettel mit den Schwerpunktsetzungen an verschiedenen Stellen im Raum auf den Boden und fordert die Spieler auf, sich je nach Interesse einem Zettel, damit einem Schwerpunkt und einer Gruppe zuzuordnen.

Die Szene eignet sich zu einer solchen interessegeleiteten Zuordnung besonders gut, da die Anzahl der Vögel im Chor offen ist. Es ist im Ergebnis sogar eher interessant, wenn die Gruppen nicht gleich groß sind. Allerdings darf die Anzahl von Spielern in einer Gruppe 4 nicht unterschreiten, da der Vogelchor aus mindestens drei Spielern bestehen sollte, hinzu kommt die Figur des Wiedehopf. Mehr als 6 - 8 Spieler sollten nicht in einer Gruppe sein, da die Arbeit im Chor ohne entsprechendes längeres Training sonst zu schwierig wird. Freiwillige, die von einer Gruppe in eine andere wechseln, damit alle arbeitsfähig sind, findet man eigentlich immer. Gestaltung im Raum und chorisches Gestalten können ggf. zusammengefasst werden. Die Gruppen haben durch die Zuordnung zu den Zetteln schon verschiedene Plätze im Raum eingenommen. Noch besser ist es allerdings, wenn man die Gruppen in verschiedene Räume schicken kann, um eine ungestörte und unabhängige Erarbeitung zu ermöglichen.

Der TL händigt jetzt jedem Spieler einen Textauszug aus, fordert die Spieler auf, die Texte still zu lesen und erste Bilder und Gedanken zur Umsetzung unter dem jeweiligen Schwerpunkt zu entwickeln. Der TL weist darauf hin, dass der Text auch verändert und sinngemäß improvisiert werden kann und dass das Textblatt im Spiel benutzt werden darf. *Hat man nur wenig Zeit pro Probe zur Verfügung, kann die Präsentation auch auf das nächste Treffen gelegt werden. Dann ist es den Spielern möglich, den Text zu lernen, was natürlich mehr Freiheit im Spiel gewährleistet. Vor der Präsentation muss dann noch einmal ein Training stehen.*

Der Theaterlehrer geht jetzt von Gruppe zu Gruppe und gibt noch nähere Hinweise zur Aufgabenstellung:

Zu Stimme / Text:
„Es soll von den Möglichkeiten der Stimme ausgegangen werden. Setzt an den Variationsmöglichkeiten an, die im Training ausprobiert wurden, geht auch in Extreme. Textsequenzen können auch anders verteilt werden, als in der Szene vorgegeben."

Gestaltung der Szene im Raum:
„Achtet auf die Position der Gruppe im Raum und nutzt, falls möglich, für das Spiel zwischen Wiedehopf und Vogelchor Elemente, die ihr im Training mit den zwei Gruppen gefunden habt. Gestaltet die Raumaufteilung und die Bewegung im Raum bewusst. Achtet gut aufeinander!"

Zur Figurengestaltung:
„Geht vom Körper aus. Erinnert euch, was kleine Verschiebungen im Körper bewirken können und probiert aus, wie, hiervon ausgehend, die Vögel gestaltet werden könnten. Jeder Vogel kann anders sein, doch solltet ihr kleine gemeinsame Momente finden."

Chorisches Gestalten:
„Findet für den Vogelchor Bewegungsformen, bei denen jeder Einzelne von Euch immer in einem Bezug zur Gesamtgruppe steht. Nutzt eventuell die vorhin ausprobierte Form wechselnder Chorführer. Achtet auf Tempiwechsel und vergesst nicht die Möglichkeit immobiler Positionen. Findet auch Stellen, an denen ihr gemeinsam sprecht, koordiniert sie mit Bewegungen, das macht es einfacher."

Trotz dieser Hinweise bleiben viele Leerstellen, bei deren Ausfüllung die Kreativität der Gruppe gefragt ist. Genau das ist es, was Spielfreude provoziert. Sinnvoll ist es, während der Erarbeitung von Gruppe zu Gruppe zu gehen, um – falls nötig – weiterführende Hinweise und Hilfen zu geben.

Die Gruppen erhalten zur Erarbeitung eine halbe Stunde Zeit. Alle bekommen den Hinweis, dass vor allem ausprobiert, nicht nur besprochen werden soll. Es soll möglichst schnell entschieden werden, wer den Wiedehopf spielt. Anfang und Ende der Szene müssen dem Publikum deutlich werden können. Findet eine Gruppe rasch Lösungen zur Szenengestaltung, soll die verbleibende Zeit zum Feilen und zum genauen Üben benutzt werden, was auch zur ersten Texteinprägung führt.

Präsentation

Während der Ergebnispräsentation sollte der Blick der Gruppe auf die Beziehung zwischen Aufgabenstellung und Ergebnis gerichtet werden. Dies kann durch einen Appell geschehen: „Achtet besonders auf..." Will man die Darstellung genauer reflektieren, was insbesondere dann sinnvoll ist, wenn man die Probeneinheit zur Grundlage weiterer Inszenierungsentscheidungen machen möchte, kann die Wahrnehmung systematischer gelenkt und erfasst werden:

Ein Fragebogen hilft, die Beobachtungen zu konzentrieren und für eine weitere Diskussion nutzbar zu machen. Der Fragebogen sollte vor der Ergebnispräsentation ausgeteilt und gelesen werden (nicht aber von den zuerst Spielenden), doch erst **nach** der Darstellung der jeweiligen Gruppe ausgefüllt werden.

Beobachtungsbogen zur Szenengestaltung der einzelnen Gruppen

Erarbeitung über:	Stimme / Text	Gestaltung der Szene im Raum	Figuren-gestaltung	Chorisches Gestalten
In welchen Gestal-tungselementen der Szene findest Du die Aufgaben-stellung wieder?				
Welche Berück-sichtigung finden die Gestaltungs-aspekte der anderen Gruppen?				
Inwiefern ent-spricht die Gestal-tung deinem Ver-ständnis von der Szene / dem Stück?				
Welche Anregung zur Weiterarbeit kannst du der Gruppe geben?				

Reflexion

Zur Fokussierung in der Gestaltungsaufgabe

Die Erprobung dieser und ähnlicher Probeneinheiten gibt zu folgenden Schlussfolgerungen Anlass:

- Die Konzentration auf einen Gestaltungsaspekt in der Erarbeitung einer Szene weist einen schon anschaulichen Weg, wie sie begriffen und umgesetzt werden könnte.
- Wird die Gestaltung auf Elemente wie Raum, chorische Gestaltung, Stimme und Text, aber auch Kostüme, Requisiten o.a. zugespitzt, führt dies insofern schon zu einer Theatralisierung in der Darstellung, als ein rein naturalistisches Spiel bereits eine erste Brechung erhält.
- Den Anforderungen an die Komplexität theatralen Darstellens sind Amateure in der Regel insbesondere zu Beginn ihrer Arbeit nicht gewachsen. Diese Überforderung wird gemindert und aus dem Bewusstsein der Spielenden herausgenommen, wenn sie eine begrenzte, konkrete Aufgabe erhalten.
- Gerade wenn die Gestaltungsaufgabe eher ungewöhnlich und fremd ist, ist alle Anstrengung auf die Gestaltung gerichtet und es bleibt keine Zeit, sich darum zu kümmern, wie man auf die anderen wirkt.
- Es bleiben für die Spielenden Entscheidungsräume (welcher Gruppe sie sich zuordnen, wie sie mit der Aufgabe umgehen, welche Rolle sie übernehmen), jedoch innerhalb eines vorgegebenen Rahmens, an dem sie sich gestalterisch abarbeiten müssen.
- Wird der Fokus auf einen Gestaltungsbereich gelegt, gestalten sich die anderen Bereiche zumindest im Ansatz mit. Dies liegt nicht nur daran, dass chorische Arbeit beispielsweise immer auch stimmlich und räumlich gedacht werden muss oder ein differenzierter Sprachgestus schon Teil der Figurengestaltung ist, sondern auch daran, dass überhaupt bewusst gestaltet wird.
- Die parallele Arbeit an mehreren Schwerpunkten einer Szene kann auch in einer späteren Phase der Stückerarbeitung durchaus einmal sinnvoll sein, da so gezielt Anregungen zur Weiterarbeit gegeben werden können.

- Hat eine Gruppe bereits Theatererfahrung, kann man die Gestaltungsaufgabe noch erweitern (Tempiwechsel, Arbeit auf mehreren Ebenen etc.). Gängige Annahmen über das Verhalten theatraler Figuren erfahren so automatisch eine gewisse Irritation, was als eine Grundvoraussetzung für künstlerisches Gestalten angesehen wird.
- Theaterpädagogische Inszenierung ist darauf angewiesen aufzunehmen, was aus der Gruppe kommt, von dort aus weiterzugehen, zu strukturieren, auszudeuten, zuzuspitzen usw. Die vorgestellte Probensequenz ist geeignet, einen Einblick in den Stand einer Gruppe und die Fähigkeiten Einzelner zu erhalten, an der die weitere Arbeit ansetzen kann.

Falls man doch mit einem Kennenlernspiel beginnen möchte

Zu Kennenlern-, Vertrauens- und Gruppenspielen gibt es eine Fülle von Vorschlägen in der entsprechenden Fachliteratur. Für einen Einstieg in die Theaterarbeit auf eine solch spielerische Weise gibt es gute und wichtige Argumente: Es soll eine Gruppe überhaupt erst einmal gebildet werden; die Mitglieder müssen wissen, dass sie sich aufeinander verlassen können und sollen lernen, eine entsprechende Verantwortung zu übernehmen; es soll zuallererst einmal deutlich werden, dass Theaterspielen Spaß macht.

Alle diese Dinge lassen sich allerdings auch vermitteln und erfahren, wenn sofort in die theatrale Gestaltung eingestiegen wird – und man gewinnt noch einiges hinzu:
Die Mitglieder der Gruppe werden nicht nur miteinander, sondern sogleich auch mit Gestaltungsformen und -möglichkeiten des Theaters vertraut gemacht. Sie erfahren somit auch schon etwas über die Spezifik theatraler Zeichen und theatraler Kommunikation. Das sich herstellende Miteinander steht unter dem Vorzeichen eines gemeinsamen Gestaltungszieles und enthält die dem Theater eigene Dialektik von Spiel und Ernst. Der zu gewinnende Spaß sieht also nicht ab von den gelegentlichen Mühen des Gestaltungsprozesses.
Kennenlernspiele sind für den Einstieg in Theaterarbeit also dann besonders gut geeignet, wenn sie bereits eine Gestaltungsaufgabe enthalten.

Probeneinheit
Vom Urlaubsphoto zur Szene

1. Sequenz

Körperwahrnehmung / Experimentieren mit Formen des Körperausdrucks und der Körperspannung / Kontaktaufnahme innerhalb der Gruppe

* Die Gruppe steht im Kreis. *Bei dieser wie bei vielen anderen Übungen, bei denen es nicht primär um die Wahrnehmung der Gruppe von außen geht, ist es sinnvoll, dass der Theaterlehrer sich in die Gruppe integriert.* Der TL beginnt ein Körperteil auszuschütteln. Der Bewegungsimpuls geht von diesem einen Körperteil aus (z.B. Hand, Kopf, Hüfte), der Rest des Körpers folgt. Die Bewegung wird von einem Ton begleitet. Die Gruppe übernimmt Bewegung und Ton. Der TL gibt durch Klatschen einen Stopp mitten in der Bewegung vor; jeder Spieler soll zu der entstehenden Immobilität einen Gesichtsausdruck entwickeln und eine minimale, aber deutliche „theatrale Zuspitzung" seiner Position vornehmen. Auch der Ton, in einer gemeinsamen Atmung neu ansetzend, wird von jedem Spieler individuell zugespitzt. *Diese sehr allgemein gestellte Aufgabe – was heißt Zuspitzung für jeden Einzelnen? – lässt viel Raum für individuelle Experimente, wobei es Mut macht, dass alle gleichzeitig experimentieren. Auch der individuelle Ton wird nicht einzeln abgehört, sondern entsteht im Schutz der Gruppe. Der TL gewinnt zudem einen ersten Einblick, was in der Gruppe unter „theatraler Position" und „Zuspitzung"" verstanden wird. Gegebenenfalls kann die Übung dem für die Entwicklung einer differenzierten Gestaltungsfähigkeit oft notwendigen Ausleben von Klischeevorstellungen dienen.* Mit einem neuerlichen Klatschen wird die Immobilität aufgelöst und die Aufgabe, mit einem neuen Körperteil einen neuen Bewegungsimpuls zu geben, an den Nächststehenden im Kreis weitergegeben. Reihum wählt jeder Spieler ein anderes Körperteil; der Theaterlehrer bestimmt durch Klatschen den zeitlichen Ablauf der Übung.

- Die Gruppe geht durch den Raum im „Schlabbergang" (niedriger Muskeltonus) mit einem Ton. Auf ein akustisches Zeichen hin (Klatschen, Trommeln) friert die Bewegung in einer Immobilität ein. Der TL gibt die Aufgabe, aus dieser Position mit kleinen, verdeutlichenden Veränderungen das Standbild einer theatralen Figur zu formen und diese dann auch in Bewegung auszuprobieren. Es folgt die gleiche Übung mit mittlerem sowie hohem Muskeltonus.
- Jedes Gruppenmitglied soll sich für eine Figur mit entweder niedrigem, mittlerem oder hohem Muskeltonus entscheiden. Bei von außen vorgegebenen Stopps soll Blickkontakt mit einem anderen Spieler (nah oder fern im Raum) aufgenommen werden. Der TL gibt mehrmalige Wechsel von Bewegung und Stopps vor, es wechseln auch die Kontaktpartner. Nach ca. drei Begegnungen wird die Aufgabe gestellt, zusätzlich eine Kommunikation über Töne aufzubauen.
- Die Spieler bleiben bei dieser Figur oder können auch noch einmal zu einer mit einem anderen Muskeltonus wechseln. Im Gehen sollen Zweiergrüppchen gebildet werden, die auf ein akustisches Signal hin eine theatrale Position einnehmen, in der sie sich aufeinander beziehen. Mehrmals auflösen und wiederholen. Das Gleiche mit Dreiergrüppchen. Der TL gibt die Aufgabe, sich die letzte Dreierkonstellation zu merken. *Diese letzte Gruppe wird dann später in der Improvisation zusammenarbeiten. Für die Dynamik einer Gruppe und für die Gestaltung ist es immer wichtig, zufällige Konstellationen aus dem Spiel heraus entstehen zu lassen und weiterzuentwickeln.*

2. Sequenz: Erarbeitung

Einzelarbeit zur gestalteten Selbstpräsentation und zur Vorbereitung der Gruppenimprovisation

Der TL stellt folgende Aufgabe:
„Erarbeitet euch drei Urlaubsphotos! Das erste soll sich an die Realität anlehnen: Wo man mal war, was man gerne macht im Urlaub, wie man sich sieht. Photo bedeutet immer, in eine

gehaltene Immobilität zu gehen, die ihr aber über eine vorbereitende Bewegung entwickeln könnt. Sagt in dieser Position
euren Namen: „Ich bin..." und einen beliebigen Satz, der
euch zu diesem Photo einfällt.
Das zweite Photo zeigt euch in einer Position, die ausdrückt,
was ihr mal irgendwann in einem Urlaub machen möchtet
bzw. wer ihr dort gerne einmal sein würdet. Entwickelt hier
ganz kühne Phantasien; ihr müsst euch nicht von der Vorstellung des real Machbaren begrenzen lassen. Auch zu dieser Position findet ihr einen Satz.
Das dritte Photo soll zeigen, wie ihr nie sein möchtet und was
ihr niemals machen wollt. Es soll also eure abscheulichste
Urlaubsphantasie ausdrücken. Auch hierzu findet ihr einen
Satz.
Sucht euch für die Erarbeitung und Präsentation eurer Photos, die ihr mit Hilfe einer langsamen Bewegung aneinander
hängen sollt, einen geeigneten Platz im Raum."
Erarbeitungszeit ca. 10 Minuten.

3. Sequenz: Ergebnispräsentation

*Gegenseitige Wahrnehmung / Herstellung einer Bühnensituation
für die ganze Gruppe / erste „Bühnenerlebnisse" / Verantwortlich-
keit aller für das Gelingen verdeutlichen / Vorbereitung der
Gruppenszene (4. Sequenz)*

Der Theaterlehrer sammelt die Gruppe in der Mitte des Raumes
und gibt folgende Aufgabe zur Präsentation der Ergebnisse:
„Nacheinander rennt jeweils einer von euch zu seinem
‚Photoplatz', zeigt seine drei Photos und sagt die dazugehörigen Sätze. Eure Grundhaltung soll sein: Ich will meine Photos zeigen! Dabei müsst ihr so aufeinander achten, dass nicht
alle gleichzeitig zu ihren Plätzen rennen, es dürfen aber auch
niemals Löcher entstehen.
Der Rest der Gruppe folgt sofort und baut sich als Zuschauer-
gruppe um die ‚Photoperson' in einem solchen Abstand auf,
dass alle etwas sehen können. Die Zuschauer sind immer Teil
des Geschehens, ihr seid also nicht allein auf der Bühne. Hat
ein Spieler seine Ergebnisse gezeigt, löst sich einer aus der Zu-
schauergruppe und die Präsentation läuft entsprechend weiter,
bis alle ihre Photos gezeigt und ihre Sätze gesprochen haben."

In der Abfolge der Präsentationen wird auf Tempo gearbeitet, die Darstellungen selbst stellen Ruhe- und Konzentrationspunkte dar, an denen auch die Sprache beteiligt ist. Es entsteht so bereits eine Art Präsentationsrhythmus.

4. Sequenz: Erarbeitung und Präsentation einer Gruppenszene

Anwendung und Modifikation des in der Einzelarbeit entwickelten Spielmaterials im Gruppenzusammenhang / erste gemeinsame Gestaltungserfahrung

Erarbeitungsaufgabe an die Spieler:
„Entscheidet euch spontan entweder für die zweite oder für die dritte Variante eures Photos, um damit in einer Gruppe weiterzuarbeiten.
Findet euch mit denen zusammen, mit denen ihr vorhin in der Aufwärmphase die letzte Dreiergruppe gebildet habt! Einigt euch auf einen Spielort im Raum, wobei ihr euch mit den anderen Gruppen abstimmen müsst!
Aufgabe ist es, an diesem Spielort eine Urlaubsszene zwischen drei Figuren zu entwickeln, die den jeweiligen Photos entstammen, für die ihr euch entschieden habt. Zur Verdeutlichung soll jede Figur einen klaren Muskeltonus erhalten, der in der Szene auch erkennbar werden muss, allerdings wechseln kann und sollte (zum Beispiel: Auch eine Figur, die eine hohe Anspannung hat, wird irgendwann einmal in sich zusammenfallen)." *Eindimensionalitäten möglichst von Anfang an vermeiden!*
„Benutzt werden soll auch das für das Photo gefundene Textmaterial.
Die Szene darf (muss aber nicht) ‚Unsinnselemente' enthalten, braucht also nicht unbedingt durchgängig einer rationalen Handlungslogik zu folgen!"

Reflexion

Prämissensetzung in der ersten Theaterbegegnung

- Die Probeneinheit ermöglicht es den Gruppenmitgliedern, sich mittels der Aufgabe vorzustellen (1. Photo). Das zweite und dritte Photo entfernt sich von der Selbstdarstellung. Durch den ausdrücklichen Hinweis auf phantastische Elemente wird bereits deutlich, dass Theater sich nicht in der Widerspiegelung von Realität erschöpft.
- Auch in den verschiedenen Winkeln der Phantasie (positiver wie negativer) zeigen die Spieler ein Stück von sich selbst, ohne dass es zu eher oberflächlichen Selbstaussagen (Beispiel: Hobby) kommt.
- Indem bei der Ergebnispräsentation die anderen Gruppenmitglieder als Zuschauer eine Rolle übernehmen und somit alle spielen, wird etwas von dem Druck weggenommen, der sich ergibt, wenn man sich das erste Mal alleine vor einer Gruppe präsentiert.
- Die Gruppe stellt für jeweils ein Mitglied einen Fokus her und gewinnt so eine erste Erfahrung bezüglich der gemeinsamen Gestaltungskraft und der Notwendigkeit, auf der Bühne immer präsent zu sein, immer zu wissen, was man gerade tut. Um diese ersten Erfahrungen nutzbar zu machen, sollten die genannten Aspekte in der nachfolgenden Besprechung thematisiert werden.
- In die gemeinsam zu gestaltende Gruppenszene bringt jeder Spieler bereits entwickeltes Material ein. Es geht also nicht primär um die Frage, wer nun ad hoc besonders „kreativ" sei.
- Die Gruppe muss sich an der Aufgabe abarbeiten, möglicherweise „nicht Passendes" in eine Szene zu integrieren. Gerade hieraus entstehen oftmals kreative, nicht alltägliche und deshalb spannende Ideen (im Sinne von Bildern), die Eingang in die Gestaltung finden.
- Interessante Spielansätze, z. B. eine besonders gute Raumidee, setzen sich auch in der Gruppe durch, denn alle haben ja gesehen, welches Bild welche Wirkung hervorruft. Einzelideen werden so innerhalb der Gruppe gewürdigt und für die gemeinsame Arbeit genutzt.

- Die Aufgabe, eine Figur über die Erfahrung des Muskeltonus zu finden bzw. zu verdeutlichen, geht von einer Körpererfahrung aus. Diese gibt den Spielern Ideen, die intellektuell weiterentwickelt werden können, in der Darstellung aber sofort einen ausgeprägt körperlichen Charakter haben. Dieses Vorgehen ist ein erster Schritt auf dem Weg zu Gestaltung und Formfindung.

Theaterpädagogische Inszenierung –

Was meint das eigentlich?

Der Titel dieses Buches mag manchem erfahrenen Theaterpädagogen äußerst widersprüchlich, wenn nicht sogar falsch erscheinen. Provoziert er nicht das schreckliche Bild eines Theaterpädagogen, der sich als Regisseur versteht und seine im besten Fall künstlerischen Visionen mit einer Gruppe von Amateuren umzusetzen sucht, die seine Visionen nicht teilen und möglicherweise nicht einmal verstehen? So ein Ansatz kann schon deshalb nicht funktionieren, weil wir es eben nicht mit professionellen Schauspielern oder Tänzern zu tun haben. Unsere Aufgabe ist es vielmehr, Menschen, die gerade keine Theater-Künstler sind, den Weg zu einem (Selbst-) Ausdruck zu öffnen, der insofern künstlerische Qualität besitzt, als er neue Blickrichtungen auf die eigene Person, das Verhältnis zu anderen Menschen, vielleicht sogar zu Geschichte und Gesellschaft ermöglicht. Im besten Fall geht es darum, mit einer Gruppe deren eigene Visionen zu entwickeln und mit den Mitteln der Theaterpädagogik künstlerisch umzusetzen. (Auch professionelle Regisseure arbeiten heute mit diesem Ansatz, im Übrigen oft besonders erfolgreich, weil sie Impulse und Anregungen aus dem Ensemble aufnehmen können und somit die Grenzen der eigenen Phantasie überschreiten.)
Was also kann unter diesem Vorzeichen der in den Ohren mancher Theaterpädagogen so gewaltsam klingende Begriff der Inszenierung bedeuten?
Zunächst einmal, dass wir die Amateure[3], mit denen wir in unserer Arbeit zu tun haben, konsequent, wenn auch behut-

3 Ich spreche hier in der Regel von jugendlichen Amateuren, nicht nur deshalb, weil sie eine große Zielgruppe innerhalb der Theaterpädagogik darstellen und es in diesem Buch auch um die Arbeit im Fach Darstellendes Spiel an allgemeinbildenden Schulen geht.
Die Theaterarbeit mit Jugendlichen bietet darüber hinaus ein Forschungsfeld von besonderer Qualität. In ihrer Grenzphase hin zum Erwachsenenleben sind junge Menschen in besonderer Weise eingebunden in Entwicklung und Veränderung und können dabei bereits ein Bewusstsein erlangen, was im Prozess kreativen Gestaltens mit ihnen selbst passiert. Darüber hinaus reflektieren sie, welche gestalterischen Möglichkeiten mit welchem Ansatz verbunden sind. Für eine Veröffentlichung wie diese sind sie damit zu aktiven Kommunikationspartnern geworden.

sam von der Vorstellung eines naturalistischen Theaterspiels wegführen, das von einer fernsehmedialen, nicht theatralen Wirklichkeit geprägt ist, und sie mit den vielfältigen Möglichkeiten und den Freiräumen künstlerischen Gestaltens vertraut machen. Der Begriff der Inszenierung beinhaltet auch, dass diese künstlerische Auseinandersetzung so weit und so intensiv betrieben wird, dass die Ergebnisse kommunizierbar sind.

Theaterpädagogische Inszenierung meint also zunächst einmal ein **methodisch klares Heranführen einer Gruppe an theatrale Ausdrucksformen** mit dem Ziel einer abschließenden Präsentation.

Provoziert der Begriff der Inszenierung möglicherweise Widerspruch auf Seiten der Theaterpädagogen, so tut es die Begriffskonstruktion Theater-Pädagogik oftmals auf Seiten der Theaterkünstler, da künstlerische und pädagogische Anliegen wie auch die dazugehörigen Prozesse nicht unbedingt kompatibel erscheinen.

Denkt man an die zwei großen Institutionen, die jeweils einen Bereich dieser Konstruktion vertreten, das Theater und die Schule, so könnten sie in ihrem Funktionieren und der Arbeitsweise, die ihr Innenleben strukturiert, unterschiedlicher kaum sein. Auch eine Schulklasse ist einem Ensemble sicher nicht vergleichbar. Theater als ein Medium der Kunst ist insgesamt ganz anderen Gesetzmäßigkeiten verpflichtet als die Pädagogik, die, ganz allgemein gesprochen, der Einweisung und Einübung in gesellschaftlich relevante Fähigkeiten und Verhaltensweisen dient. Trotzdem gibt es einen zentralen Be-

rührungspunkt zwischen künstlerischen und pädagogischen Prozessen, der zur Strukturierung einer Inszenierung unter theaterpädagogischem Vorzeichen besonders relevant erscheint.

Entgegen mancher landläufiger Vorstellung ist die Kunst nicht etwa ein Ausdrucksmedium völliger Ungebundenheit oder gar Regellosigkeit. Eine derart verstandene Kunst bliebe ausschließlich subjektiver Selbstausdruck und somit für andere in der Regel irrelevant.

Der Theaterkünstler Eugenio Barba äußert sich folgendermaßen: „Das menschliche Verhalten folgt immer einer physischen, emotionalen oder intellektuellen Logik. Nur im Theater gibt es Menschen, die Gesten und Handlungsfragmente ohne Zusammenhang vorzeigen und sich einbilden, ein chaotisches und ausdrucksloses Verhalten könnte Freiheit darstellen. Manchmal fühlt sich ein Schauspieler, der sich so verhält, frei. (Er empfindet etwas, das er ‚Freiheit' nennt.) Der Zuschauer aber bleibt in einer Flut von Gesten befangen, deren Logik er nicht erkennen kann."[4]

Einen künstlerischen Ausdruck zu finden, der einen neuen kommunikativen Raum eröffnet, erfordert immer eine Auseinandersetzung mit, vielleicht sogar ein Abarbeiten an Gegebenem als innerkünstlerische Referenz und/oder als Versuch, einen neuen Blick auf im allgemeinsten Sinne gesellschaftlich Gegebenes zu ermöglichen.

(Theater-)künstlerischer Ausdruck speist sich nicht aus einem unfassbaren Irgendwoher, sondern entsteht in einem allerdings **neuen und freien** Umgang mit Gegebenem. Das ist es, was Beteiligten und Zuschauern überraschende Blickwinkel und neue Perspektiven eröffnen kann.

Wenn der bildende Künstler Willi Baumeister über „Das Unbekannte in der Kunst" spricht, so bezieht er sich auf den Anteil des Unbewussten am künstlerischen Schaffensprozess, der dem Kunstbetrachter wie auch dem Künstler selbst in seinem Werk als Fremdes gegenübertritt. „Gemeint ist, dass dem Kunstbetrachter durch das Kunstwerk ein vordem unbekannter Wert geschenkt wird, und dass sich daraus auch ein Wert der Kunstbetrachtung herleitet. Außerdem soll als Bedeutendstes betont werden, dass in dem Resultat künstlerischer Leistung ein Hauptwerk erzeugt wurde, der dem tätig gewesen Künstler selbst vordem nicht bekannt war."[5] Zu fragen ist, ob nicht die inhaltsbezogene und formsuchende künstlerische Auseinandersetzung sich auch in ihren bewussten Anteilen immer in derart großer Nähe zu Fremdem und Neuem befindet.

Wenn auch die Art von Grenzüberschreitungen, die Grotowski mit seinen Schauspielern vornahm, im Amateurtheater nicht denkbar sind, so lassen sich seine Äußerungen zur Formfindung und den aus ihr gewonnenen kommunikativen Möglichkeiten doch übertragen. „Wir glauben, dass ein nur auf die Person bezogener Prozess, der nicht unterstützt und ausgedrückt wird durch eine formale Artikulation und disziplinierte Strukturierung der Rolle, keine Befreiung ist und formlos in sich zusammenbrechen wird. (...) Ein **Zeichen**, kei-

4　Eugenio Barba: Jenseits der schwimmenden Inseln. Reinbek bei Hamburg 1985, S. 99

5　Willi Baumeister: Das Unbekannte in der Kunst. Köln 1988, S. 8

6   Jerzy Grotowski: Für
    ein armes Theater.
    Berlin 1994, S. 15/16

ne gewöhnliche Bewegung stellt für uns die elementare Größe des Ausdrucks dar."[6] In der experimentierenden Suche
nach einer Ausdrucks**form**, nach theatralen Zeichen, **manifestiert sich der ganz eigene Blick eines Spielers oder einer
Gruppe auf die künstlerisch zu gestaltende (theatrale)
Wirklichkeit.** Den Weg zur Formfindung mit einer Gruppe
muss der Theaterpädagoge eröffnen und begleiten; die komplexe Struktur dieses Prozesses ist notwendigerweise **kreativ
und pädagogisch.**

Eine Pädagogik, die sich nicht nur der Maxime verpflichtet
sieht, Vorgegebenes zu vermitteln, sondern sich als Ziel setzt,
junge Menschen zur aktiven, auch gestaltenden Aneignung
ihrer gesellschaftlichen Umwelt zu befähigen, befindet sich
durchaus in der Nähe zu Suchbewegung innerhalb künstlerischer Prozesse. Der Widerspruch zwischen Kunst und Pädagogik kann produktiv werden, wenn Elemente künstlerischer
Weltaneignung in die Pädagogik hereingenommen werden.
Worin aber besteht die spezifische Form künstlerischer Weltaneignung?
„Im Leben wie in der Kunst sind uns für das, was wir tun, von
den verschiedensten Seiten her Grenzen gesetzt: von der Natur und ihren Gesetzen, von unseren Sinnen wie von ihren
Objekten, von den Mitmenschen und ihren Forderungen;
von den Umständen unserer historischen Epoche, von unseren persönlichen Voraussetzungen und von der eigenen Le-
benszeit. Künstlerisches Schaffen versucht, sich von solchen
Schranken zu **befreien**; und zwar so, dass dabei gegenüber
den gewöhnlichen Verhaltensweisen nicht nur eine Störung,
sondern zugleich ein **Gewinn** erkennbar wird."[7] Die Theorie
der ästhetischen Normabweichung, die Harald Fricke auf alle
Bereiche künstlerischen Schaffens auszudehnen sucht, kann
eine für uns sinnvolle Antwort geben.

7   Harald Fricke:
    Gesetz und Freiheit.
    Eine Philosophie der
    Kunst.
    München 2000, S. 13

Kunst als Abweichung von der (innerkünstlerisch oder gesellschaftlich gesetzten) Norm heißt, von einer Struktur auszugehen, die weiterzudenken, zu übertreiben, zu variieren, zu verändern, auf den Kopf zu stellen, über den Haufen zu werfen
ist. Das bedeutet abzuweichen von der Wirklichkeit, indem
deren Funktionsweise groß herausgestellt, völlig neu und anders gedacht und vor allem gezeigt wird!
Wir als Theaterpädagogen können einen neuen Blick ermöglichen, indem wir Amateuren die Aufgabe geben, sich in einer

für sie fremden Form auszuprobieren, sich diese anzueig-
nen und ihren eigenen Ausdruck darin zu (er-)finden.
Eine so verstandene theaterpädagogische Inszenierung
nutzt die Reibung an einem
von außen gesetzten Gestal-
tungsimpuls; sie ist insofern
pädagogisch, als sie anleitet
zu eigenem Ausdruck und Tun mit Zutun von Phantasie, Körper und Intellekt: „Will man (...) eine produktive Reibung er-
zeugen, ein Hemmen der Bewegung zum Zwecke neuer Wahr-
nehmungsmöglichkeiten, muss der eigene Körper zum fremden werden, nur so ist eine Begegnung möglich. Reibung
stellt sich dann dar als eine Begegnung mit dem eigenen Körper in einer ihm noch fremden Ausdrucksmöglichkeit und
-erfahrung. Das bewirkt ein Innehalten gegenüber sich selbst,
einer theatralischen Figur gegenüber, die man erschaffen hat
und der man in sich selbst gegenübersteht. Einem Kunst-
Menschen, der erarbeitet wurde in einem vielleicht lange
währenden Prozess, der beinhaltet, dass man ihm einen Körper gibt, eine Bewegungs- und Gangart entwickelt, körperliche Besonderheiten festlegt, seine Geschichte erfindet, mit
Beziehungen experimentiert usw."[8]
Will ich anleiten zu künstlerischem Tun im Bereich theatralen Ausdrucks, ist es wenig sinnvoll, woanders anzusetzen als
an den dem Theater eigenen Ausdrucksmitteln.
Die Theaterreform von der Wende des 19. zum 20.Jahrhun-
dert hat, folgenreich bis heute, den Blick auf die Einzelkünste
des Theaters gerichtet: „ Die enttäuschten Hoffnungen auf
eine Humanisierung der Welt durch logozentrisch fundierte
Ideologien, wortmächtige Appelle und vernünftige Diskurse
haben die Skepsis gegenüber der Sprache, wie sie zu Beginn
des Jahrhunderts erstmals artikuliert wurde, an dessen Ausgang zu einem neuen Höhepunkt geführt. Das Vertrauen in
das Wort als Mittel, gültige Aussagen zu treffen, glaubwürdige
Botschaften zu verkünden und verbindliche Zielsetzungen zu
entwerfen, erscheint tief erschüttert. Die von den Massenme-
dien permanent produzierte Flut von Worten, die oft nur
mehr als Geräusch wahrgenommen werden, lässt zweifeln an
der Wortsprache als Medium authentischen Selbstausdrucks

8   Dorothea Hilliger-
Ache:
Reibung – Versuch
der Übertragung
eines physikalischen
Phänomens auf die
theaterpädagogische
Praxis. In: Vaßen/
Koch/Naumann:
Wechselspiel:
KörperTheaterErfahrung.
Frankfurt/Main
1998, S. 150

und wahrhaftiger Kommunikation. So findet die nonverbale Dimension, die Sprache des Körpers und der Bilder, immer stärkere Beachtung. Sowohl im Alltagsleben als auch in den Künsten tritt das Visuelle in den Vordergrund. Was das Bühnenwesen betrifft, entfaltete sich im westlichen deutschsprachigen Raum seit den Siebziger Jahren als Antwort auf das Diskussionstheater im Gefolge der Studentenbewegung einerseits das ,Neue Tanztheater' (mit seinen Hauptvertretern Gerhard Bohner, Hans Kresnik, Pina Bausch, Reinhild Hoffmann, Susanne Linke) und andererseits eine Renaissance des Bildnerischen. Im Schauspiel wie im Musiktheater änderten sich Funktion und Bedeutung der Szenographie grundsätzlich. Die Bühnenbilder und Requisiten, die Masken und Kostüme wurden zunehmend nicht mehr als ,Dekoration' und illustrierende ,Ausstattung' gewertet, sondern als integraler Bestandteil des theatralen Kunstwerks."[9]

9 Peter Simhandl: Bildertheater. Berlin 1993, S. 6/7

Wenn in diesem Buch auf den möglichen theaterpädagogischen Umgang mit den Einzelkünsten des Theaters getrennt eingegangen wird, so ist das insofern eine nur analytische Trennung, als eine Inszenierung selbstverständlich immer im Zusammenwirken der Einzelkünste entsteht.

Aber die Trennung ist insofern nicht willkürlich, als sie Teil der schrittweisen Vermittlung der Theaterkunst an Amateure ist. Sie stellt somit ein methodisch-didaktisches Element im Erarbeitungsprozess eines Stückes dar. Die Isolierung der Einzelkünste des Theaters und die Bestimmung ihres Verhältnisses zueinander in einer Inszenierung ist zudem Teil einer künstlerischen Entscheidung, die der Theaterpädagoge auf Basis seines Wissens und seines künstlerischen Einschätzungsvermögens oftmals vorgibt und die immer bewusst getroffen werden muss.

Ob ich in die Stückerarbeitung mit Übungen und Improvisationen zu Raum, Requisiten, theatralen Figuren, tänzerischem Ausdruck, Kostümen oder Licht eintrete, setzt für die Inszenierung bereits einen Schwerpunkt, der aus meinem Stück- oder Projektverständnis resultiert.

Die zu Beginn dieses Kapitels vorgestellte Probeneinheit zeigt – wenn auch noch ganz im Ansatz –, wie die Art der Aufgabenstellung zu einer Szene verschiedene Bedeutungsebenen eines Textes erschließen kann. Sie kann somit eine Idee davon vermitteln, wie in einer Gruppe qualifizierte Entscheidungsprozesse in Gang gesetzt und begleitet werden können.

Kostüme als Erarbeitungs- und Gestaltungselement

Zweites Kapitel

Kostüme als Erarbeitungs- und Gestaltungselement

Nicht zufällig steht die Arbeit mit Kostümen an exponierter Stelle in der Kapitelabfolge.

Drei zentrale Funktionen kommen den Kostümen zu – nicht nur im Amateurtheater:

1. Sie können zum Ausgangspunkt der (Figuren-) Erarbeitung und Gestaltung werden.
2. Sie sind ein integrativer (ggf. auch ein widerständiger) Bestandteil des Spiels in der Probenphase wie auch in der Präsentation.
3. Sie bestimmen in hohem Maße das Bild und die Ästhetik der Aufführung.

Entsprechend dieser vielfältigen Aufgaben und Funktionen gibt es eine Fülle von Einsatzmöglichkeiten für die Arbeit mit Kostümen. Es folgen zwei Probeneinheiten, die Exemplarisches enthalten und deshalb übertragbar sind. Es wird jeweils von einer Grundidee in den Bereichen Erarbeitung und Gestaltung ausgegangen. Eine dritte Einheit ist dem Experimentieren mit Kostümen vorbehalten.

Probeneinheit

Szenenerarbeitung über ein Kostümteil

Es soll mit Schuhen gearbeitet werden. Man kann die Spieler in der Probe davor auffordern, jeweils ca. drei Paar Schuhe unterschiedlicher Machart und Größe mitzubringen. Bei der Arbeit mit selbst mitgebrachten Kostümen oder Kostümteilen ist immer der Hinweis wichtig, dass nach Möglichkeit nicht die eigene Kleidung ausgewählt werden soll. Die Konfrontation mit einem noch nicht den eigenen Gewohnheiten angepassten, also einem wirklich fremden Kleidungsstück, erlaubt es eher, Neues, z. B. in der eigenen Körperlichkeit, zu entdecken. Es lohnt sich, einen eigenen Fundus an Kostümteilen in einer Gruppe anzulegen, der immer wieder Einsatz finden kann. Trödelmärkte sind in dieser Beziehung ein sehr ergiebiger Ort.

Die Schuhe werden vor Beginn der Probe am Bühnenrand aufgestellt. Die Bühne wird auf diese Weise gleich gestaltet. Noch wesentlicher ist aber, dass die Kostümteile, die später zum Einsatz kommen, schon während des vorbereitenden Trainings präsent sind, auch in den Köpfen der Spieler. Es wird so auch ohne einen expliziten Hinweis deutlich, dass alles, was auf der Bühne passiert, schon auf diese Kostümteile bezogen ist.

Vorbereitendes Training

1. Sequenz

Ankommen / Selbstwahrnehmung / Wahrnehmung anderer / Experimentieren mit fremden Gangarten

• Die Gruppe geht möglichst barfuß oder in leichten Trainingsschuhen durch den Raum. Der TL fordert die Spieler dazu auf, sich auf sich selbst zu konzentrieren. Jeder geht mit der Vorstellung einer Glasglocke um sich, die den eigenen Bereich markiert. Die Aufmerksamkeit wird auf die Füße gelenkt, die beim Gehen wahrgenommen werden sollen: „Wie ist die Beschaffenheit des Bodens? Wie fühlen die Füße sich darauf an? Nehmt beim Gehen Kraft vom Boden!"

• Im nächsten Schritt werden die Besonderheiten des eigenen Ganges durch Fragen folgender Art wahrgenommen: „Findet heraus, wo euer Gewicht beim Gehen liegt, eher auf den Außen- oder Innenkanten, mehr auf dem Ballen oder der Hacke, oder ist es ganz gleichmäßig verteilt? Verändert nichts, nehmt nur wahr! Rollt Ihr den Fuß beim Gehen ab? Wo setzt Ihr auf? Wie ist eure Art, in den Raum hineinzugehen: aktiv oder ist es eher so, als ob ihr geschoben werdet? Habt ihr ein Ziel beim Gehen? *Je nachdem, was man als TL in der Gruppe wahrnimmt, sind Variationen dieser Fragen möglich und sinnvoll, etwa diese: „Wo habt ihr die Hände beim Gehen, wo ist der Blick?* Der TL fordert dann dazu auf, die wahrgenommenen Eigenarten deutlich zu vergrößern.

• Die Spieler sollen sich jetzt an jeweils einen anderen Spieler „ranhängen", hinter ihm laufen, und seine Gangart übernehmen. Auf ein Klatschzeichen hin wechseln die Paare die Richtung und damit auch die Gangart. Ein neuerliches Klatschen löst die Konstellation auf. Mehrmals wiederholen, so dass alle möglichst viele Gangarten ausprobieren, dazwischen aber immer wieder zum eigenen Ausgangspunkt zurückkehren können. *Es empfiehlt sich, insbesondere wenn die Spieleranzahl ungerade ist, immer mal wieder ein Mitglied der Gruppe zur Beobachtung der anderen aus dem Spiel zu nehmen. Was man von außen sieht, ist die Lust, eine fremde Gangart auszuprobieren. Doch bewirkt die Vergrößerung eine offensichtlich auch als lustvoll empfundene Verwandlung der eigenen Gangart. Aus diesem Grund wird die Aufgabe nicht als bloßstellend empfunden, zumal jeder einmal kopiert und kopiert wird. Eine andere wichtige Beobachtung ist die große Unterschiedlichkeit, mit der Gänge übernommen werden. Eigentlich gibt es keine Kopien, sondern immer Anverwandlungen.*

2. Sequenz

Rhythmus entwickeln und wahrnehmen / Gruppenwahrnehmung / Hinführung zu chorischem Arbeiten

- Die Besonderheit des Ganges wird wieder auf ein „Normalmaß" reduziert. Jeder lenkt die Aufmerksamkeit auf sich selbst zurück und nimmt die Geräusche wahr, die beim Gehen erzeugt werden. Gegebenenfalls kann die Gruppe dazu aufgefordert werden, die Geräusche beim Gehen zu verstärken.
- Es soll jetzt ein klarer, hörbarer Rhythmus im Gang gefunden werden. Von den vielen Einzelrhythmen ausgehend, soll die Gruppe zu einem gemeinsamen Rhythmus finden, diesen eine Weile halten, dann zurückgehen zu evtl. auch veränderten individuellen Rhythmen. Die Übung wird mehrmals wiederholt.

3. Sequenz

Konfrontation mit zunächst fremdem Spielmaterial – Ausprobieren von Kostümteilen / Kostümauswahl zur Weiterarbeit – Anverwandlung des Materials / Vorbereitung der Figurenfindung / evtl. Gruppenbildung zur Weiterarbeit

- Möglichst viele Schuhe werden von jedem Spieler ausprobiert. *Für diese Phase muss genügend Zeit gegeben werden; es soll vermieden werden, dass einige sich gleich auf ein Paar stürzen und dieses behalten wollen. Ggf. muss zum Schuhwechsel aufgefordert werden.*
- Nun erst soll von jedem Spieler ein Paar ausgewählt werden, mit dem weitergearbeitet wird. *Ist vorher viel ausprobiert worden, gibt es fast immer Alternativen zu dem einen Lieblingspaar!* Alle Gesichtspunkte der Auswahl sind möglich: Fremdes / Bekanntes, Passendes / Unpassendes etc.
- Die durch die Schuhe veränderte Gangart und Körperhaltung wird bewusst gemacht. Der TL lenkt die Aufmerksamkeit auf Einzelheiten.
- Die emotionale Verfasstheit, die der so veränderte Körper mit sich bringt, wird erforscht und im Spiel deutlich ge-

macht. Hierfür kann es zu Begegnungen und Situationen mit den anderen kommen.

* Es wird für die langsam entstehende Figur von jedem Spieler ein Rhythmus gefunden.
* Es wird ausprobiert, ob Rhythmusgruppen entstehen können, also Figuren über ihre Gangart zusammenfinden können.
* Zur Vorbereitung der folgenden Gruppenarbeit kann die Gruppeneinteilung spielerisch vorbereitet werden. Z.B.: „Bildet Gruppen von Schuhen mit und ohne Schnürsenkel / nach Farben sortiert / nach Jahreszeiten geordnet, in denen man die Schuhe trägt." Will man die Gruppen im Hinblick auf Gestaltungsvarianten gezielter einteilen, kann die Aufgabe auch so aussehen:
  1. Gruppe: eher militärisch anmutende Schuhe,
  2. Gruppe: das Gegenteil,
  3. Gruppe: gemischt.
  Auch wenn die Gruppe nicht aufgeteilt werden soll, sind spielerische Zuordnungen angebracht, um die Unterschiedlichkeit der Schuhe und ihrer Möglichkeiten zu erforschen und um das chorische Element in der Szene vorzubereiten.

Erarbeitung

Folgende Einführung zur Erarbeitung wird vom Theaterlehrer gegeben:

„Ihr habt Schuhe und die Idee einer Figur dazu, einen eigenen Rhythmus und verschiedene (Rhythmus-) Möglichkeiten innerhalb der Gruppe.

Ich habe einen Text! Es handelt sich um eine Soldatenszene aus Jewgeni Schwarz' Märchenkomödie „Der nackte König". Entsprechend dem Genre „Märchenkomödie" ist es ein etwas ungewöhnlicher Soldatenchor, der eurer Gestaltungslust viele Möglichkeiten gibt. Es gibt in dieser Szene einen Trupp Soldaten und einen Sergeanten. Wer möchte, könnte oder sollte den Sergeanten spielen?" *Freiwillige finden sich eigentlich immer, oft machen die Gruppen selber Vorschläge. Gegebenenfalls muss man als TL ermutigen.*

Textbeispiel[1]

1 Jewgeni Schwarz: Märchenkomödien. Leipzig 1977, S. 5-83

Man hört Trommelwirbel. Ein Zug Soldaten tritt auf, von einem Sergeanten angeführt.

Sergeant *kommandiert:* Stillgestan-den! – *Die Soldaten erstar-ren. Kommandiert:* Beim Eintritt ins Empfangszimmer des Königs ergeben seuf-zen! – *Die Soldaten seufzen stöhnend wie ein Mann.* – Wir stellen uns seine Herrlichkeit vor. Dabei vor Wonne erschau-ern! – *Die Soldaten erschauern mit weit abgespreizten Armen.* – He, du Trantute, wie erschauerst du denn? Zittre, wie sich's gehört, wie dein Vordermann! Die Finger! Die Finger! So! ich sehe noch immer kein Bauchzittern! Gut. Stillgestanden! Alles hört auf mein Kommando! Wie sind wir glücklich, Soldaten des Königs zu sein, und deshalb vor Gefühlsüberschwang tan-zen! – *die Soldaten tanzen nach dem Trommelwirbel wie ein Mann, ohne das Glied zu verlassen.* – Stillgestanden! Auf die Zehenspit-zen! Auf den Zehenspitzen marsch! Rechts um! Und noch ein kleines Rechtsum! Die Augen .... auf das Porträt des Großvaters seiner Majestät. Auf die Nase des Großvaters. Geradeaus!

Die Soldaten marschieren ab.

(Aus: Jewgeni Schwarz, „Der nackte König". Zweiter Akt)

Aufgabe

Alle arbeiten mit dem Text.
Alle gestalten ihre Figur ausgehend von ihren Schuhen, benutzen im Training Gefundenes, was aber an die neuen Erfordernisse angepasst werden muss!
Der Sergeant findet zunächst einmal seine Rolle für sich und überlegt sich, was er mit dem Text machen möchte.
Der Soldatenchor erarbeitet zuerst unabhängig vom Sergeanten eine kleine gemeinsame Bewegungssequenz entlang des Textes.
„Genauere Gestaltungsvorschläge enthält der Aufgabenzettel, den ihr gleich erhaltet.
Nach ca. 15 Minuten trefft Ihr Euch und stimmt des Erarbeitete aufeinander ab!"

Gestaltungsaufgaben für den Sergeanten

* Erarbeite Dir die Figur und den Text aus der Spezifik Deiner Schuh-Figur! (Auch abwegig Erscheinendes ist in dieser Komödie möglich!)
* Versuche, verschiedene Tempi und Lautstärken zu benutzen!
* Stelle Dir möglichst genau vor, welche Art von Soldaten Du gerne hättest, und versuche das durchzusetzen!

(Selbstverständlich kannst Du während der Ergebnispräsentation das Textblatt benutzen!)

Gestaltungsaufgaben für den Soldatenchor

Entwickelt eine kleine Bewegungssequenz zum Text mit
* Elementen aus dem Training (Besonderheiten des Ganges, Rhythmus, gemeinsame / individuelle Passagen)
* 1 - 2 Stellen, an denen Ihr kleine Textpassagen, evtl. nur ein Wort des Sergeanten aufnehmt, wiederholt, damit spielt …
* Immobilitäten

Als Erarbeitungszeit sind insgesamt ca. 20 Minuten vorgesehen.

Präsentation

Das Zusammenführen von Sergeant und Soldatenchor kann zu großen Teilen spontan in der Präsentation geschehen. Oft erhält man eine besondere Aufmerksamkeit im Spiel und überraschende Lösungen, wenn Vorbereitetes und Improvisiertes zusammenkommen.

Die Szenen können mal mit den Schuhen gezeigt werden, mal ohne. Dann wird deutlich, dass für diesen Soldatenchor die Schuhe nur ein Schritt in der Erarbeitung waren.

Eine besonders interessante Gestaltungsmöglichkeit gerade für diese Szene ist es, wenn später während der Präsentation alle in den gleichen Militärstiefeln stecken, aber ihre durch die unterschiedlichen Probenschuhe entwickelten, vom militärischen Gang abweichenden Gangarten beibehalten.

Reflexion

Grundlegendes zur Szenen- und Stückerarbeitung mit einer Gruppe

Die Schuhe

* Schuhe eignen sich zur Erarbeitung besonders gut, weil sie zum Wesentlichen einer Figur gehören. Dies betrifft nicht nur die Frage der Auswahl (welcher Mensch trägt welche Schuhe in welcher Situation?), sondern auch die spezielle Körperlichkeit, die mit speziellen Schuhen verbunden ist (z.B. Geschlecht, Körperhaltung), und sie prägt die Figur nachhaltig.

* In der Arbeit mit Jugendlichen wird gerade im Experimentieren mit Schuhen ein Bedürfnis deutlich, Fremdes auszuprobieren und kennen zu lernen. Jungen steigen in Stökkelschuhe, Mädchen in klobige Arbeitsstiefel. Schuhe, die zu klein oder zu groß sind, werden gewählt, sportliche Typen suchen sich elegante Sandaletten u.s.w. Indem Schuhe eine fremde Existenz ein stückweit körperlich erfahrbar werden lassen, wird nicht nur eine Differenzerfahrung[2] in Gang gesetzt. Das Experimentieren mit fremden Gangarten und Körperlichkeiten führt darüber hinaus direkt in das gestaltende Spiel.

2 Zu Begriff und Bedeutung der Differenzerfahrung vgl. Gerd Koch: Lob der Differenz. In: Anders Lernen! Schlüsselkompetenzen durch kulturelle Bildung vermitteln. Berlin 2003, S. 25 - 32

Die Szene

* Die Szene ist eine Militärszene. Gerade das Militärische ist in seiner Erscheinungsform traditionell vom Schuhwerk geprägt; deshalb liegt die Erarbeitung über dieses Kostümteil nahe.

* Jewgeni Schwarz' Stück enthält eine Ironisierung von Untertanengeist und blindem militärischem Gehorsam. Das in der karikaturhaft gezeichneten Szene liegende kritische Potential findet seine Entsprechung in einem Erarbeitungsweg, der den Widerspruch zwischen Individualität und der Unterordnung unter hierarchische Strukturen aufnimmt, direkt ins Spiel bringt und auf der Handlungs-

ebene thematisiert. Dies wird besonders deutlich, wenn der Soldatenchor letztlich in Militärstiefeln steckt, vom hier geforderten Verhalten abweichende persönliche Befindlichkeiten der Figuren aber sichtbar bleiben. Über das Element von Karikatur und Komik hinausgehend wird die Unvereinbarkeit von individuellem Wollen und innerer Verfasstheit und egalisierenden äußeren Zwängen offengelegt.

• Der ungewöhnlich scheinende Weg, einen militärischen Befehlshaber beispielsweise über rote Stöckelschuhe zu erarbeiten, liefert der Absurdität der Szene das ihr entsprechende Gestaltungsmaterial. Der Erarbeitungsweg fordert zu Übertreibung und Zuspitzung auf, die beibehalten (auch ein ganzer Soldatenchor in Stöckelschuhen ist interessant) oder später wieder zurückgenommen werden können.

• Der aufgezeigte Weg beinhaltet eine rhythmische Gestaltung, die für den theatralen Vorgang sowieso wichtig ist. Hier wird noch dazu das Element des militärischen Marschierens aufgenommen und auf der Ebene des Theatralen verformt.

Die Gestaltungskonzentration

• Selbstverständlich würde auch eine freie Improvisation zur Gestaltung dieser Szene viele interessante und brauchbare Ideen hervorbringen. Der aufgezeigte Weg strukturiert jedoch bereits die zu erwartende individuelle Ideenvielfalt und gibt damit dem chorischen Element der Szene eine alle Spieler betreffende Gestaltungsgrundlage.

• Für die Qualität der Gestaltung ist zudem die Konzentration auf einen zentralen Aspekt sinnvoll, gewonnen durch die Konzentration auf ein Körperteil. Gerade im Amateurtheater, das die Spieler mit der Komplexität der Anforderungen leicht überfordert und das Spiel dadurch ungenau macht, ist Reduzierung fast immer ein Gewinn.

• In der Erarbeitung über ein Kostümteil und damit über ein Körperteil zu gehen, stellt so ein **methodisches Grundprinzip** dar. Je nach Inhalt und Aussage der Szene oder gelenkt durch ein bestimmtes Gestaltungsvorhaben können dies Schuhe, Schlipse, Hosenträger, Handschuhe, Röcke, Hose, Hüte o.ä. sein.

- Die Probeneinheit macht deutlich, dass die Konzentration auf einen Aspekt theatraler Gestaltung (hier Arbeit mit Kostümen) nicht ein Ausblenden anderer Elemente (hier insbesondere chorisches Arbeiten und Figurengestaltung) zur Folge hat. Sie gibt dem Theaterlehrer aber einen Ausgangspunkt für die Probenarbeit und strukturiert den Gestaltungsprozess.
- Vor der Arbeit am und mit dem Text werden Spielmaterial und -ideen gefunden. Man gewinnt so verschiedene Aussageebenen und vermeidet bloße Textillustration.

Die Weiterarbeit

- Für den TL stellt sich die Aufgabe, mit den Gruppenergebnissen weiterzuarbeiten. In diesem speziellen Fall kann eine Gruppe beispielsweise eine in hohem Maße überzeichnete Karikatur der Szene anbieten, die dem Erarbeitungsweg durchaus entspricht, aber noch nicht subtil genug mit den Machtstrukturen und ihren Auswirkungen spielt. Der TL kann dann dazu auffordern, den äußeren Notwendigkeiten des Soldatendaseins im Spiel zunächst einmal mehr genüge zu tun und den innere Widerstand dagegen nur partiell, in einer Art persönlichen Ausbruchs der „Privat"-Figur deutlich sichtbar werden zu lassen. Dieser Weg ließe sich dahingehend weiterentwickeln, dass der Chor auf Basis des gefundenen Spielmaterials eine strenge gemeinsame Bewegungschoreografie erarbeitet – in Analogie zum Militärischen als eine Art Bewegungskorsett–, in dem sich aber deutliche Momente des individuellen Ausbrechens finden lassen.
- Als TL kann man darauf vertrauen, dass sich der Blick für derartige weiterführende Aufgaben mit der Zeit entwickelt. Je mehr und je breiter die Beschäftigung mit dem Theater und seiner speziellen Zeichensprache ist, desto assoziations- und kenntnisreicher gestalten sich die Impulse, die man einer Gruppe geben kann. Als TL hier einen kreativen Weg zu finden, macht den besonderen Reiz dieser Arbeit aus.

* Lässt man mehrere Gruppen zu einer Szene arbeiten, bietet das den Vorteil, dass man als TL eine Fülle an Material erhält, aus dem man auswählen und das man neu kombinieren kann. Zudem gibt es bei diesem Vorgehen immer kritische Zuschauer aus der Gruppe, die, insbesondere wenn sie schon länger Theater spielen, sehen, was „funktioniert" und was nicht.

Das Inselprinzip

* In der Stückerarbeitung mit einer Gruppe kann nicht jede Szene so ausführlich entwickelt werden wie in dem vorliegenden Beispiel, da die zur Verfügung stehende wöchentliche Probenzeit dies in der Regel nicht zulässt und der Arbeitsprozess auch im Hinblick auf die Durchhaltekraft möglicherweise zu langwierig würde. Es hat sich aber als sinnvoll erwiesen, sich über das ganze Stück verteilt derartige „Inseln" zu schaffen. Inseln bilden die Szenen, die auf Basis breiten Spielmaterials sehr genau erarbeitet werden. Das Spielmaterial wird dabei auf grundlegende Gestaltungsprinzipien konzentriert.
* Dieser Weg lohnt sich, auch wenn er wie ein Umweg erscheinen mag. Breit angelegte Improvisationen zu einer Szene schaffen einen Ideenreichtum, der durch zentrale Gestaltungsideen strukturiert wird und in einem Auswahl- und Montageverfahren zu hoher darstellerischer Dichte führen kann. Ein solcher von Improvisation, Auswahl und Kombination, gezielten weiterführenden Improvisationen und neuer Auswahl getragener Gestaltungsprozess treibt gleichzeitig das Stückverständnis einer Gruppe und damit die Lesartfindung voran. Er kann oftmals zu schnellen und einfachen Lösungen für andere Szenen führen.
* Man enthält auf diese Weise eine Art Netz, auf dem man sich weiterbewegen kann. Prägende Gestaltungsentscheidungen stellen die Fäden dar, mit denen dieses Netz in viele Richtungen weitergeknüpft werden kann. Einige Stellen, die Inseln nämlich, sind schon mit reichhaltigem, dichtem Material ausgefüllt und bieten einen tragfähigen Boden für die Weiterarbeit.

- Werden der Anfang, ausgewählte Mittelteile und der Schluss eines Stückes ähnlich intensiv gearbeitet, bewegen sich Spieler und Zuschauer immer wieder auf „Gestaltungshöhepunkte" zu. Selbst wenn Zwischenteile nicht so dicht gestaltet sind, gerät der Gesamtrhythmus nicht so leicht aus den Fugen. „Abkürzungen" in der Erarbeitung mancher Szenen können dem Gesamttempo eines Stückes dann sogar zugute kommen.

- Gestaltungsprinzipien (kontrastierende oder kontinuierlich gewählte) werden durch das Inselprinzips für alle Projektbeteiligten erkennbar. Auf dieser Basis können Untergruppen oftmals weitgehend selbständig Szenen erarbeiten, die von einem deutlichen Gestaltungswillen getragen sind und sich in das Gesamtkonzept einfügen lassen.

- Voraussetzung ist, dass der Gruppe schon relativ früh eine vom TL erarbeitete Szeneneinteilung für das ganz Stück vorliegt, die einen Überblick über die Handlung, zu erzählende Geschichte oder die zu gestaltenden Bilder gibt. Sie bezeichnet kleinere Erarbeitungseinheiten und erlaubt deren Einordnung in den Gesamtzusammenhang.[3] Die vom TL gewählten Erarbeitungseinheiten sind von den Szeneneinteilungen einer möglicherweise vorliegenden dramatischen Vorlage oft abweichend, da sie schon eine Bearbeitung für die Gruppe, also Elemente der Lesart, enthalten.

3 Vgl. hierzu den Vorschlag zur Projektplanung im 7. Kapitel.

- Der vorgeschlagene Szenenüberblick, der sich an der Geschichte oder an formalen Gestaltungselementen orientieren kann, muss einerseits präzise sein und die Richtung der Szenen aufzeigen, andererseits so offen, dass zusätzliche Szenenideen oder notwendige weitere Bearbeitungen, z.B. aufgrund von Zeitdruck, möglich bleiben. (Der TL sollte von Anfang an immer „Abkürzungsmöglichkeiten" im Stück reflektieren, um die Gruppe und sich selbst nicht in eine zwangsläufig unkreative Drucksituation zu bringen.)

Probeneinheit

Figurenfindung und -gestaltung über ein Kostüm

Macht man das Kostüm zum Ausgangspunkt der Figurenfindung und -entwicklung, so kann es zum Ideengeber werden. Gleichzeitig erfährt schon der erste Auftritt in einer
Improvisation eine vorläufige äußere Gestaltung, ähnlich wie
beim Ausgangspunkt Schuhe.
Für die nachfolgende Probeneinheit ist als Gestaltungselement eine Farbe gewählt worden.
Die vorbereitende Aufgabe ist, möglichst viele und unterschiedliche Kostüme und Kostümteile in einer bestimmten
Farbe mitzubringen. Ein Grundstock an Kostümen soll zusätzlich durch den Theaterlehrer zur Verfügung gestellt werden.
Die Kostüme werden an einer Stelle im Raum ausgebreitet.
Kostüme können in gleicher Weise Spiellust auslösen, die an
kindliches Verkleidungsspiel anknüpft, wie auch die Scheu, in
eine „fremde Haut" zu schlüpfen. Das schrittweise Zugehen
auf die mit Kostümen verbundene Verwandlung in der nachfolgenden Probeneinheit trägt beiden Empfindungen Rechnung.

Training

1. Sequenz

Selbst- und Fremdwahrnehmung / Raumwahrnehmung

* Der TL fordert die Spieler auf, sich einen Platz im Raum zu
  suchen, der ihnen gefällt, und dort eine beliebige Position
  einzunehmen. Es soll erkundet werden, was – ohne eine
  Bewegung des Kopfes – aus dieser Position heraus wahrgenommen werden kann.
* Am Platz sollen jetzt durch Bewegungen des ganzen Körpers neue Positionen und damit neue Blickwinkel gefunden werden.

- Nach und nach wird der Bewegungsradius ausgedehnt: Im Raum werden neue Plätze mit anderen Perspektiven gesucht, aus denen die Spieler noch nie geschaut haben. Der ganze Raum und seine Möglichkeiten sollen so erprobt werden.
- In einem nächsten Schritt werden von jedem Spieler drei Orte mit dazugehörigen „Perspektive-Positionen" ausgewählt, die ihnen besonders interessant, originell, schön erscheinen. Um sie für die spätere Arbeit erinnerbar zu machen, sollen die Positionen noch einmal der Reihe nach eingenommen werden. Wer will, kann sich eine kurze Notiz machen.

2. Sequenz

Gestaltungsmöglichkeiten zur Grundbefindlichkeit und zu Gefühlszuständen einer Figur erproben

- Die Spieler legen sich in Rückenlage auf den Boden. Jeder richtet seine Aufmerksamkeit auf seinen Atem. Der TL gibt den Hinweis: „Verändert nichts, nehmt nur wahr. Beginnt dann, euren Körper mit jeder Ausatmung leerer werden zu lassen." Wenn Ruhe und Konzentration eingekehrt ist, beginnt der TL Vorstellungswelten aufzubauen. *Es ist wichtig, vor Beginn dieser Übung darauf hinzuweisen, dass mit Vorstellungsbildern gearbeitet wird, die die Übung lenken, und dass es hier besonders wichtig ist, nicht zu unterbrechen.*
  „Es ist es besser, erst einmal im Detail (beispielsweise mit einzelnen Körperteilen) zu arbeiten als nachzufragen."
  Die Übung ist für Anfänger nicht geeignet, da sie einen hohen Fremdheitsgrad besitzt und die Bereitschaft verlangt, sich über längere Zeit hin innerlich und körperlich auf dieses Fremde einzulassen.
- Anweisung des TL.: „Stellt euch vor, in eurem Körper beginnt statt Blut Wasser zu fließen, erst in einem Bein, dann in dem andern. Das Element Wasser breitet sich von hier aus nach und nach im ganzen Körper aus, bis ihr selbst zu Wasser werdet. Beginnt langsam, euch als dieses Element zunächst am Platz und dann im Raum zu bewegen. Versucht nicht, Wasser zu spielen, sondern zu sein! Ihr könnt die Augen noch geschlossen halten, müsst aber unbedingt

auf die anderen achten, wenn die Bewegung größer wird. Das Wasser ist erst sanft, wiegend. Dann wogend, brausend, stürmisch, gewaltig. Dann wird es langsam wieder ruhiger, friedlich, still." *Für jede Phase muss eine Entwicklungszeit eingeräumt werden. Die Beobachtung der Gruppe macht deutlich, in welchem Tempo man weitergehen sollte.*
„Schickt jetzt mit jeder Ausatmung das Element Wasser aus euerem Körper heraus. Liegt einen Moment ganz still und spürt noch einmal der besonderen Bewegungsqualität dieses Elementes nach."

* In gleicher Weise wird dann mit dem Element Wind gearbeitet, von einem kleinen Lüftchen über eine Böe, einen Sturm, Orkan, Wirbelwind, der dann wieder zur leichten Brise wird, die endlich zum Stillstand kommt. Im Anschluss an jedes Element wird seine besondere Bewegungsqualität im Vergleich mit den anderen Elementen wahrgenommen.

* Das Element Feuer entwickelt sich vom Glimmen zum Schwelbrand, zu kleinen Flämmchen, einer Stichflamme, einer Feuersbrunst, die wütet und sich vorwärts frisst, dann an Nahrung verliert, zur Glut wird, noch einmal aufflackert und dann erlischt.

* Das Element Erde befindet sich in einer Ruheposition, dann gibt es eine kleine, aber schwere Bewegung, die sich zum Erdrutsch steigert, von dort wiederum zum Erdbeben. Langsam beruhigt sich dieses Element, immer mal wieder gibt es Erdstöße, die aber immer kleiner werden, bis die Erde wieder zur Ruhe gekommen ist.[4]

4   Wichtige Hinweise zur Arbeit mit Elementen sind der Theaterpädagogik Lecoqs entnommen. Vergleiche hierzu insbesondere: Thomas Köller: Die Schauspielpädagogik Jacques Lecoqs. Frankfurt/M., Berlin, Bern, New York, Paris, Wien 1993

Die Arbeit mit Elementen ist ein wesentlicher Teil des Grundlagentrainings für Fortgeschrittene. Eine Gruppe sollte bereits ermessen können, welche Gestaltungsmöglichkeiten sich oftmals gerade aus ungewohnten Aufgaben ergeben. Für eine Anfängergruppe kann dieser Teil der Einheit umgewandelt werden, indem aus dem Gehen im Raum heraus die Bewegungsqualität verschiedener Materialien oder Gegenstände erforscht wird (Gummi, Papier, Holz, Styropor, Eisen etc. oder ungekochte und gekochte Spaghettis, Eisklotz und Softeis etc. Der Phantasie sind keine Grenzen gesetzt.).

Bevor die Arbeit weitergeht, wird eine kurze Pause eingelegt, da die nächste Sequenz einen ganz neuen Zugriff erfordert.

Einstieg in die Figurenfindung

Wahrnehmen von und Experimentieren mit Kostümen / Figuren-findung / Vorbereitung der Improvisation

* Die Gruppe stellt sich um die an einer Stelle im Raum aus-gebreiteten farbähnlichen Kostüme. Es soll zunächst ein-mal Zeit zum Betrachten eingeräumt werden, damit die Bildkraft der Farbe und ihre Differenzierungen wahrge-nommen werden können. Dann erfolgt der Hinweis, dass zu einzelnen Kostümen eine Figur assoziiert werden soll.
* Im nächsten Schritt werden verschiedene Kostümteile aus-probiert mit dem Ziel, ein Kostüm zu finden, dass dem je-weiligen Spieler die Grundidee für eine Figur geben kann.
* Wenn jeder ein solches Kostüm gefunden hat, soll erkun-det werden, ob und wie das Kostüm den Gang der Figur beeinflusst, vielleicht sogar bestimmt (Geschwindigkeit, Schrittgröße, Aufsetzen des Fußes, Rhythmus etc,), ebenso die Körperhaltung (aufrecht, gebeugt, gerade, schief, ein-geengt oder mit freier Beweglichkeit etc.) und die Bewe-gungsmöglichkeiten auf verschiedenen Ebenen.
* Dann folgen die Fragen: „Welches zentrale Element, das gerade vorher erfahren wurde, steckt in der Bewegung Eu-rer Figur? Wind, Wasser, Erde oder Feuer? Nutzt dieses Ele-ment, um die Bewegungsqualität euerer Figur zu verdeutli-chen, und erforscht, wie es die Stimmung der Figur prägt."
* „Nimm an: Die Figur hat einen ganz dringenden Wunsch. Er kann sich in der Dimension zwischen Wackelpudding und der großen Liebe bewegen. In der Sucht, Sehnsucht, dem kleinen oder ganz großen Bedürfnis nach der Erfül-lung dieses Wunsches wird die Figur von einem anderen Element erfasst. Welches Element kann das sein, das, viel-leicht ganz gegensätzlich zu dem ersten, doch auch in der Möglichkeit dieser Figur liegt. Was passiert mit dem Kos-tüm, wenn dieses zweite Element zum Tragen kommt? Unterstützt es die Figur noch immer, oder ist es ihr jetzt hinderlich? Was macht die Figur jetzt mit ihrem Kostüm?"
* Der TL fordert die Spieler auf, die Figur mit sich selbst laut über den Wunsch in all seinen Dimensionen zu sprechen. Auch in diesem Selbstgespräch soll das zweite Element der Figur deutlich werden. Nach und nach können die Spieler

mit den anderen Figuren ins Gespräch kommen und in
der Kommunikation – je nach thematisiertem Inhalt – beide Elemente ausprobieren.

Erarbeitung

Der Theaterlehrer gibt jedem Spieler ein leeres Blatt Papier
mit folgender Aufgabenstellung: „Jeder von euch entwickelt
eine kleine Szene für seine Figur. In der Szene findet die Figur
einen Brief. Das leere Blatt fungiert als Brief, ihr könnt damit
in der Szene anstellen, was ihr wollt. Euer Spiel soll deutlich
machen, welchen Inhalt der Brief hat. Arbeitet für die äußere
Haltung und die Stimmung mit dem zentralen Element, das
ihr der Figur zugeordnet habt. Es soll ein Umschwung zu dem
zweiten möglichen Element in der Szene enthalten sein und
eventuell auch wieder zurück zum ersten Element. Baut in
euer Spiel die „Perspektive-Positionen" ein, die ihr im Training gefunden habt! Erinnert euch, ganz am Anfang habt ihr
interessante Perspektiven im Raum gesucht und drei davon
zur Weiterarbeit ausgewählt.
Überlegt euch, an welcher Seite des Raumes das Publikum sitzen soll!"
Erarbeitungszeit ca. 15 Minuten

Präsentation

Da der gesamte Spielraum genutzt werden kann, ist es wahr-
scheinlich, dass die Spieler-Zuschauer sich während der Präsentation umsetzen müssen. Es ergibt sich aber immer, dass
verschiedene Szenen die gleiche Zuschauerposition erfordern.
Um die gerade erst entwickelte Figur präsent zu halten, ist es
sinnvoll, dass die Spieler auch als Publikum in ihrer Figur verbleiben und reagieren. Die Reflexion der einzelnen Szenen
sollte sowieso am Schluss erfolgen, damit alle erst einmal das
Erarbeitete „abliefern" können, denn das Lampenfieber ist bei
Einzelszenen doch zumeist ziemlich hoch. Ist die Gruppe zu
groß, so das die Erinnerung an Einzelheiten verblassen könnte, ist es sinnvoll, vor jedem Platzwechsel des Publikums die
vorangegangenen Szenen zu besprechen.

Reflexion

Körperlichkeit und Komplexität als Ziel der Darstellung

Die Figurengestaltung

* Der Ansatzpunkt für die Figurengestaltung hat stofflich-sinnliche Qualität. Es geht nicht darum, wer einen besonders originellen Einfall mit in die Probe gebracht hat, sondern die Phantasie aller wird **durch das Material** in Gang gesetzt, das zur Verfügung steht.
* Die Figur wird durch die Existenz eines Kostümes sofort körperlich erfahren und im Prozess dieser Erfahrung entwickelt und gestaltet. Auch die Anschauung ist real existent; es entsteht also gar nicht das Problem, dass eine nur im Kopf existierende Idee umgesetzt werden muss.
* Obwohl viele Aspekte der Figur in dieser Einheit noch gar nicht angesprochen wurden, ist die Gestaltung bereits sehr konkret und aspektreich. Es wird deutlich, in welch hohem Maße eine Figur sich im Tun entwickelt und welche Chance darin liegt, verschiedene Seiten von ihr **im Spiel zu entdecken**.
* Rollenbiografien, die ohne derartige vorgeschaltete Experimente zur Figur angefertigt werden, gewinnen nur selten eine vergleichbare Stofflichkeit und die Komplexität in der Figurenzeichnung muss dann erst mühsam in theatrale Bilder übersetzt werden. Sie sollten daher nicht am Ausgangspunkt der Figurenfindung stehen.
* Das vorbereitende Training soll als Ideengeber für die Szenen fungieren. In Teilen ist jedoch freigestellt, wie konkret das Gefundene in die Szenen einfließt. Solche Übungen bereichern aber auch indirekt die Figurengestaltung.
* Der in der Aufgabenstellung verlangte Umschwung gewinnt an Qualität durch die Arbeit mit den vier Elementen Wasser, Wind, Feuer, Erde. Der Umschwung und zwei Seiten einer Figur werden deutlich und bleiben nicht äußerlich.

Raumnutzung und Gestaltungskonzentration

*   Die so angelegte Präsentation der Szenen nutzt den gesamten (Spiel-)Raum und kreiert durch die oft ungewöhnlichen Perspektiven Überraschungsmomente für den Zuschauer.
*   Die primär auf den Raum und die körperliche Gestaltung bezogene Aufgabenstellung bewirkt Körper- und Handlungsorientierung im Spiel und die Reduzierung von Sprache auf Wesentliches.

Modifikationen und Weiterarbeit

*   Es kann auch ein gangbarer Weg sein, die Spieler schon vorab nach einem Kostüm suchen zu lassen, dass dann zur Probe mitgebracht wird. Die Idee zu einer Figur ist dann schon in dem Kostüm enthalten und wird im Spiel differenziert und ausgearbeitet.
*   Statt von einer Farbe kann, in Anlehnung an die Theatertradition des Bauhauses, auch von bestimmten Formen ausgegangen werden.
*   Auch die Einigung auf einen Ort, an dem die Kostüme getragen werden können, ist sinnvoll (Bett, Flugzeug, Büro, die Straßen von New York etc.) Die Auswahl hängt von der Stückidee ab, die zugrunde liegt.
*   Möchte man chorisch arbeiten, ist ein Kostümteil als gemeinsame Basis für die optische Zusammenbindung des Chores sinnvoll. Die übrigen Kostümteile können dann individuell gestaltet werden.
*   Ob man sich in der Figurenerarbeitung auf Kostüme einer Farbe, auf Formen oder bestimmte Kostümteile einigt, immer wird von vorne herein eine Gestaltungsidee sichtbar, die wegführt von naturalistischem Spiel.
*   Oft ist es möglich, aus den ersten Improvisationen mit Kostümen schon Gestaltungsmöglichkeiten für das spätere Stück zu gewinnen. Sei es, dass man Farb- oder Formideen für die endgültigen Kostüme erhält, sei es, dass man über eine Kostümidee ein Stück entwickeln kann. Zum Beispiel nach dem Motto, das Pirandello nachempfunden wurde: „Zwölf Figuren in Blau suchen einen Autor".

* Im Anschluss an die oben vorgestellte Probeneinheit werden im Rahmen eines möglichen Projektes im nächsten Schritt die verschiedenen Figuren zusammengeführt.

Probeneinheit

Kostüme als Einstieg in die Theaterarbeit

Die vorab vorgestellten Probeneinheiten zielten bereits auf die Szenen- bzw. Figurenerarbeitung für ein Stück. Kostüme eignen sich aber auch hervorragend zum ersten Einstieg in die Theaterarbeit. Das Anlegen fremder Kleidungsstücke erzeugt immer ein Moment von Verwandlung, das typisch ist für Theater und nicht nur von Kindern oft sehr gemocht wird.

Die nachfolgende Probeneinheit ist eine Modifikation und Vereinfachung der schon vorgestellten „Figurenfindung und -gestaltung über ein Kostümteil".

Es werden möglichst viele und unterschiedliche Kostüme an einer Stelle im Raum ausgebreitet. Insbesondere bei einer neu zusammengesetzten Gruppe ist es gut, wenn zwei Stellwände bereitstehen, hinter denen sich die Spielerinnen und Spieler umziehen können.

Einstieg

1. Sequenz

Ausprobieren / experimentieren

* Die Spieler probieren verschiedene Kostüme aus und suchen sich eines aus, mit dem sie an diesem Tag weiterarbeiten möchten. *Wenn der Fundus Derartiges bereithält, sind*

*originelle, ungewöhnliche Kleidungsstücke sehr beliebt, durch
die dann von vorne herein eine heitere, offene Atmosphäre entsteht, die den Einstieg ins Spiel erleichtert.*

2. Sequenz

Erste Figurenfindung

- Die Spieler gehen durch den Raum und sollen dabei wahrnehmen, wie sie sich in diesem Kostüm fühlen und was es
mit ihnen macht.
- Der TL lenkt die Aufmerksamkeit auf prägnante Körperteile, die von dem Kostüm besonders beeinflusst werden,
z. B. auf die Schrittgröße, die Atemfreiheit im Brustbereich, auf die Möglichkeit, die Hände oder andere Körperteil mit Hilfe des Kostüms zu verstecken oder besonders
hervorzuheben.
- Der TL fordert die Spieler auf herauszufinden, welch ein
Mensch wohl in solch einem Kleidungsstück stecken
könnte. Sie erhalten die Aufgabe deutlich zu machen, wie
der Mensch sich in diesem Kostüm bewegt und wie er sich
gerade in diesem Moment darin fühlt, eher schüchtern,
„cool", stark, lächerlich etc.

3. Sequenz

*Zusammenführung verschiedener Figuren / Aufbau imaginärer
Räume / Vorbereitung der ersten Improvisation*

- Die Spieler werden darauf hingewiesen, dass sie jetzt alles
benutzen können, was im Raum vorhanden ist (Stühle,
Fensterbretter etc.), dass Plätze aber auch immer wieder
verlassen werden müssen. Sie erhalten folgende Aufgabe:
„Geht in der gerade entdeckten Figur durch den Raum
und stellt euch dabei vor, ihr seid auf einem öffentlichen
Platz in Rom. Nehmt wahr, wie es dort riecht, welche Tem-
peratur herrscht, welche Tageszeit ist; schaut euch an, wie
es dort aussieht."
Die Wahrnehmungsaufgaben sollten genau gestellt sein.

„Entwickelt möglichst konkrete Vor-
stellungsbilder, seht euch Details an.
Was macht eure Figur dort auf diesem
Platz, geht sie, bleibt sie stehen, schaut
sie herum oder füttert sie die Tauben?
Isst sie vielleicht ein Eis? Wie fühlt sie
sich in diesem Moment? Welcher Satz
kommt ihr in den Sinn? Nimmt sie
Kontakt mit anderen auf? Benutzt sie
den Satz zur Kontaktaufnahme?"

- Der TL schickt die Figuren dann auf ähnliche Weise zu verschiedenen Orten und Räumen: zu einem Flughafen, an
den Strand, in eine Disco etc. *In größeren Plattenläden gibt
es spezielle Geräusch-CD's, die eine akustische Kulisse für die
jeweiligen Orte aufbauen und in dieser Übung eingesetzt werden können. Für Anfängergruppen kann dies hilfreich sein,
auch wenn es für den TL immer schwierig ist, gleichzeitig eine
Gruppe wahrzunehmen und zwischendurch ein technisches Gerät zu bedienen.*
- Der TL fordert die Spieler auf, sich einen der Sätze, die der
Figur in den Sinn gekommen ist, noch einmal in Erinnerung zu rufen, und zwar den, der die Figur am treffendsten
kennzeichnet.

Improvisation

Jeweils drei Spieler werden von drei anderen Gruppenmitgliedern zu einem Standbild als Ausgangposition aufgebaut, das
die Figuren zueinander in Beziehung setzt (körperliche Berührung zwischen den Figuren kann, muss aber nicht sein). Ein
anderes Gruppenmitglied assoziiert zu diesem Bild einen Ort,
an dem die Szene spielen soll. Es kann sich dabei um einen
Ort handeln, der im Training schon genannt wurde.
Aufgabenstellung: „Spielt ausgehend von euren Positionen
im Raum und zu den anderen Spielern eine kleine Szene. Baut
in euer Spiel den Satz ein, den die Figur sich vorher gedacht
hat. Es kann, muss aber nicht noch mehr gesprochen werden.
Beendet eure Szene wiederum mit einem Standbild!"

Es ist immer günstig, gerade am Anfang darauf hinzuweisen,
dass in einer Improvisation nicht unbedingt viel gesprochen

werden muss, da Anfänger dazu neigen, nur zu stehen und zu sprechen, und dass die Spieler sich Zeit lassen können.

Scheinbar Unpassendes (eine Bemerkung zu Venedig in einer Szene, die am Strand spielt zum Beispiel) gibt Spielideen, wenn vielleicht auch absurde. Es gibt immer Gruppenmitglieder, die eine solche Spielmöglichkeit sofort aufgreifen. So kann einer Anfängergruppe – unterstützt durch das nachfolgende Gespräch – sofort deutlich werden, welch unterschiedliche Dimensionen von Wirklichkeit das Theater bereithält.

Grundsätzlich ist es sinnvoll, vor Beginn der ersten Improvisationen darauf hinzuweisen, dass der TL eine Szene auch von außen durch Händeklatschen einfrieren und Tipps zum Weiterspielen geben oder die Szene auf diese Weise beenden kann.

Variation

Eine Stellwand kann ein Experimentierfeld für schnelle Verwandlungen abgeben: Man stellt sie auf der Bühne auf, dahinter befinden sich zwei oder drei Spieler für eine Improvisation und Kostüme. Aufgabe ist es, dass immer ein Spieler mit einer jeweils neuen Figur in einem je anderen Kostüm hinter der Stellwand hervorkommt, einen Gang über die Bühne macht, eventuell mit einem Satz, und dann wieder hinter der Stellwand verschwindet. Die Bühne darf nie leer sein. Tritt der eine auf der einen Seite der Stellwand ab, muss auf der anderen sofort wieder eine Figur hervorkommen. Es kann auch zu Begegnungen vor der Stellwand kommen.

Diese auch für die zuschauenden Gruppenmitglieder sehr amüsante Übung spielt mit der Lust an der Verwandlung und trainiert gleichzeitig schnelle Rollenwechsel. Sie sensibilisiert die Spieler außerdem für die Verantwortung, die jeder Einzelne gegenüber den Mitspieler hat: Ist der Gang über die Bühne zu schnell, hat der Spieler hinter der Wand nicht genügend Zeit sich umzuziehen. Beeilt man sich nicht beim Umziehen, „verhungert" der Spieler auf der Bühne.

Diese Übung kann in einer offenen Experimentierphase eingesetzt werden, eignet sich aber auch dazu, Spieler durch alle

Rollen eines Stückes zu schicken und kann somit einen Baustein in der Phase der Besetzungsentscheidung bilden. Selbst zum aufführungsvorbereitenden Training ist sie gut. Hier sind dann mehr Spieler beteiligt und es gilt die Spielregel, dass sich immer zwei davon zu einer kurzen Begegnung auf der Bühne treffen.

Kostüme in der theaterpädagogischen Inszenierung –

Verwandlung und Gestaltung

Was die Verwandlung durch ein Kostüm für einen Spieler bedeuten kann, reflektiert Hans-Thies Lehmann so: „Im Kern von Schauspielerei steht vielleicht nicht so sehr das Übermitteln von Bedeutungen, sondern die archaische **Angstlust am Spiel**, an der Verwandlung als solcher. Kinder verkleiden sich gern. Die Lust an der Selbstverbergung in der Maske hat als ihr Pendant ein anderes, nicht minder unheimliches Vergnügen: wie sich unter dem Blick, den man aus der Maske heraus tut, die Welt der anderen verwandelt: plötzlich fremd geworden, von ganz woanders her gesehen."[5]

Wenn man aus dem Publikum heraus immer wieder erstaunte Kommentare von Freunden, Verwandten oder Lehrern vernimmt, dieser oder jener Spieler habe sich auf der Bühne so gezeigt, wie man es nie für möglich gehalten habe, so wird deutlich, dass hier nicht vorrangig die fremde Kostümierung, sondern eine bisher unbekannte Ausdrucksfähigkeit kommentiert wird. Neue Ausdrucks- und Verhaltensmöglichkeiten stehen ganz eindeutig in Verbindung mit dem durch die Verwandlung provozierten **fremden Blick**, der nicht zuletzt durch ein Kostüm ermöglicht wird.

In die Reflexion darüber, was die Arbeit mit Kostümen in der theaterpädagogischen Arbeit bedeutet und welche methodischen Wege beschritten werden können, sollen Erscheinungsformen des professionellen Theaters einbezogen werden.

5   Hans-Thies Lehmann: Postdramatisches Theater. Frankfurt./M. 1999, S. 129-130

Was man vom professionellen Theater lernen kann ...

Wie das elisabethanische Theater und die Commedia dell'arte zeigen, kommt Schauspiel ohne Dekorationen und Bühnenbilder aus, nicht aber ohne Kostüme. Welch hohen Stellenwert Kostüme auch in der neueren Theaterentwicklung haben, kann daran abgelesen werden, dass sich im 20. Jahrhundert ein eigenständiger Ausbildungsgang zum Kostümbildner entwickelt hat.

Zu Beginn des 20. Jahrhunderts eröffnete das Theaterkostüm neue ästhetische Erfahrungswelten. Diese Entwicklung wird beispielsweise durch Adolphe Appia markiert, der in Korrespondenz zu seinem durch Treppen gegliederten rhythmischen Bühnenraum im Festsaal der Gartenstadt Hellerau ein Kostüm entwarf, dessen „Faltenwurf wie ein räumliches Echo dem Rhythmus der Bewegung antwortet."[6] Oder durch Loie Fuller, die als eine der Begründerinnen des Freien Tanzes eine Bresche für neue Entwicklungen schlug. Sie verstärkte die Stoffbahnen ihrer Kostüme durch Bambusstäbe, konnte sie so scheinbar endlos ausdehnen, selbst immer wieder dahinter verschwinden und neu auftauchen. Dabei verband sie den Verwandlungsreichtum eines Kostüms erstmals mit raffinierten Licht- und Farbeffekten.

Derartige Experimente begründeten den **eigenen ästhetischen Stellenwert von Kostümen**, die nicht länger nur der Verdeutlichung einer Bühnenfigur zu dienen hatten.

Mit der Befreiung von der illustrativen Funktion, bezogen auf eine durch den Bühnentext bereits festgelegte Figur, wurde auch der Kostümbildnerei ein eigenständiger interpretatorischer Zugriff auf Stoffe, Stücke und theatrale Figuren ermöglicht, wie er sich im Zuge der Entstehung des Regietheaters allgemein vollzog. Die Aktualisierung von Klassikern wird im professionellen wie im theaterpädagogischen Bereich mit getragen von Kostümen, die die Modernität, Überzeitlichkeit, Zeitdifferenz oder bestimmte andere Aspekte von Stücken herausarbeiten. Als aktuelles Beispiel für die Entwicklung einer eigenen

6   Adolphe Appia, zitiert nach Peter Simhandl: Theatergeschichte in einem Band. Berlin 1996, S.343

Sprache der Kostüme eignet sich in besonderer Weise die viel beachtete Bühnenbildnerin Anna Viebrock. Auch wenn sie in ihrer Zusammenarbeit mit Jossi Wieler oder Christoph Marthaler Kostüme **und** Bühne gestaltet, so führen ihre Kostüme gemeinsam mit der theatralen Figur, der sie zugehören, doch ein aussagekräftiges Eigenleben.

Verblüffend ist, dass sie Kostüme wählt, die man allerorten sehen kann, doch in der Verwendung dieser „Alltagskleider" setzt sie die Lupe an: Die „08/15-Hose" ist so kurz, dass sie die Pofalte ihres Trägers offen legt und damit auch seine unbekümmerte Bräsigkeit und eine Dickfälligkeit, die ihn gleichzeitig hilflos erscheinen lässt. Die Plastikkleider von der Stange, mit einer ihrer berühmten Strickjacken kombiniert, lassen weite Assoziationsräume von Lebensbezügen entstehen. Die eigentliche Kunst ihrer kostümbildnerischen Arbeit besteht wohl darin, dass Sehgewohnheiten scheinbar bedient, im gleichen Atemzug aber gebrochen werden, indem Gewohntes neu kombiniert, in irritierende Zusammenhänge gestellt, vergrößert, auf einen Aspekt konzentriert wird. Sie selbst äußert sich dazu: „Das Abbilden von Realität interessiert mich nicht, mich interessieren leichte Veränderungen des Gegebenen, die plötzlich ganz viel bedeuten können und einen Hinweis darauf geben, dass die Bühne eben nicht echt, sondern eine andere Welt ist."[7]

Für die Theaterpädagogik interessant sind auch die Arbeitsprozesse, die der Gestaltung vorausgehen. Wollen Marthaler und Viebrock beispielsweise einen Cechov umsetzen, begeben sie sich zunächst einmal in das östliche Europa, um etwas von der durch Kulturräume und Menschen geprägten Atmosphäre aufzufangen. Am Anfang der gestalterischen Arbeit steht der Aufbau eines **sinnlich und bildhaft geprägten Erfahrungsraumes.** „Die Stoffe, die Dinge, die Kostüme, das Licht: das darf nicht einfach ‚Zeichen für' sein, schon gar nicht rasch gezimmerte Illustration. Ein bildhaftes und, wenn man so sagen darf, stoffliches Denken ist in diesen Räumen, diesen Kostümen eingearbeitet, zum bildhaften Denken, taktilen Sehen leiten sie den Blick hin."[8]

Auch wenn professionelle Theaterpädagogen nicht über die Möglichkeiten des Gespannes Viebrock / Marthaler verfügen, ist es sinnvoll, solche Arbeitsansätze aufmerksam zu verfolgen, die für eine künstlerisch geprägte Arbeit mit Amateuren modifiziert werden können. In jeder Stadt kann man Orte su-

7 Anna Viebrock – Bettina Masuch: Damit die Zeit nicht stehen bleibt. In: Anna Viebrock: Bühnen / Räume. Berlin 2000, ohne Seitenangaben.

8 Hans-Thies Lehmann: Spiel mit Rahmungen. In: Anna Viebrock:: Bühnen / Räume. Berlin 2000, ohne Seitenangaben.

chen und aufsuchen, die im Assoziationsfeld eines Stückes liegen; oder man kann, wie Anna Viebrock es in ihrer Arbeit tut, Jugendliche mit entsprechenden „Suchaufträgen" und dem Fotoapparat losziehen lassen, um den Blick zu schärfen und zu Gestaltungsideen zu kommen.

Es gibt noch einen wesentlichen Aspekt, der vom professionellen Theater übernommen werden kann: Kaum ein Schauspieler käme auf die Idee, eine Figur in seiner privaten Kleidung finden zu wollen. Für die Probenphasen, in denen die Kostüme noch nicht fertig sind, gibt es provisorische Probenkostüme.

Die Realität mit Amateurtheatergruppen, speziell mit Jugendlichen, wirft allerdings erst einmal ganz andere Probleme auf. Ihnen fällt es in der Anfangsphase oft schwer, aus den gewohnten Kleidern herauszusteigen, mit denen sich immer auch eine psychische Verfasstheit verbindet. Oft kostet es viel Geduld und Überzeugungskraft, Jugendliche wenigstens aus den täglich getragenen Schuhen herauszubekommen, die ihnen im Alltag eine Rollensicherheit vermitteln.

Dabei ist es für jeden offensichtlich und kann in einem Gespräch auch vermittelt werden, dass eine bestimmte Kleidung bestimmte körperliche Haltungen und Eigenarten provoziert und unterstützt. Gerade das ist es, was für Inszenierungen nutzbar gemacht werden kann.[9] Eine Jugendliche äußert sich dazu folgendermaßen: „Die größte Inspiration verleihen mir die Kostüme. Sie charakterisieren den Menschen. Der Reiz, ein Kostüm überzuwerfen, wächst, um so ausgefallener und gewagter es ist." (Katrin R., 18 Jahre)

Dazu muss man aber erst einmal wegkommen von Schuhen, die nicht zugeschnürt sind, Sohlen, die das Abrollen des Fußes verhindern, oder Hosen, in deren Taschen die Hände ganz gewohnheitsmäßig verschwinden.

Fängt man mit einer Gruppe neu an, kann man schnell deutlich machen, dass mit privater Kleidung private Haltungen und Gesten einhergehen, die eine Verwandlung verhindern. Und dass man, will man eine theatrale Figur erschaffen, sich deren körperliche Eigenarten erarbeiten und zu Eigen machen muss. Gerade für diesen Prozess ist es wichtig, sich vom eigenen „Kostüm" zu trennen, um sich über die Fremdheit einer anderen Kleidung einer anderen Figur nähern zu können.

Die übliche dehnbare Trainingskleidung, hinter der die Konturen des Körpers aber nicht verschwinden dürfen, und Schu-

9   Vgl. hierzu auch das Stichwort „Trainingskleidung" in dem Teil „Handlungsbegriffe" des vorliegenden Bandes.

he, die Fußarbeit und -wahrnehmung ermöglichen, stellen ein notwendiges Durchgangsstadium zur Rollengestaltung unter Einsatz von Kostümen dar, weil sie dem Spieler helfen, erst einmal an einer Neutralisierung ihrer Körperhaltung zu arbeiten.

Dass professionelle Schauspieler in Probenkostümen proben, hat aber nicht nur eine Bedeutung für die Figurenfindung. Kostüme sind schon ein wesentlicher **Bestandteil der Figurengestaltung** und prägen das Gesamtbild einer Szene oder einer Aufführung. Sie sind deshalb unerlässlich für den Teil der gestalterischen Arbeit, der bildlich-sinnlicher Natur ist.

Im Amateurtheater wird die Kostümfrage häufig erst relativ kurz vor der Aufführung ernsthaft gestellt. Das Kostüm wird nur zu oft als etwas begriffen, das in einer späten Probenphase irgendwie ergänzend dazu kommt. Das hat sicher damit zu tun, dass in theaterpädagogischen Projekten zumeist keine Kostümbildner zur Verfügung stehen. Doch erschwert man sich die Arbeit unnötig, wenn man **die kreativen Möglichkeiten des Kostüms in der Erarbeitungsphase nicht nutzt**.

Einer der ersten Schritte eines Theaterpädagogen in einer Einrichtung muss es also sein, einen Fundus aufzubauen.

Kostüme als integrativer Bestandteil einer theaterpädagogischen Inszenierung

Spricht man von Kostümen als integrativem Bestandteil einer Inszenierung, sind zwei zentrale Funktionen zu unterscheiden, die Kostüme im Prozess der Erarbeitung haben können und die auch in der Auswahl der Probeneinheiten deutlich werden.

Erstens: Kostüme als Erarbeitungselement

Da ist zum einen der Einsatz von zentralen Kostümteilen für die Erarbeitung einer Szene oder Figur (Schuhe, Handschuhe, Schlipse, Hüte etc.). Der Akzent liegt in diesem Fall auf **Kostümteilen**, da diese zwangsläufig eine Konzentration auf Körperteile und deren Ausdrucksmöglichkeiten mit sich bringen. Schuhe beispielsweise können der Figur einen Rhythmus und ein Timing geben. Die (scheinbare) Reduktion auf den Einsatz und Ausdruck einzelner Körperteile führt, bleibt man konsequent bei diesem Ansatz und gibt Gestaltungshilfen, zu einem für die Spieler selbst oft erstaunlichen Ausdrucksreichtum, der Darstellungsklischees überwindet.

Ein Ziel theaterpädagogischer Arbeit kann es sein, die Menschen, mit denen man Theater macht, immer wieder über ihre eigenen Möglichkeiten in Erstaunen zu versetzen. Es entsteht so nach und nach ein Bewusstsein über die Vielfalt persönlicher Ausdrucksformen, das eine Erweiterung des Verhaltens- und Reflexionsrahmens auch über eine Aufführung hinaus zur Folge hat.[10]

Werden Kostümteile zum zentralen Bestandteil im Erarbeitungsprozess einer Inszenierung gemacht, so können diese später auf der Bühne erscheinen oder auch nicht. Der Weg kann über Schuhe führen, auch wenn später barfuß gespielt wird. Gerade der Verzicht auf das zur Erarbeitung benutzte Kostümteil kann beim Zuschauen die Irritation auslösen, von der Theater lebt.

Selbstverständlich kann ein Kostüm auch zu einem Signal für die Figur, ihre innere Verfasstheit oder gesellschaftliche Situation werden. Mit einer Jugendtheatergruppe erfanden wir Kostüme für Aristophanes „Die Vögel", die halfen, die körperliche Eigenart der Tiere im Spiel zu entwickeln und zu unterstützen und die sie auch in der Aufführung charakterisierten.

Ein Beispiel aus dem professionellen Theater findet sich in der „Picasso" Inszenierung von Johann Kresnik an der Berliner „Volksbühne" (Premiere 2002), die die Künstlerin und Lebensgefährtin des Malers, Dora Maar (Simona Furlani), in einem schwarzen Schlauchkleid zeigt, das sich mehr und mehr zu einer die ganze Figur umhüllenden und gleichzeitig behindernden zweiten Haut entwickelt und das dann schließlich

10 Wenn Theaterarbeit auch andere Wege beschreitet und einer anderen Zielsetzung folgt, ergeben sich in der Bedeutung, die das Durchbrechen eingefahrener Bewegungs- und Verhaltensmuster für den einzelnen gewinnen kann, doch Parallelen zur Feldenkraisarbeit. Vgl. hierzu beispielsweise:
Moshé Feldenkrais: Bewusstheit durch Bewegung. Frankfurt/M. 1978 oder ders.:
Die Entdeckung des Selbstverständlichen. Frankfurt/M. 1985

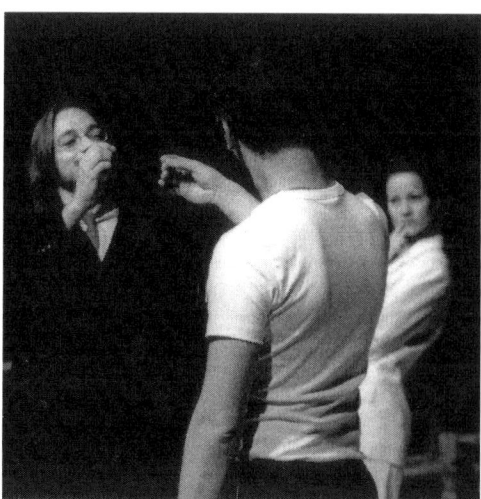

noch verknotet wird. Oder der goldene Rock in Luk Percevals Inszenierung der Königsdramen von Shakespeare („Schlachten",
Premiere 2001), der die Königlichkeit und Lustbetontheit des Richard Deuxieme (Roland Renner) herausstellt. Dieser König trug
nichts als den bei Bewegung weit schwingenden Rock. In der
Konzentration auf dieses vielfältig einsetzbare Kostümteil ent-
lockte ihm der Schauspieler eine ganze Palette von Charakteri-
sierungen der Figur.
Bei der Reduktion zu bleiben ist auch dann sinnvoll, wenn Kostüme aus der Erarbeitungsphase in die Aufführung übernommen werden. In der Konzentration auf das Wesentliche einer Figur liegt mehr Aussagekraft als in historisch oder anders moti-
vierter Detailgenauigkeit. Das heißt nicht, dass Übergenaues
nicht auch einmal als Stilisierung eingesetzt werden kann!

Zweitens: Kostüme als Gestaltungselement

Wie bis hierhin deutlich geworden ist, lassen sich die beiden
Funktionen, Kostüme als Erarbeitungs- und als Gestaltungselement, nicht voneinander trennen; es variiert aber die
Schwerpunktsetzung je nach Stück und Inszenierungsansatz.
Geht es mehr um Bühnen- als um Erarbeitungskostüme, erscheint es wichtig, eine die Auswahl und Gestaltung strukturierende Grundidee zu finden, die sich aus der Lesart des Stückes
entwickelt.

Einige Beispiele:
Im „Nackten König" von Jewgeni Schwarz treffen verschiedene
Lebensräume und -prinzipien aufeinander: Lebenslust und Eti-
kette, Liebe und Machtdenken, selbstverliebte Blindheit und
kommunikationsbezogene Weitsicht. Wenn diese Komödie aus
dem Jahr 1934, die ihre Wurzeln in der Märchentradition hat,
von unserem heutigen Lebensumfeld auch weit entfernt erscheint, so sind doch schon auf den ersten Blick Parallelen zu
zwei grundverschiedenen Lebenshaltungen zu sehen, die sich
auch heute noch so finden lassen. Zur ersten Charakterisierung
und Abgrenzung der beiden zentralen Gruppen voneinander
führten Übungen, die die einen als „die Spitzen", die anderen
als „die Runden" charakterisierten (in Stimme, Körper, Reak-
tionsweisen). Die „Spitzen" erhielten später Kostüme in grellen
Farben, die nur aus Plastik bestanden. Der Assoziationsraum zu

dieser Figurengruppe war die Plastik-Wegwerfgesellschaft, in der auch zwischenmenschliche Werte ganz schnell auf dem Müllhaufen landen. Die andere Gruppe spielte in Kostümen, die aus organischen Materialien hergestellt waren.

Bei einem aus Improvisationen entwickelten Tanztheaterstück („Die Traumtänzer") ging der Weg in der Gestaltung der Kostüme über Farben und eine Reduzierung der Kostümteile auf maximal drei. Dies zwang bei der Kostümsuche zum Blick auf das Wesentliche einer Figur, ließ neben Kostümen auch Körper und damit Bewegungen sehen und unterstützte in der Farbgestaltung die choreographische Gliederung auf der Bühne.

Für eine Adaption des „Kleinen Prinzen" von Saint Exupéry, der im Freien in einer verwilderten Gegend nahe dem ehemaligen Berliner Mauerstreifen spielte, erhielt eine Gruppe die Aufgabe, nur „Fundsachen", also schon einmal Gebrauchtes, für die Raum- und Kostümgestaltung zu nutzen. Claudia Hill, Kostümbildnerin für William Forsythes Stück „Decreation", charakterisiert die ästhetische Erscheinungsform, die aus einem solchen Vorgehen resultieren kann: „Die Umwidmung des Vorhandenen, das Weitermachen an etwas ehemals Fertigem, hat keinen Glamour. Dafür entwickeln die Kostüme eine spröde Poesie."[11]

Der König aus Saint Exupérys Geschichte beispielsweise, der nichts besitzt außer seinem kleinen Planeten, auf dem nur er und eine Ratte Platz finden, der sich aber mit all seiner Kraft an die Macht klammert, wurde mit einem aus roten Stoffresten zusammengeflickten riesigen Königsumhang auf einem ausrangierten Tennis-Schiedsrichterstuhl gespielt. Dies ergab nicht nur ein Bild für die Reduzierung der Figur auf Klimmzüge jedweder Art sowie alle möglichen Verwicklungen in die eigenen Machtphantasien, sondern erhielt zudem einen morbiden Charakter, der sich, bedingt durch das Auswahlverfahren, als verbindendes Element durch das ganze Stück zog.

Passende Fundsachen aufzutreiben, wurde innerhalb der Gruppe zu einem regelrechten Sport.

11 Claudia Hill in Silke Hohmann: „Nicht fertig werden". Frankfurter Rundschau vom 25. 4. 03

Zusammenfassende praktische Hinweise:

- Reduktion, Einfachheit statt Detailgetreue erhöhen die theatrale Wirkung und Aussagekraft.
- Kostüme auf ungewöhnliche Funktionen und Möglichkeiten hin anzulegen oder zu prüfen bringt Spielideen und kann der Charakterisierung einer Figur dienen.
- Ausgehend von der Grundidee zu einer Inszenierung oder von dem Verständnis einer Figur, können dem entsprechende Bilder und Lösungen gefunden werden.
- Die Kostümfrage sollte früh aufgeworfen und Verschiedenes ausprobiert werden, auch wenn manches sich erst spät endgültig entscheidet.
- Von der Grundidee ausgehend, muss eine Entwicklung zugelassen werden. Alle Beteiligten müssen es aushalten können, wenn endgültige Lösungen manchmal viel Zeit brauchen. Der TL kann das Vertrauen vermitteln, dass sich immer Lösungen finden lassen, solange man das Problem im Blick behält!
- Verantwortlichkeiten können innerhalb einer Gruppe verteilt werden, die Koordination und letzte Verantwortung bleibt aber beim Theaterlehrer.

Die Entwicklung theatraler Figuren als ein Zentrum theaterpädagogischer Projekte

Drittes Kapitel

Die Entwicklung theatraler Figuren als ein Zentrum theaterpädagogischer Projekte

1   Vgl. zum Theater
    Wilsons beispielswei-
    se Peter Simhandl:
    Bildertheater. Berlin
    1993, S.144 ff.

Es mag verwundern, dass dieses Buch nicht mit der Erarbeitung theatraler Figuren **beginnt**, steht doch die Figurenentwicklung im Zentrum der Schauspielkunst – selbst in einer Zeit, in der Inszenierungen auch ausschließlich von bildhaften, formal-gestalterischen Aspekten getragen sein können, wie beispielsweise im Bildertheater Robert Wilsons[1]. Doch zeigt Wilsons Inszenierung von Büchners „Leonce und Lena" am Berliner Ensemble (Premiere Spielzeit 2002/2003), welch überzeugende Figurenzeichnung ein auf das Visuelle konzentrierter Erarbeitungsansatz liefern kann. Vergleicht man das Theater Robert Wilsons, seine bis zur extremen Künstlichkeit vorangetriebene Stilisierung mit dem Peter Steins, das einem psychologischen Realismus verpflichtet ist, so wird besonders deutlich, wie unterschiedlich die Wege sind, die in der Figurenfindung beschritten werden können.

Das vorliegende Buch sucht dem auf der Ebene der Theaterpädagogik gerecht zu werden, indem **alle Kapitel Elemente der Figurenerarbeitung enthalten**, allen voran die zu Kostümen und Requisiten[2]. Die Mittelstellung dieses Kapitels – zwischen dem zur Arbeit mit Kostümen und dem zur Arbeit mit Requisiten – betont die exponierte Stellung der Figurenentwicklung. Denn die Kostümarbeit läuft auf die Figurenentwicklung zu, die Arbeit mit Requisiten setzt sie fort.

2   Vgl. 2. Kapitel
    (Kostüme als
    Erarbeitungs- und
    Gestaltungselement)
    und 4. Kapitel
    (Funktionen des
    Requisits).

In den nachfolgenden Probeneinheiten wird nicht von bestimmten Stückvorlagen ausgegangen. Modifiziert sind die Erarbeitungsvorschläge auf unterschiedliche Stücke anwendbar und auch für noch suchende Anfängergruppen geeignet.

Probeneinheit

Figurenentwicklung anhand einer allseitig bekannten Grundsituation

Es ist sinnvoll, der Gruppe vor Probenbeginn einen Hinweis darauf zu geben, dass in der Einheit deutliche Wechsel zwischen Phasen der Konzentration auf sich selbst und gruppenbezogenen Sequenzen enthalten sind. Während des Trainings soll kein Spieler „aussteigen", sondern immer einen Weg für sich und seine Figur suchen. Ein Gespräch gibt es hinterher.

Training / Figurenerarbeitung

1. Sequenz

Körpertraining / Isolationsübungen

- Die Gruppe steht im Kreis. Der TL probiert Möglichkeiten einer isolierten Bewegung mit einem Körperteil aus, z.B. mit dem Fuß. Jedes Gruppenmitglied experimentiert für sich mit diesem gleichen Körperteil. Nach und nach wird die Bewegung vergrößert: Bis wohin reicht mein Fuß, wenn ich das Bein mit in die Bewegung nehme? Im nächsten Schritt werden Bewegungsmöglichkeiten am Platz ausgelotet, die sich ergeben, wenn der Fuß die Bewegung anführt.
- Der TL endet mit einer Immobilität, Zeichen für die anderen, ebenfalls ihre Bewegung zu stoppen. Jetzt beginnt der Kreisnachbar die gleiche Übung, jedoch mit einem anderen Körperteil, alle Spieler nehmen dies auf. Die Übung setzt sich fort, bis jeder einmal ein Körperteil vorgegeben hat. *Ist die Gruppe so groß, dass eine reine Wiederholung langweilig würde, kann man dazu übergehen, das Experimentieren mit einer Kommunikation mit dem gegenüberstehenden Spieler zu verbinden, immer bezogen auf dieses eine Körperteil.*

2. Sequenz

Raumwahrnehmung / Raumexperimente / gestaltendes Körpertraining

Der Theaterlehrer stellt drei Stühle in den Trainingsraum bzw. -bereich und weist darauf hin, dass sie in die Übung einbezogen werden können.

* Die Gruppe geht durch den Raum, als wäre sie noch nie dort gewesen. Der TL fordert dazu auf, den Raum neu wahrzunehmen und dabei auch auf Details zu achten: „Gibt es etwas, das ihr vorher noch nie gesehen habt?"
* „Nehmt euch selber in diesem Raum wahr und probiert aus, wie verschiedenen Positionen im Raum auf euch wirken. Benutzt dabei unterschiedliche Ebenen des Raumes, den Boden, eine mittlere Raumebene und aufrechte Positionen!" Da der Raum vorher neu wahrgenommen wurde, gibt es zumeist auch Ideen für ungewöhnliche Positionen.
* „Erforscht jetzt den Raum mit verschiedenen Körperteilen, behaltet verschiedene Ebenen bei!" Zunächst einmal gibt der TL die Körperteile vor, z.B. das Ohr, den Rücken, die Stirn etc. Dann fordert er die Spieler auf, individuell einzelne Körperteile auszuprobieren. Es kann an das Training und die dort benutzten Körperteile erinnert werden.
* Im nächsten Schritt sollen die Spieler mit ihrer „Raumerforschung" über verschiedene Körperteile fortfahren, dabei jedoch auch die anderen Spieler wahrnehmen. Es sollen Immobilitäten eingebaut werden. An diesem Punkt stellen sich für den TL als Beobachter schon deutlich sichtbare Beziehungen zwischen den Spielern her und es entstehen bereits aussagekräftige Bilder.

1. Sequenz

Gegenseitige Wahrnehmung im Raum / Entwicklung einer gemeinsamen Grundsituation / Figurenfindung

Die Stühle werden aus dem Trainingsbereich herausgenommen.

* Die Gruppe kommt in der Mitte des Raumes zusammen, alle lockern durch Ausschütteln ihre Muskeln aus und ge-

hen dann durch den Raum. Der TL leitet an: „Füllt den Raum gleichmäßig aus und findet im Gehen ein gemeinsames Tempo. Wechselt jetzt ohne Verabredungen immer wieder das Tempo. Ihr könnt euch bewegen zwischen den Extremen des Rennens und der Zeitlupe. Wenn einer aus der Gruppe stoppt, stoppen alle, wenn einer wieder losgeht, gehen alle. Nehmt deutliche Richtungswechseln vor, der Kopf dreht zuerst, der Körper folgt." Der TL steigert jetzt von außen das Tempo, lässt die Gruppe schneller und schneller werden, inklusive schnellerer Richtungswechsel.

- Das Tempo wird wieder zurückgenommen. Mit einem Klatschen stoppt der TL die Gruppe und fordert die Spieler auf, ausgehend von der momentanen Position im Raum, evtl. mit kleinen Veränderungen, einen Bezug zu anderen Spielern in der Gruppe aufzubauen und in einer gemeinsamen Immobilität zu enden.

- Diese Übung wird wiederholt und dabei nach und nach so weiter entwickelt, dass die immobilen Positionen ein gemeinsames Photo darstellen können. Im nächsten Schritt soll es ein Familienphoto sein, aufgenommen bei einem Familientreffen. Die Stopps (Photos) können jetzt rasch aufeinanderfolgen. Die Aufgabe für jeden Spieler ist es, von Photo zu Photo genauer zu klären und zu verdeutlichen, wer er ist und welche Rolle und Position er innerhalb dieser Familie einnimmt. Die Übung endet mit einem Abschiedsphoto am Schluss des Familientreffens. Auf ihm sind die einzelnen Figuren, ihre Bezüge und inneren Haltungen dann schon deutlich sichtbar!

4 . Sequenz

Figurenentwicklung / die Figur im Raum

Die Stühle werden vom Theaterlehrer wieder in den Trainingsbereich gestellt.

- Das letzte Photo wird aufgelöst, die Spieler bleiben aber in der Figur, die sie gefunden haben, und gehen durch den Raum. Es sollen das Tempo und der Gang der Figur gefunden werden (Schrittgröße; Art, den Fuß aufzusetzen, geschlossene oder offene Körperhaltung, Position der Hände etc.) Der TL sieht von außen, welche „Forschungsaufgaben" gestellt werden müssen, damit die Spieler weiter in ihre Figur finden.
  Es soll ausprobiert werden, wie eine eher nach außen abgegrenzte Figur sich öffnet, wenn sie es denn einmal tut, ob sie rennen kann, wenn sie doch eigentlich ein langsames Grundtempo hat, etc. *Es werden also verschiedene Möglichkeiten der Figuren ausprobiert, damit sie nicht eindimensional gestaltet werden.*
- Der TL fordert auf: „Erinnert euch jetzt an die ersten Raumexperimente, an die Positionen im Raum, die Orte und Haltungen, die ihr gefunden habt, als ihr den Raum mit verschiedenen Körperteilen erforscht habt! Sucht noch einmal solche Positionen auf, doch jetzt in den Figuren, die ihr inzwischen entwickelt habt, und probiert aus: Was passt zu meiner Figur und zu ihrer inneren Verfassung? Gibt es Positionen, die dazu angetan sind, die Figur noch zu verdeutlichen, zu klären?"
- Nach und nach wird ein Bewegungsvokabular für die Figur im Raum gefunden und festgelegt: „Nachdem ihr solchermaßen die Möglichkeiten eurer Figur ausgelotet habt, legt drei Positionen im Raum fest sowie die Gänge zwischen diesen Positionen und lasst eure Figur die entsprechenden Wege gehen!"
- „Baut deutliche Immobilitäten ein, die sich an den ausgewählten Plätzen, aber auch auf den Wegen dazwischen befinden können! Baut verschiedene Tempi ein, arbeitet mit Wiederholungen und nehmt auch mal eine Strecke rückwärts! Legt so Gänge und Positionen für eure Figur fest."
  Bei einer Anfängergruppe wird man die Aufgabenstellung vereinfachen, aber natürlich sind die Ergebnisse spannender, wenn man unterschiedliche Spielelemente einbaut.

Improvisationen in den Figuren auf Basis des gefundenen Spielmaterials

Die Spieler werden in zwei Gruppen aufgeteilt und erhalten leicht modifizierte Improvisationsaufgaben. Wenn es sich um eine spontan entwickelte Improvisation handelt, ist es sinnvoll, den Arbeitsauftrag für eine zweite Gruppen leicht abzuwandeln. Es entsteht eine neue Spannung und die Spieler sind nicht während der Präsentation der ersten Gruppe mit einer möglichen eigenen Variante beschäftigt. Es sollte also vorab darauf hingewiesen werden, dass die Aufgaben unterschiedlich sein werden.

Erste Gruppe

Aufgabenstellung: „Das Thema eurer Improvisation lautet ‚Familientreffen'. Ihr kommt nach und nach in einem euch fremden Raum an, und zwar in dem Hotel, in dem euer Treffen stattfindet. Ihr nehmt dort eine der für die Figur gefundenen Positionen ein! Schon während des Ankommens nehmt ihr Bezug auf die, die schon vor euch angekommen sind. Auf Basis der gefundenen Positionen und Gänge inklusive der Wiederholungen etc. beginnt ihr eine Improvisation miteinander. Achtet auf Immobilitäten! Ich spiele euch eine Musik ein, wenn die Improvisation losgehen soll. Ihr könnt euch von der Musik tragen lassen oder auch ein gegen sie gerichtetes Tempo entwickeln. Findet für die Beendigung eurer Improvisation ein immobiles Schlussbild. Spätestens, wenn ich beginne die Lautstärke zu reduzieren, solltet ihr nach einem Schlussbild suchen!"
Die Musik gibt eine Grundatmosphäre und ein Zeitmaß für die Improvisation vor. Ein radikaler Musikwechsel kann also schon eine Modifizierung für eine zweite Gruppe darstellten. Das Spektrum kann sich beispielsweise bewegen zwischen einem Klavierkonzert von Mozart und einem Instrumentalstück des Schweizer Künstlers Mich Gerber.

Zweite Gruppe

Jede Figur der zweiten Gruppe erhält einen Textschnipsel aus einem zusammenhängenden Text. Als Beispiel ist hier eine Passage aus Arthur Schnitzlers „Komödie der Worte" gewählt. Die Querstriche im Text markieren jeweils das Ende einer Texteinheit. Wenn die Zahl der Textschnipsel und die Spieleranzahl nicht übereinstimmen, kann man Text doppelt verteilen, einem Spieler zwei geben oder ggf. auch etwas weglassen.

Textbeispiel:

in Misstrauen und Qual / gehört man doch zusammen / geradeso wie früher / und später vielleicht / in Hingebung und Zärtlichkeit / fester noch / unrettbarer

Die Spieler werden aufgefordert, die Textsequenz erst einmal für sich alleine – jetzt noch innerlich gesprochen – im Raum auszuprobieren und sich dann auf einen der vorab gefundenen Plätze zu begeben. Wenn alle Ihren Platz gefunden haben, beginnt die Improvisation wie in der ersten Gruppe, aber ohne Musik. Mit den Textsequenzen kann neben allen anderen Elementen frei gespielt werden, das heißt, jede Figur kann ihren Text mehrfach wiederholen, in Lautstärke und Sprachgestus gleichförmig oder variiert, oder nur auf die eine Gelegenheit warten, ihn „loszuwerden". Es kann zu einer anderen Figur, zu allen oder zu sich selbst gesprochen werden.

Reflexion
Zur Beziehung zwischen Erarbeitungsmethode und Darstellungsergebnis

- Elemente eines körper-, raum- oder auf die Möglichkeiten einer theatralen Figur bezogenen Trainings werden immer einen sichtbaren Eingang in eine nachfolgende Improvisation finden, insbesondere dann, wenn es klar akzentuierte gestalterische Aufgaben enthält, mit denen ganz frei experimentiert werden kann.
- Durch ein schon auf Gestaltungsideen gerichtetes Training erhält jeder Spieler Gestaltungshilfen und hat dennoch die Möglichkeit, ganz Eigenes in der Aufgabe zu (er-)finden.
- Je erfahrener eine Gruppe ist, desto komplexer kann das Spielmaterial für eine Improvisation sein, das im Training entwickelt wird. Einer Anfängergruppe muss die Arbeitsmethode Schritt für Schritt vermittelt werden.
- Auch bei einem sehr freien Spiel und mutigen und ungewöhnlichen Auslegungen einer Trainingsaufgabe erhält die hiervon geprägte Szene eine **Gestaltungsstruktur**, die u.a. die Funktion hat, das Spiel der Figuren aufeinander zu beziehen.
- Nicht vorbereitete Improvisationen, die aber auf einem unmittelbar zuvor in der Gruppe entwickelten Material basieren, haben durch die in ihnen enthaltene Gestaltungsstruktur die Eigenart, **Geschichten zu erzählen**, auch wenn keine oder kaum Sprache benutzt wird. Es entsteht ein für die Spieler erfahrbarer und für die Zuschauer sichtbarer Sinn, der nicht logozentrisch durch Sprache, sondern durch die Bilder und ihre Abfolge gestiftet wird. Das hat zur Folge, dass ein Grundthema mit einem breit angelegten Assoziationsraum entsteht. Jeder Zuschauer hat so die Gelegenheit, das Gesehene mit Eigenem zu je eigenen Geschichten zu verbinden. Dadurch entsteht bei den Zuschauenden einer solchen Improvisation gewöhnlich eine hohe Konzentration.
- Die Aufgabe, schon entwickeltes Spielmaterial in eine frei improvisierte Szene zu integrieren, führt auch zu einer ho-

hen Konzentration innerhalb der Gruppe, da jeder eine Gelegenheit sucht, seine Impulse zu setzen und dabei auch auf die Spielvorschläge der anderen Gruppenmitglieder eingehen muss.

* Gerade erst gefundene Figuren haben bei dem in der Probeneinheit vorgestellten methodischen Vorgehen schon sehr spezifische, dabei für den Zuschauer deutlich sichtbare Eigenarten auf ganz unterschiedlichen Ebenen. Das wird möglich, weil sie in einem „Montageverfahren" erarbeitet wurden, was von vorneherein darstellungsbezogen ist und im Zusammenbau der einzelnen Elemente (Positionen im Raum, Bewegungssequenzen, situativer Rahmen, Text, Bezug zu anderen Figuren) sinnstiftend wirkt.

* Besonders wichtig sind die in der Erarbeitungsphase schon angelegten Immobilitäten. Sie ermöglichen den Spielenden eine intensive Wahrnehmung des Gesamttableaus und provozieren so Spielimpulse, die den einzelnen in Beziehung zu den anderen Figuren setzen. Außerdem entstehen für den Zuschauer, der sowieso schon mehrere parallele Geschichten auf der Bühne vorgeführt bekommt, visuelle Ruhepunkte.

* Zusammenfassend lässt sich sagen, dass klare Spielregeln innerhalb einer Improvisation nicht zu einer Reduktion in der Aussage führen, sondern im Gegenteil Darstellungs- und Wahrnehmungsebenen eröffnen, weil jeder Handlungsimpuls aus einem Spiel mit Gestaltungsformen hervorgeht und in eine Gestaltungsstruktur eingebracht wird.

* Das scheinbar respektlose Umgehen mit segmentiertem Text dient der spielerischen Erforschung seiner Aussagekraft und Bedeutungsvielfalt im Rahmen einer Textcollage, die, wenn sie nicht in eine Szenenerarbeitung eingebaut wird, zumindest Anregungen für die Entwicklung eines Untertextes geben kann.[3]

3 Zur Entwicklung eines Untertextes in der theaterpädagogischen Arbeit vgl. 6. Kapitel (Textarbeit), zur Begriffsdefinition die „Handlungsbegriffe" im Anfangsteil des Buches.

Übertragungsmöglichkeiten

- Die Probeneinheit beinhaltet auch eine Methode zur Szenenerarbeitung: Es können Raumpositionen und Gänge ausgehend von dramatischen Figuren gesucht und Textsequenzen aus dem Stück benutzt werden, an dem die Gruppe gerade arbeitet. Man erhält so szenisches Spielmaterial, das bereits unterschiedliche Deutungsebenen enthält.

- Sollen Elemente des Trainings für die Gestaltung einer Szene genutzt werden, so müssen die ersten Improvisationen zur Szene dem Training unmittelbar nachfolgen, also Teil der selben Probeneinheit sein, für die dann je nach Komplexität der Aufgabe oder Szene zwei bis drei Stunden zu veranschlagen sind.

- Hat das Training dem TL weiterführende Gestaltungsideen vermittelt oder will er einen Zusammenhang zwischen verschiedenen Szenen eines Projektes stiften, so kann er es zur Aufgabe für die Gruppe machen, im Training entwickelte Gestaltungsvorschläge direkt in eine Szene einzubauen.

- Auch auf andere Weise lassen sich Teile der Einheit in die Stückerarbeitung integrieren. So kann es sinnvoll sein, dramatische Figuren in diversen „Photos" ihr Beziehungsgefüge finden und sichtbar werden zu lassen.

- Der TL kann parallel zu Situationen im Stück Photos bauen und die Gruppe hiervon ausgehend frei improvisieren lassen, um die Deutung einer Situation innerhalb der Gruppe zu erfahren.

- Als aufführungsvorbereitendes Training kann man das ganze Stück noch einmal in einem „Photoroman" ablaufen lassen.

Probeneinheit

Figurenentwicklung anhand einer Bildvorlage

Die nachfolgende Probeneinheit zeigt einen Weg zur Entwicklung einer theatralen Figur anhand einer Bildvorlage. Bei der Auswahl der Bilder sind verschiedene Vorgehensweisen denkbar:

- Die Spieler können „ihr Bild" – beispielsweise aus Zeitschriften – selbst aussuchen. Dies erscheint sinnvoll, wenn man als Theaterlehrer Spieler einer Gruppe erst einmal kennen lernen möchte und eine theatrale Beschäftigung mit Figuren sucht, die von den Spielern in einem wie auch immer gearteten Identifikationsprozess (Nähe oder Opposition zu einer Figur) ausgesucht werden.
- Der TL kann selbst eine Auswahl an Bildvorlagen mitbringen, aus denen die Spieler auswählen. (Es empfiehlt sich, sich nach und nach einen Vorrat an entsprechenden Postkarten oder anderem Bildmaterial zuzulegen, die immer wieder zum Einsatz kommen können.) Das Auswahlspektrum kann schon auf eine Präsentation zugeschnitten sein. Als fächerübergreifende Beschäftigung mit einem Künstler innerhalb eines Schulprojektes könnten beispielsweise die Reproduktionen von Porträtbilder, die dieser Künstler gemalt hat, den Ausgangspunkt für eine szenische Präsentation bilden.

Vorbereitende Aufgabe

„Sucht euch im Fundus, im Secondhandladen oder im Klei-
derschrank von Freunden oder Verwandten ein mögliches
Kostüm für die Figur auf dem von euch gewählten Bild und
bringt es zur nächsten Probe mit! Bestimmt das Lebensalter
eurer Figur und macht euch Gedanken über ihre Lebenssituation (lebt sie alleine oder nicht, hat sie einen Beruf, welchen
etc.)! Überlegt euch, welche zentralen Stationen es in ihrer
Biografie gegeben haben könnte. Findet einen Namen für
eure Figur! Bringt auch das Bild zur nächsten Probe mit!"

1. Sequenz

Aufwärmen

Vor Beginn des Trainings suchen die Spieler sich einen Platz
im Raum, an dem sie das Kostüm für ihre Figur bereitlegen
wollen. Sie bauen einen kleinen Haufen, das Ausgangsbild für
die Figur liegt zuunterst, darauf legen sie die Kleidungsstücke
und Schuhe bereit, so wie die Figur sie am Tag vorher abgelegt
haben könnte. Zuoberst liegen ein Blatt Papier und ein Stift.
Die Spieler bleiben zunächst noch in Trainingskleidung.

- Die Spieler legen sich in einer ihnen angenehmen Position
  auf den Boden und geben ihr Gewicht an den Boden ab.
  Nach einer kurzen Wahrnehmungsphase werden sie aufgefordert, sich am Boden zu räkeln, zu strecken und zu
  dehnen, sich dann wieder zu beugen, zusammenzuziehen,
  klein zu machen. Es soll ein permanenter Wechsel von
  Dehnung und Beugung entstehen, wobei die Bewegung
  an keiner Stelle unterbrochen werden darf. Ist eine extreme Stellung in der Beugung oder Streckung erreicht, wird
  sie in eine neue Position überführt.
- In einem nächsten Schritt gilt es, in diesem Wechsel von
  Dehnung und Streckung immer neue Positionen zu finden, z.B. von der Rückenlage in die Hocke, vom Kniesitz in
  eine gedehnte Seitenlage usw. Es sollen verschiedene Ebenen im Raum genutzt und Tempovariationen in die Bewegung eingebaut werden.

- Es wird jetzt ein bestimmtes Körperteil (z.B. das rechte Knie) zum Zentrum gemacht, alle anderen Gliedmaßen sollen in der Beugung so nah als möglich an dieses Zentrum herangebracht werden. Ist keine stärkere Annäherung mehr möglich, wird die Beugespannung aufgelöst und alle Körperteile entfernen sich so weit als möglich voneinander. Dann wird aus der Bewegung heraus ein neuer Körperteil gesucht. *Diese Übung ist geeignet, um allmählich die Muskulatur zu erwärmen. Sie ermöglicht zudem eine erste Erfahrung von verschiedenen Spannungszuständen im Körper, die in die Gestaltung der Figuren einfließen wird.*
- Die Übung wird mit einer immobilen Endposition beendet. Die Spieler kommen alle in den Stand und lockern und klopfen ihre Muskulatur aus, begleitet von einem Ton.

2. Sequenz

Training zu verschiedenen Spannungszuständen einer Figur[4]

4   Das nachfolgende Training ist der Schauspielpädagogik Jaques Lecoqs entnommen und für die Figurenentwicklung mit Amateuren modifiziert worden. Vgl hierzu Thomas Köller: Die Schauspielpädagogik Jacques Lecoqs. Frankfurt/M., Berlin, Bern, New York, Paris, Wien 1993

Der TL bereitet die nachfolgende Übung vor, indem er einen Hinweis darauf gibt, dass jetzt verschiedene körperliche Spannungszustände für verschiedene mögliche Figuren ausprobiert werden. Die Spannungszustände sollen sukzessive nach Anweisung entwickelt werden. Jede Spannungsstufe endet in einer immobilen Endposition, die dazu genutzt wird, dem eben erfahrenen Spannungszustand noch einmal nachzuspüren.

1. **Unterspannung**. „Bewegt euch durch den Raum mit einer Unterspannung im Körper: Euer Knochengerüst kann von der Muskulatur kaum noch aufgerichtet werden. Der Körper ist so schlaff, dass aufrechtes Gehen unmöglich ist und ihr mehr vorwärts stolpert oder kriecht als geht. Die Figur gibt keine Wörter von sich, höchstens Laute, die die Bewegung begleiten. Der Blick ist nach innen gerichtet.“

2. **Entspannung**. „Kommt von hier aus in eine entspannte Bewegung. Der Körper ist gelöst, die Bewegungen sind breit und fließend, sie können hierhin und dorthin gehen, ohne einen bestimmten Grund oder ein klares Ziel. Die Augen schauen, halten aber nichts fest. Im Gesicht liegt

ein Ausdruck lächelnder Freundlichkeit, die Figur sucht die immer wechselnde Nähe zu anderen. Sie artikuliert sich in kurzen Ein-Wort-Sätzen."

3. **Ökonomie.** „Die Bewegung wird jetzt ökonomisch und effizient, nur das Nötigste wird getan. Die Figur begibt sich auf dem kürzesten Weg von einem Punkt zum anderen, wobei sie sich wie programmiert, von außen gesteuert bewegt. Ihr Blick hat immer ein Ziel, hält sich aber nirgendwo auf, die Außenwelt wird nicht wirklich wahrgenommen. Die Figur ist freundlich, höflich, doch ohne Gefühle, erscheint neutral. Sie redet nur das Notwendigste."

4. **Getragenheit.** „Der nächste körperliche Zustand ist der völliger Wachheit: Die Figur trägt ihr Körpergewicht aktiv und ist jederzeit bereit, in Aktion zu treten. Sie spürt den Raum und die Außenwelt, die ihr Interesse und ihre Neugier erwecken. Blick und Körper befinden sich in Harmonie: Die Figur schaut und reagiert direkt, ohne jedes Misstrauen gegenüber ‚der Welt' und den Menschen um sich herum."

5. **Entscheidung.** „Im nächsten Spannungszustand reagiert die Figur nicht nur, sondern agiert. Sie tritt in direkte Aktion zur Außenwelt und nimmt klare Standpunkte ein. Ihr Blick ist fixiert und resultiert aus Entscheidungen. Der Blick und der Körper (oder der Körper in sich) können in verschiedene Richtungen streben. Die Figur spricht in kurzen, knappen Dialogen, die sich auf ihre Handlungen beziehen."

6. **Passion.** „Die Bewegungen werden jetzt eher durch ein inneres Feuer getragen als durch äußere Reize. Zentrale Gefühle und Leidenschaften dominieren die Figur und bestimmen ihr Verhalten. Es gibt eine Konzentration auf das Wesentliche der Bewegung, alle überflüssigen Handlungen verschwinden. Alle Bewegungen vollziehen sich mit einem muskulären Gegendruck."

7. **Maximum.** „Spannung und Gegenspannung im Körper werden jetzt so groß, dass nur noch langsame Bewegungen möglich sind oder es sogar völlig zur Unbeweglichkeit kommt. Auch im Blick liegt maximale Spannung. Die Sprache ist langgezogen."

3. Sequenz

Figurengestaltung

- „Bewegt euch weiter durch den Raum und probiert aus, welche Grundspannung die Figur auf dem von euch gewählten Bild hat, bewegt euch darin." *Eventuell müssen die verschiedenen Spannungszustände noch einmal kurz benannt werden.*
  „Versucht, in der Bewegung mit der gefundenen Grundspannung eure Figur näher kennen zu lernen, ihrem Wesen und ihrer Eigenart sowie ihrem Verhältnis zur Außenwelt auf die Spur zu kommen. Bezieht in eure Entscheidungen zum Körper der Figur das mit ein, was ihr euch zu Hause zu der Figur überlegt habt."
- „Im Leben dieser Figur gibt es ein Grundthema, das mit diesem Spannungszustand zusammenhängt. Findet dieses Grundthema und einen Satz dazu. Merkt euch diesen Satz!"
- „Findet zu der gefundenen Grundspannung einen möglichen anderen Spannungszustand, vielleicht ganz gegenläufig, in den die Figur auch verfallen kann. Versucht, ob sie den Satz zu ihrem Grundthema auch in diesem anderen Spannungszustand aussprechen kann und was das über sie verraten könnte."
- „Geht wieder zurück in die erste Grundspannung der Figur, verliert sie nicht! Geht zu dem Platz, an dem die Sachen von eurer Figur liegen, schreibt den gefundenen Satz auf das Blatt Papier, legt es zur Seite!"
- „Zieht die Kleider der Figur an, so wie sie es tun würde, und sucht mit jedem Kleidungsstück etwas mehr von dem Körper der Figur. Legt die Trainingssachen so ab, wie eure Figur es tun würde. Blatt und Stift kommen wieder oben drauf!"
- „Geht durch den Raum und findet das Energiezentrum der Figur im Körper. Woher bezieht sie ihre Kraft? Probiert aus, wie die Figur ausgehend von diesem Kraftzentrum sich auf drei Ebenen im Raum bewegt! Macht euch in der Bewegung klar, wohin die Figur will. Was ist ihr Ziel? Wenn ihr es wisst, formuliert dazu einen Satz!"

* „Geht zu dem Platz der Figur und schreibt den Satz auf!
  Bleibt dort. Die Figur wühlt oder kramt gedankenverloren
  in ihren Sachen herum und findet das Bild von sich selbst,
  das zuunterst liegt. Die Figur betrachtet das Bild und es
  geht ihr ein Satz zu diesem Bild durch den Kopf. Schreibt
  den ersten spontanen Satz, der da ist, auf den Zettel!"

Erarbeitung und Präsentation

Aufgabe: „Gestaltet ein kleines Solo, das eure Figur in irgendeiner alltäglichen Situation zeigt. Ihr könnt die Elemente aus
dem Training einbauen (anziehen, das Photo finden) oder
eine ganz andere Situation wählen. In diesem Solo sollen die
drei Sätze enthalten sein, die Grundspannung der Figur und
ein Wechsel zu dem anderen Spannungszustand sollen deutlich werden. Baut einen Ebenenwechsel ein!"
Als Erarbeitungszeit vor der Präsentation sollten 10 - 15 Minuten gegeben werden.

Fortführung / Weiterentwicklung

Die nachfolgende Probeneinheit ist als Fortsetzung gedacht.
Sie nimmt Gefundenes wieder auf und stellt die Figuren in
Beziehung zueinander. Alles, was in der letzten Probe benutzt
und gefunden wurde, soll wieder mitgebracht werden.

1. Sequenz

*Wiederfindung und Erweiterung der Figur / Vorbereitung der Im-
provisation*

Die Spieler sind von Anfang an im Kostüm ihrer Figur.
* „Sucht euch einen Platz im Raum und begebt euch dort in
  eine Ruheposition. Sucht die Position, die eure Figur im
  Schlaf einnehmen könnte. Es gehen eurer Figur alle möglichen Gedanken durch den Kopf, die, ganz assoziativ, sich

immer mehr zu Traumbildern und Traumfetzen entwickeln."

- „Der Schlaf der Figur wird flacher und flacher, sie nähert sich dem Aufwachen, doch bleiben die Augen noch geschlossen. Sie kommt aus einem fernen Traum und muss erst einmal in die Wirklichkeit zurückfinden. Sukzessive spürt sie ihre einzelnen Körperteile."

- „Die Figur ist noch so verschlafen, dass sie erst einmal gedanklich das Aufstehen durchspielt. Was wird sie gleich tun: Mit einem Satz auf einem bereits hohen Energielevel aus dem Bett springen oder sich in ihren Bewegungen kaum vom Zustand des Schlafens unterscheiden? Erinnert euch an die Grundspannung der Figur und lasst nach und nach jedes Körperteil diese Grundspannung einnehmen."

- „Die Figur realisiert jetzt, was sie vorher nur gedacht hat, sie steht auf und geht durch den Raum. Findet im Gehen zurück in den Körper der Figur."

- „Nehmt dabei noch einmal die Stimmungen und Körperspannungen ein, die ihr während der letzten Probe gefunden habt!"

- „Irgendwo im Körper der Figur sitzt etwas, was nicht ganz stimmt: Die Figur hat irgendeine körperliche Macke, die sich aus der Verschiebung eines Körperteiles oder einer immer wiederkehrenden Bewegung ergeben kann. Findet heraus, ob die Figur sich dieser Macke bewusst ist, sie herausstellt oder zu unterdrücken sucht."

- „Der körperlichen Macke entspricht etwas im Inneren der Figur. Sie hat einen Konflikt, etwas, was sie im Moment nicht lösen kann und was sie beschäftigt. Formuliert einen Satz zu diesem Konflikt!"

2. Sequenz

Kontaktaufnahme mit den anderen Figuren

- „Beginnt, die andern Figuren im Raum wahrzunehmen und tretet in eine Kommunikation ein, die sich aus der eigenen Befindlichkeit ergeben kann oder aus dem, was ihr an den anderen wahrnehmt."

- „Findet eine gemeinsame Schlussposition!"

Improvisation

Die Improvisation setzt an den Ergebnissen der letzten Probeneinheit an. Jede Figur verfügt aber über einen neuen Satz, der jetzt im Zentrum steht. Es wird mit der Technik der Kettenimprovisation[5] gearbeitet, wobei noch einmal darauf hingewiesen wird, dass die gesamte Gruppe verantwortlich ist für den Fortgang der Improvisation. Spielmaterial sind die Sätze, die jeweilige Macke der Figur, die Spannungszustände und die Bewegungselemente Gehen, Stehen oder immobile Positionen auf verschiedenen Ebenen sowie Tempiwechsel. Mit diesen Elementen soll frei gespielt werden unter Bezugnahme auf die anderen Figuren.

Aufgabe: „Eine Figur betrit den Spielraum und etabliert auf Basis des vorhandenen Spielmaterials einen Ort und eine Grundsituation für die Szene. Stühle können vorher in den Bühnenraum gestellt und benutzt werden.

Eine zweite und später eine dritte Figur, die durch das Spiel der ersten Figur einen Impuls erhalten, betreten die Bühne und steigen in die Improvisation ein. Im Spiel müssen sich ein gemeinsamer Ort und gegebenenfalls ein Konflikt herauskristallisieren, das heißt, auch die erste Figur muss sich flexibel auf die gemeinsame Geschichte einlassen, die in der Improvisation entwickelt wird. Betreten eine vierte oder vielleicht sogar fünfte Figur die Bühne, müssen die ersten Spieler eine Motivation finden, die Szene zu verlassen. Jede Figur bringt einen neuen Impuls ins Spiel, der die Geschichte verändert."

Der Theaterlehrer beendet die Improvisation von außen mit der Aufforderung, ein Schlussbild zu finden.

5 Die Technik der Kettenimprovisation ist unter dem entsprechenden Stichwort in den Handlungsbegriffen (Vorbemerkungen) erläutert.

Reflexion
Reduktion als Gestaltungsprinzip

- Die im Training entwickelten Sätze kennzeichnen die Figuren. Indem sie in der Improvisation benutzt werden, kommen **inhaltliche Impulse** ins Spiel. Die Sätze werden in Korrespondenz zu verschiedenen Körperspannungen gefunden und charakterisieren die Figuren **auch körperlich**.
- Jede Gruppe löst die Improvisationsaufgabe anders: Es gibt Spieler, die die entwickelten Sätze in weiteren Text einbauen, andere beschränken sich ausschließlich auf die zentralen Figurenäußerungen. Manche etablieren sehr konkrete Räume (ein Zugabteil, ein Café usw.), in denen die Reduktion auf Satzfetzen, in Wiederholung und Variation benutzt, eine groteske Wirkung entfaltet.
- In einer solchen auf wenige Sätze beschränkten Improvisation wurde beispielsweise mit folgenden Äußerungen gespielt: „Ich bin ein Tier." / „Ich muss standhaft sein." / „Ausgerechnet heute muss Gabi kommen!" / „Ich schaue nicht, aber ich sehe alles." / „Aber ich habe es ja verdient!" Man kann sich vorstellen, welche absurden Bezüge solche ganz unabhängig voneinander gefundenen Sätze im Zusammenspiel der Figuren ermöglichen.
- Im ersten Durchgang der Improvisation ist es sinnvoll, die Spieler frei mit den Spielregeln experimentieren zu lassen. Dies kann nicht nur dem zuschauenden Teil der Gruppe, sondern **auch dem TL selbst** neue Perspektiven auf den Umgang mit Spielmaterial eröffnen und Gestaltungsideen vermitteln.
- Falls die Gruppe einen derartigen Gestaltungsvorschlag in der Experimentierphase nicht von sich aus anbietet, sollte auf keinen Fall auf eine Improvisation in Beschränkung auf die zentralen Figurenäußerungen verzichtet werden. Die Reduktion des Spielmaterials (wenige Sätze, Körperspannung) verlangt einen experimentellen Umgang mit diesem Material, der die Phantasie **im Spiel** anregt und herausfordert.
- Die Reduktion des Spielmaterials bedeutet **keinen Verzicht auf Komplexität** in der Darstellung. Die Komplexität entsteht im variationsreichen Umgang mit dem Spiel-

material und in überraschenden Kombinationen, also in einer Art Montageverfahren, das immer wieder Neues entstehen lässt.

- Die zu Variation und Kombination herausfordernde Improvisationsaufgabe zeigt Bilder und erzählt Geschichten, die nicht auf der Ebene der reinen Wiedergabe von Alltagsrealität verbleiben, sondern Akzentsetzungen, Verdichtungen, Vergrößerungen, Banalisierungen oder Überhöhungen enthalten und die dazu angetan sind, **die Spieler selbst zu überraschen** und von ihrer eigenen Ausdrucksfähigkeit zu überzeugen.

- Die Gruppenmitglieder, die in dieser Improvisation jeweils den Zuschauerpart übernehmen, entwickeln im besten Fall einen Blick für den Reichtum theatraler Gestaltungsmöglichkeiten außerhalb eines die Realität nur kopierenden Spiels. In der zuvor beschriebenen Improvisation begegnet ihnen immer wieder Bekanntes (die von den Mitspielern im gemeinsamen Training entwickelten Figuren und ihre zentralen Lebensäußerungen), sodass die neu entstehenden Bild- und Ausdrucksebenen auch für die entschlüsselbar werden, die sich noch nicht intensiv mit dem Theater und seinem Zeichensystem auseinandergesetzt haben.

- Neue Blicke auf das eigene Lebensumfeld erlaubt eine Variation der Probeneinheit: Es kann mit Sätzen improvisiert werden, die die Spieler von Passanten, Kunden eines Supermarktes, im Restaurant, Schwimmbad oder an anderen öffentlichen Orten „abgenommen" haben und aus denen sie sich eine Theaterfigur erarbeiten.

- Das Prinzip der Reduktion lässt sich auch in der Stückerarbeitung anwenden: Aus der Textvorlage zu einer Szenen werden die zentralen Äußerungen der Figuren herauskristallisiert. In Kombination mit Gestaltungsaufgaben wird die Szene in Beschränkung auf diese Sätze gearbeitet, was notwendig zu ausgeprägter Körperlichkeit und Handlungsorientierung und zu Stilisierungen im Spiel führt.

Weitere Vorschläge zur Modifikation

* Möchte man ausgehend von den gefundenen Figuren ein Stück mit der Gruppe selbst entwickeln, so empfiehlt es sich, die Bildvorlagen in irgendeiner Weise aufeinander zu beziehen, sodass die Figurenauswahl bereits einem thematischen oder gestalterischen Prinzip folgt.
* Selbstverständlich sind für ein selbst entwickeltes Stück auch alle anderen Formen der Figurenfindung möglich. Hier einige Beispiele aus meiner theaterpädagogischen Arbeit: Die Figurenfindung kann über ein Kostüm erfolgen. Ein entsprechendes Theaterstück trug den Titel „Achtzehn Figuren in Blau suchen ein Theaterstück"[6]. Oder über ein Thema vor sich gehen: „Und da sitz ich nun und bin ganz allein" hatte als Ausgangspunkt der Figurenfindung biografisches Material von Menschen, die Phasen ihres Lebens in einer psychiatrischen Anstalt zubrachten. Auch Bewegungsvorgaben sind möglich: „Traumtänzer" brauchte Figuren, für die der Bewegungsausdruck des Tanzens Teil ihrer Biografien war. Anregungen wurden Filmen und literarischen Texten entnommen.
* Statt Bildvorlagen können auch Zeitungsartikel, Kurzgeschichten u.a.m. zum Ausgangspunkt von theatralen Figuren gemacht werden. Ebenso ist denkbar, sich mit Hilfe theatraler Figuren einen historischen Zeitraum, beispielsweise die Weimarer Republik, zu erschließen und hieraus ein Stück zu entwickeln, das Teil überfachlicher Projekte werden kann.

6   Vergleiche hierzu auch das 2. Kapitel (Kostüme als Erarbeitungs- und Gestaltungselement) des vorliegenden Buches.

Figurengestaltung in der theaterpädagogischen Inszenierung –

Begriff, Bedeutung und Erarbeitungsweise

Eine theatrale Figur zu erschaffen und zum Leben zu erwecken ist ein so hoch komplexer Vorgang, dass man sich fragen kann, ob es nicht einer Kühnheit, wenn nicht gar Anmaßung gleichkommt, ihn Amateuren abzuverlangen.

Es ist aber gerade die gestaltende Begegnung mit einer zunächst noch fremden imaginären Existenz, die für viele Amateure den eigentlichen Reiz der Theaterarbeit ausmacht. Vielleicht, weil der Prozess der Anverwandlung einer Figur immer in eine ganz besondere Nähe zur Person des Spielers rückt, der seinen Körper und seinen Intellekt als Gestaltungsmittel, -material und Instrument einsetzt. Aus pädagogischer Sicht eröffnet dies Perspektiven, von denen im Folgenden noch die Rede sein wird.

Die persönliche Grenzüberschreitung, die in der Verkörperung neuer Verhaltenweisen und fremder Lebensentwürfe liegt, verlangt vom Initiator solcher Prozesse ein besonderes Maß an Professionalität und pädagogischer Verantwortung. Der theaterpädagogische Weg der Figurenerarbeitung sollte zunächst einmal den komplexen Gestaltungsanforderungen Rechnung tragen. Damit stellt er gleichzeitig einen Rahmen bereit, innerhalb dessen Amateure vielfältige Möglichkeiten der Konfrontation mit Fremdem erhalten. Vielleicht können sie das Fremde in Teilen integrieren; auf jeden Fall erhalten sie die Möglichkeit, sich über den Weg der Erfahrung einer Differenz zwischen eigener und fremder Lebensrealität mit sich selbst neu auseinander zu setzen.

Der Rahmen, in dem die Verkörperung einer theatralen Figur stattfindet, muss einen Schutzmechanismus gegenüber unkontrollierten und unkontrollierbaren Identifikationsprozessen enthalten und darf in der ihr innewohnenden Grenzüberschreitung keine die Person des Spielers destabilisierende Wirkung haben. Methodische Klarheit ist also gerade im Bereich der Figurenerarbeitung besonders wichtig.

Zum Begriff der theatralen Figur

Es wird hier bewusst nicht von dramatischer, sondern von theatraler Figur gesprochen, da dieser Begriff die mögliche Unabhängigkeit einer Bühnenfigur von einer dramatischen Textvorlage in sich birgt. Er trägt damit dem Prozess der Ent-literarisierung auf dem modernen europäischen Theater Rechnung, der in seinen Anfängen eng mit der Kulturkrise auf der Schwelle vom 19. zum 20. Jahrhundert zusammen-hängt. Hugo von Hofmannsthal formuliert in seinem „Brief des Lord Chandos" eindrucksvoll die Skepsis einer ganzen Generation gegenüber dem diskursiven Zeichensystem Sprache: „Mein Fall ist, in Kürze, dieser: Es ist mir völlig die Fähigkeit abhanden gekommen, über irgend etwas zusammenhängend zu denken oder zu sprechen. (...) die abstrakten Worte, deren sich doch die Zunge naturgemäß bedienen muß, um irgend-welches Urteil an den Tag zu geben, zerfielen mir im Munde wie modrige Pilze."[7] Die in Erfahrungsfragmente zerfallende Wirklichkeit innerhalb einer immer komplexer werdenden Gesellschaft ließ sich auch sprachlich nicht mehr zusammen-hängend erfassen. Dies musste zwangsläufig zu einer Krise des Dramas und des Literaturtheaters führen und hatte eine Er-neuerungsbewegung zur Folge, die mit dem Begriff der Re-Theatralisierung und insbesondere mit den Namen Edward Gordon Craigs und Antonin Artauds verbunden ist. Hans-Thies Lehmann fasst die bis heute andauernde Entwicklung unter den Begriff des postdramatischen Theaters. „In post-dramatischen **Theater**formen wird der Text, der (und wenn er) in Szene gesetzt wird, nur mehr als gleichberechtigter Be-standteil eines gestischen, musikalischen, visuellen usw. Ge-samtzusammenhanges begriffen. Der Spalt zwischen dem Diskurs des Textes und dem des Theaters kann sich öffnen bis zur offen ausgestellten Diskrepanz und sogar Beziehungslo-sigkeit."[8] Dieser Schritt ist in seiner Qualität und seiner Er-scheinungsform dem der bildenden Kunst hin zur Abstrakti-on mit dem neu hinzugewonnenen Ausdrucksreichtum ver-gleichbar.

Die Entliterarisierung des Theaters hat in ihrem Ergebnis – so paradox es klingen mag – auch einen neuen Zugriff auf dra-matische Texte ermöglicht: Indem Bühnenbild, Kostüme, Licht, Musik und nicht zuletzt die Schauspielkunst selbst

7   Hugo von Hof-
    mannsthal: Brief des
    Lord Chandos. 1902

8   Hans-Thies
    Lehmann:
    Postdramatisches
    Theater.
    Frankfurt./M. 1999,
    S.73

nicht mehr nur der Illustration eines Textes entsprechend der vermuteten Autorenintention zu dienen haben, sondern eine je eigene künstlerisch-gestaltende Position zu ihm beziehen, wird es möglich, der ganzen Bandbreite von Bedeutungsebenen, die einem literarischen Text immanent sind, näher zu kommen. Die so zu gewinnende **Textdeutung vollzieht sich in einem Gestaltungsprozess**, der im Idealfall die Berührungspunkte zwischen dem Text und den Erscheinungs- und Ausdrucksformen verschiedener Einzelkünste und Künstler aufspürt und so, bezogen auf ein zu gewinnendes Inszenierungskonzept, den Text auf einer sinnlichen wie intellektuellen Ebene neu erfahrbar werden lässt. Es ist offensichtlich, welche Bedeutung der Künstlerpersönlichkeit eines Schauspielers wie auch den Ausdrucks- und Gestaltungsmitteln eines Amateurs in einem solchen Erarbeitungsprozess zukommt.

Im Rahmen der Theaterpädagogik enthält der Begriff der theatralen Figur zwei Ansatzpunkte zur Figurenentwicklung:

Zum Einen kann es um die **Verwirklichung einer Figur aus der dramatischen oder sonstigen Literatur** gehen, die von vorne herein in Bezügen zu anderen Figuren steht und zumeist auch schon in eine Geschichte eingebunden ist, die auf der Bühne erzählt werden soll. Der Text gibt außerdem bereits bestimmte innere Motivationen, Gefühle und Handlungsziele vor. Es steht hier also schon eine Fülle an Material zur Verfügung, was dem Theaterpädagogen als Ausgangspunkt für Improvisationsaufgaben zur Figurenfindung und -gestaltung dienen kann. Das komplexe Textgefüge und seine Durchdringung stellen aber tatsächlich nur einen **Ausgangpunkt für den Theaterpädagogen**, nicht für die Spieler dar[9]. Denn das Ziel des **theater**pädagogischen Prozesses ist es nicht, dass die Figur in einer quasi germanistischen Analyse im Kontext des Stückes und dieses wiederum in Beziehung auf seine historische Entstehungssituation begriffen werden kann, um dann vielleicht noch aktuelle Züge und Bezüge herauszuarbeiten. Vielmehr sollen die Spieler die Möglichkeit er-

9 Zu den einzelnen Probenschritten innerhalb eines theaterpädagogischen Projektes vgl. 7. Kapitel (Ergänzungen zum „Handwerk" des Theaterlehrers).

halten die Komplexität der Figur auf dem Wege der theatralen Verlebendigung im Hier und Jetzt zu erforschen und zu begreifen. Sie kommen ihr Schritt für Schritt nahe, indem sie konkrete Gestalt annimmt im gleichzeitig realen wie imaginären Raum des Theaters. **Der theaterpädagogisch vermittelte Zugang zu einer dramatischen Figur kann also nur ein gestaltender sein.** Das heißt, der Spieler erschließt sich unter der Anleitung des Theaterpädagogen seine Figur und findet ihre Form im Experimentieren mit den verschiedenen Möglichkeiten theatraler Ausdruckskunst. Nicht nur in der Erscheinung auf der Bühne, sondern auch in der Erarbeitung ist der Text also nur ein Bestandteil neben anderen, wenn es auch Probenphasen gibt, in denen intensiv und vorrangig mit ihm gearbeitet wird und neben dem aktuellen Zugriff selbstverständlich auch ein historisches Verständnis möglich wird.

Der zweite Weg der Figurenentwicklung vollzieht sich völlig **unabhängig von einem Text oder einer schon vorhandenen Geschichte.** Die Bühnenfigur wird hier vom Spieler frei gewählt und selbst gefunden, wenn als Ideengeber auch reale Personen oder Vorlagen der verschiedensten Art dienen können.

In der Schauspielpädagogik Jacques Lecoqs findet sich reichhaltiges Material zur freien Entwicklung von Bühnenfiguren, die er **Personnagen** nennt.[10] Lecoq geht von der Universalität menschlicher Gefühle und Leidenschaften aus, die er in den Personnagen gebündelt sehen will. Zudem soll ihr sozialer Hintergrund auf Basis einer Typisierung deutlich werden. Der Entwicklung solcher frei gewählter Bühnenfiguren wird in seiner Schauspielschule breiter Raum gelassen, wie dort überhaupt die Förderung der Eigenkreativität besonders betont wird: „Nach ihrem Selbstverständnis ist die Ecole Jacques Lecoq keine Schule, die ihr Schwergewicht auf die Interpretation von Texten legt. Lecoq sieht den Schauspieler als **acteur-auteur**, als Schauspieler, der auch der Autor seines eigenen Materials ist."[11] Wenn auch seine Methode der Figurenfindung für die Arbeit mit einer Amateurgruppe modifiziert und ergänzt werden muss, so eignen sich die in seinem Sinn gestalteten Personnagen doch gut zum Ausgangspunkt selbst

10 Vgl. hierzu Jacques Lecoq: Der poetische Körper. Berlin 1999; Köller, Thomas: Die Schauspielpädagogik Jaques Lecoqs. Frankfurt/M., Berlin, Bern, New York, Paris, Wien 1993; Roland Matthies: Wege zu einer Schauspielausbildung – Wege zu einem neuen Theater? Frankfurt/M. 1996

11 Köller, Thomas: Die Schauspielpädagogik Jacques Lecoqs, S.27

entwickelter Stücke. Dies ergibt sich daraus, dass der Weg zur Figur ganz eindeutig über ihre formale Gestaltung geht, was einen Weg weisen kann zur Dramaturgie solcher Stücke. „Ebenso wie ein Maler versucht, Gefühle in Farben und Formen zum Ausdruck zu bringen, wird im Improvisationsunterricht daran gearbeitet, sich vorzustellen, wie sich z.B. Freude oder Eifersucht bewegen. Diese Arbeit des Studiums menschlicher Passionen auf der abstrakten Ebene mündet ein in die konkrete Konstruktion von Bühnenfiguren und hat den Sinn, den von den Schülern geschaffenen Personnagen eine allgemeingültigere Basis zu geben."[12] Zwar beinhaltet die Erarbeitung einer Personnage auch die Entwicklung ihrer fiktiven Lebensgeschichte. Die Bühnenhandlungen müssen also nicht ohne innere Motivation bleiben; doch liegt eine deutliche Betonung auf der **körperlichen Gestaltung**. Sei es, dass Ausdrucksformen über muskuläre Spannungszustände, Tierimprovisationen oder Korrespondenzen zu Elementen oder Materialien gesucht werden. Es ist naheliegend, auch bei der Komposition von Stücken, die auf so erarbeiteten theatralen Figuren basieren, von formalen Gestaltungselementen auszugehen. Unter dem Gesichtspunkt von Tempi, Raumaufteilung, Bewegungsqualitäten, Materialien, Farben etc. montierte Bühnenhandlungen fangen an, eigene Geschichten zu erzählen, die, da nicht an einen durchgängig bedeutungstragenden Text gebunden, der Assoziation der Zuschauer breiten Raum lassen und so zu unterschiedlichen Geschichten führen können.

In den **Begriff der theatralen Figur** finden beide Wege zu einem Stück Eingang, der über die dramatische Figur wie auch der über die selbst entwickelte „Personnage". Er liefert damit auch eine Begrifflichkeit für die methodische Koppelungen beider Vorgehensweisen.

Stellvertretend für viele andere Bühnenkünstler, die aus der Schule Lecoqs hervorgegangen sind, soll hier Ariane Mnouchkine erwähnt werden.[13] Wenn auch eine Vielzahl von Gestaltungsimpulsen in ihre grandiosen Inszenierungen Eingang finden, so können diese doch deutlich machen, welche kreative Kraft die Methode der Personnagenarbeit auch in der Gestaltung einer dramatischen Figur und damit in der Umsetzung einer literarischen Vorlage entfalten kann.

12   Ebd. S.90

13   Wenn auch die neueren Arbeiten Mnouchkines hier noch nicht berücksichtigt sind, so liefert das Buch „Das Théâtre du soleil" von Simone Seym, Stuttgart 1992, doch einen guten Überblick über die Arbeitsweise und wichtige Inszenierungen der Künstlerin.

Erarbeitungsweisen auf dem Theater

Wenn auch in Schauspielschulen andere Wege der Figurenfindung vermittelt werden als in Amateurtheatergruppen, so
gibt es hier doch vielerlei Anlehnungen an den professionellen Bereich. Dies wird offensichtlich, wenn man mit Übungs-
sammlungen für Theatergruppen hantiert. In ihnen wird aber
nicht immer auf die Herkunft der Übungen verwiesen und
auch nicht immer die Frage thematisiert, welche Heran-
gehensweise warum zu favorisieren sei. Im Folgenden wird
ein kurzer, schematisierender Abriss zur Geschichte der zentralen Erarbeitungswege im professionellen Theater gegeben
mit dem Ziel, den in diesem Buch dargelegten Arbeitsansatz
vor dieser Folie zu verdeutlichen und zu begründen.
Die Entwicklung des Theaters im europäischen Raum, welches nicht über ein feststehendes, historisch überliefertes
Ausdrucksrepertoire verfügt wie beispielsweise das ostasiati-
sche Theater, wird von zahlreichen Schauspieltheorien begleitet und vorangetrieben. Das Fehlen eines gestalterischen
Regulariums hat immer wieder neu die Frage provoziert, ob
denn der Weg zur theatralen Figur über das innere Erleben
führt, das in Gestaltung mündet, oder ob der Einstieg über die
Suche nach körperlichen Ausdrucksformen dem Theater als
Schauplatz angemessener sei, wobei die Gestaltungserfahrung
auch in das Innere der Figur führen kann. Die jeweilige Positionierung hat nicht zuletzt mit der Funktion zu tun, die dem
Theater in verschiedenen historischen Epochen zugewiesen
wird.
Das Schauspiel des sich emanzipierenden Bürgertums im 18.
Jahrhundert setzte der Kälte, Berechnung und Herrschsucht
höfischer Umgangsformen das ‚gefühlte Menschsein' entge-

gen. Auf der Bühne wurde die
Ausdifferenzierung emotional
und moralisch motivierten
Verhaltens vorgeführt; das
Theater diente der Selbst-
verständigung einer zu neuem Selbstbewusstsein gelan-
genden Klasse. Die Schau-
spielkunst jener Zeit erforder-
te einen gezielten Umgang

mit den Emotionen eines Publikums, das danach strebte, sich im verdunkelten Theaterraum in persönlicher Identifikation, die aufgehoben war im gemeinsamen Erleben, in und mit der neu gewonnenen Empfindsamkeit als wahrhaft menschlich zu begreifen. Die beabsichtigte emotionale Wirkung ließ sich, wie Denis Diderot (1713-1784) in seinem „Paradox über den Schauspieler" ausführt, am ehesten aus der Beobachtung der menschlichen Natur und der daraus entwickelten **Konstruktion** eines idealen Modells gewinnen. „Die Tränen des Schauspielers stammen aus seinem Gehirn; die des empfindsamen Menschen steigen aus seinem Herzen auf."[14]

Gut ein Jahrhundert später entstehen Stücke aus der Feder Hebbels, Strindbergs, Ibsens und Čechovs, die die Gefangenheit ihrer Figuren in sich selbst, in den Konventionen und Vorurteilen ihrer Klasse und den starren Strukturen ihrer Gesellschaft deutlich werden lassen. Wiederum in aufklärerischer Absicht sollte der Zuschauer sich in diesen Figuren selbst entdecken können, was im Rahmen eines ‚psychologischen Realismus' möglich schien. Die schauspielerische Darstellungsform verlangte nach einer glaubhaften **inneren Motivierung** aller Bühnenhandlungen. Die entsprechende Bühnenkunst verbindet sich insbesondere mit Stanislawskis System der physischen und psychischen Handlungen.[15] Stanislawski ging davon aus, dass sich nicht nur der Körper, sondern auch die Psyche des Schauspielers trainieren lasse. Er beschäftigte sich deshalb mit dem ‚affektiven Gedächtnis' und entwickelte zahlreiche Übungen und Methoden zu seiner Aktivierung und zu dessen glaubhaftem Einsatz auf der Bühne mit dem Ziel, alle hier vorgeführten Handlungen ‚wahrhaftig' erscheinen zu lassen.

Strasberg entwickelte die einem Bühnenrealismus verpflichtete Schauspielkunst weiter. Auch seine ‚method' enthält ein Übungsprogramm, das es dem Schauspieler erlaubt, im Moment der Darstellung sein emotionales Gedächtnis zu aktivieren und für die Darstellung zu nutzen. „Jeder Mensch trägt in sich die Tastatur, auf der man alle Arten emotionaler Erfahrung spielen kann. Durch den Prozess der emotionalen Erinnerung (oder der Erinnerung von Erfahrung) können wir uns unsere eigenen Erfahrungen zunutze machen."[16] Dabei muss der Schauspieler nicht alle Situationen kennen, die seine Figuren durchlaufen: „Der Schauspieler muss ... einen Mörder

14 Denis Diderot: Das Paradox über den Schauspieler. In: Texte zur Theorie des Theaters. Hg. von Klaus Lazarowicz und Christopher Balme, Stuttgart 1991, S.160

15 Vgl. hierzu Konstantin Stanislawski: Die Arbeit des Schauspielers an sich selbst, Band 1 und 2. Berlin 1961 / 1955

16 Lee Strasberg: Schauspielen und das Training des Schauspielers. Hg. Von Wolfgang Wermelskirch, Berlin o.J., S. 46

17 Ebd. S.38

nicht dadurch erschaffen, dass er einen Mord begeht, die Todesszene indem er stirbt usw."[17] Er muss aber mit Emotionen und Handlungsmotivationen vertraut sein, die sich zu einer solchen Handlung oder Situation assoziieren lassen.

Es wird erzählt, dass es Schauspielern aus der Schule Strasbergs möglich war, sich in der größten Kälte Schweißtropfen auf die Stirn zu treiben, indem sie sich eine Situation in unerträglicher Hitze vergegenwärtigten. Es ist leicht vorstellbar, wie wichtig so geschulte Schauspieler für die ausschnitthaft vergrößernde Figurendarstellung auf der Leinwand wurden und belegt durch Namen wie Marlon Brando, Rod Steiger oder Geraldine Page.

18 Zur Methode
Meyerholds vgl.
Jörg Bochow:
Das Theater
Meyerholds und
die Biomechanik.
Berlin 1997

19 W. E. Meyerhold,
zitiert nach Manfred
Brauneck und
Gérard Schneilin:
Theaterlexikon.
Reinbek bei Hamburg 1986, S. 809

Die auf Konstruktion bauende Linie ist durch den Stanislawskischüler Meyerhold[18] vertreten, der sich – durchaus in Anerkennung seines Lehrers – so äußert: "Konstantin Sergejewitsch (Stanislawski, D.H.) und ich suchen in der Kunst dasselbe; nur geht er vom Inneren zum Äußeren und ich gehe vom Äußeren zum Inneren."[19] Entsprechend entwickelte Meyerhold ein körperorientiertes Training mit Hilfe dessen der Schauspieler zu einem "ökonomischen Einsatz seiner Ausdrucksmittel"[20] gelangen sollte.

20 Ebd. S. 135

Die Körperbeherrschung sollte nicht nur der physischen Bühnenpräsenz dienen, sondern auch als Auslöser emotionaler Empfindungen fungieren. "Jeder psychische Zustand wird durch bestimmte physiologische Prozesse hervorgerufen. Indem der Schauspieler die richtige Lösung seines psychischen Zustandes herausfindet, erreicht er die Ausgangstellung, wo bei ihm die ,Erregbarkeit' aufkommt, die die Zuschauer ansteckt."[21]

21 Ebd. S. 135

Ganz anders versteht und motiviert Bertolt Brecht seinen ebenfalls auf Konstruktion bauenden Ansatz zur Figurendarstellung. Um beim Publikum politische Bewusstwerdungsprozesse in Gang zu setzen, muss der Schauspieler neben seine Figur treten können. Die Darstellung wird aus einer reflektiven Distanz gewonnen und soll Aussagen zum gesellschaftlich bestimmten Bewusstsein der Figur und zum ideologischen Hintergrund ihrer Handlungen enthalten. Brecht formuliert seine Position im "Dialog über die Schauspielkunst":

„- Die Schauspieler haben in deinen Stücken immer große
   Erfolge. Bist du selber mit ihnen zufrieden?
- Nein.
- Weil sie schlecht spielen?
- Nein, weil sie falsch spielen.
- Wie sollten sie denn spielen?
- Für ein Publikum des wissenschaftlichen Zeitalters.
- Wie also?
- Ihr Wissen zeigend.
- Welches Wissen?
- Der menschlichen Beziehungen. Der menschlichen Hal-
   tungen. Der menschlichen Kräfte.
- Gut, das sollen sie wissen. Aber wie sollen sei es zeigen?
- Bewusst darbietend. Schildernd.
- Wie machen sie es jetzt?
- Mit Zuhilfenahme der Suggestion. Sie versetzen sich selber
   und das Publikum in Trance."[22]

Wiederum auf eine völlig andere Art und Weise entwickelten
Theaterpraktiker wie Jerzy Grotowski und Eugenio Barba in
der zweiten Hälfte des 20. Jahrhunderts die nichtnaturalisti-
schen Spielformen weiter. Ihre Trainingsmethoden sind auf
die persönliche Entwicklung des Schauspielers zentriert, dessen Körper von allen biografisch wie gesellschaftlich beding-
ten Einschreibungen befreit werden soll, um so zu einer
überindividuellen Ausdrucksfähigkeit zu gelangen. Diese findet ihren Niederschlag in einer hoch artifiziellen und enorm
verdichteten Körpersprache. Insbesondere Grotowski kommt
so Artauds Vision von einem sinnlich und körperlich ausge-
richteten und in diesem Sinne re-theatralisierten Theater besonders nah.

Selbstverständlich ist auch heute noch für die persönliche Arbeitsweise eines Schauspielers, Regisseurs oder einer Gruppe
die Suche nach dem angemessenen Weg zur Figur von höch-
ster Relevanz. Und noch immer kann man manchen Inszenierungen ansehen, ob in der Erarbeitung das Schwergewicht auf
der inneren Motivierung oder auf der äußeren Konstruktion

22 Bertolt Brecht:
   Schriften zum
   Theater. In: Gesam-
   melte Werke Bd.15.
   Frankfurt/M . 1967,
   S.188

der Figur lag. Doch ist das Theater auf der Wende vom 20. zum 21. Jahrhundert von einer so noch nie da gewesenen Vielfalt der ästhetischen Stile gekennzeichnet und die künstlerischen Entscheidungen zur Figurenerarbeitung sind weniger von Grundsatzpositionen geprägt denn von der jeweiligen Theaterkonzeption. So kann man davon ausgehen, dass verschiedene Methoden durchaus parallel und gleichzeitig benutzt werden. Dabei wird von einem Schauspieler erwartet, dass er seine persönlichen Erinnerungen in einen schauspielerischen Vorgang transformieren kann und einer Figur eine körperlich aussagekräftige Gestalt verleiht.

Ganz anders stellt sich die Aufgabe der Figurenerarbeitung innerhalb der Theaterpädagogik. Man hat es mit Spielern zu tun, die nicht über eine Ausdrucksklaviatur verfügen, die sie in einer möglicherweise Jahre andauernden Ausbildung und Praxis erworben haben. Oftmals sind sie mit theatralen Zeichen nur ansatzweise oder gar nicht vertraut und kennen auch nicht unbedingt Ausdrucksformen benachbarter Künste. Solchen Spielern muss das Material an die Hand gegeben werden, aus dem sie ihre Ausdrucksfähigkeit beziehen und Gestaltungsvorschläge für eine Figur entwerfen können.

Aus theater**pädagogischer** Sicht muss die Überlegung angeschlossen werden, welcher Weg zur Figur Amateuren nicht nur am ehesten ästhetische Erfahrungsräume erschließt, sondern auch eine möglichst souveräne Verfügung über ihr eigenes theatral-künstlerisches Spiel. Damit ist die Frage nach Schutzmechanismen berührt, die dazu angetan sind, den

Spieler immer zwischen sich und seiner Figur unterscheiden zu lassen und die es dennoch erlauben, dass er sich auf eine imaginäre, ihm fremde Existenz persönlich einlassen kann. In diesem Zusammenhang geht es dann doch noch einmal um die theatergeschichtlich so wichtige Alternative, ob denn der Weg zur Figur eher über die innere Motivierung ihrer Handlungen oder über die Gewinnung einer äußeren Form gehen sollte.

Erarbeitungsweisen im Amateurtheater

Macht man den Versuch, im Prozess der Stückerarbeitung mit Amateuren den Fokus auf die Stellen zu richten, die als besonders bereichernd erfahren werden, so kristallisieren sich deutlich verschiedene Stationen in der Figurenerarbeitung heraus. Dies betrifft Momente, in denen überraschende Formen gefunden werden, die eine Figur, ihre Beziehung nach außen, eine Situation oder auch einen Sachverhalt schlagartig deutlich werden lassen, und zwar oftmals mit einer völlig neuen Perspektive, die sich erst **aus der Gestaltung ergeben hat**.

Der fokussierende Blick richtet sich zudem auf die **schrittweise Annäherung** an eine Figur. Für die Mitspieler, die Zuschauer und nicht zuletzt den Theaterlehrer ist es immer wieder in hohem Maße erstaunlich und auch zutiefst berührend zu sehen, wie sich Spieler einer fremden Existenz gestaltend nähern, mit ihrer Erscheinungsform und ihrem Inneren mehr und mehr vertraut werden, in ihr zu leben beginnen, um **in der Formgebung** Seiten an ihr entdecken, die für alle anderen neu und überraschend sind, weil sie sich nur aus dieser beteiligten Perspektive entwickeln lassen.

Auch eine fiktive theatrale Figur ist immer eingebunden in persönliche, gesellschaftliche und historische Bezüge. Besonders intensiv tritt dies in der Verdichtung literarischer Figuren hervor, doch auch selbst geschaffene Personnagen enthalten grundsätzlich diese Dimensionen, die in der gestaltenden Arbeit entdeckt und entwickelt werden müssen. Der einzelne Spieler erschließt sich selbst, der Gruppe und späterhin dem Zuschauer **handelnd und gestaltend** einen fremden, hoch komplexen Erfahrungsraum. Es liegt auf der Hand, welche Bedeutung dieser Vorgang gerade für **jugendliche** Amateure gewinnen kann, z. B. im Rahmen von Schule. Zumal man es im Fach Darstellendes Spiel in der gymnasialen Oberstufe, ansatzweise aber auch im Wahlpflichtfachbereich der Mittelstufe, mit jungen Menschen zu tun hat, die bereits eine Bewusstheit über den Prozess theatralen Gestaltens erlangen können. Unter der Voraussetzung, dass **nicht nur gestaltet, sondern auch reflektiert wird**, kann also auch ein **übertragbarer Gewinn** aus dieser Arbeit gezogen werden.

Dient das Theaterspiel mit Amateuren der Erschließung **fremder Lebenswelten**, wird deutlich, dass die Methode des emotionalen Gedächtnisses nur von eingeschränkter Bedeutung sein kann. Die Erfahrungssituationen, auf die Jugendliche zurückgreifen können, sind aufgrund des Lebensalters zwangsläufig begrenzt. Strasberg selber geht davon aus, dass es im Lebensalter der Spieler und der Figuren, die sie verkörpern, eine weitgehende Übereinstimmung geben soll. Auch sollen die Situationen, die mit Hilfe des emotionalen Gedächtnisses reaktiviert und so nutzbar gemacht werden, „wenigstens sieben Jahre zurückliegen"[23]. Dies garantiert, dass nur wirklich zentrale gefühlsmäßige Situationen zum Ausgangspunkt der schauspielerischen Arbeit gemacht werden und soll völlig Unbewältigtes möglichst ausschließen.

Abgesehen davon, dass ein Training des emotionalen Gedächtnisses, das die Basis der Schauspielkunst bilden soll, von einiger Dauer sein muss, ist es als Methode auch nur vertretbar, wenn der Spieler sich im Bewusstsein um die damit verbundenen persönlichen Risiken und gefühlsmäßigen Dimensionen darauf einlässt. Arbeitet man mit Amateuren, ist es auf jeden Fall sinnvoll, sich auf Diderots Warnung zu besinnen, dass der Schauspieler den Verstand verlieren könne, wenn er nicht eine Distanz zu seiner Darstellung behält, und der **auch deshalb** für die Konstruktion einer möglichst idealen Form plädierte.

Das bedeutet aber keinesfalls, dass nicht zahllose Übungen aus der Schule und Tradition Stanislawskis oder Strasbergs für die Theaterpädagogik übernommen bzw. modifiziert werden können. Ohne Wahrnehmungstraining, Phantasiereisen, innere Motivierung von Handlungen und ähnliches mehr gerät Figurenarbeit in Gefahr, mechanisch, rein formal und äußerlich zu bleiben. Der Beginn und der Schwerpunkt in der Figurenentwicklung werden in der hier dargelegten theaterpädagogischen Arbeitsweise aber deutlich anders gesetzt.

Das Ziel des vorgestellten methodischen Ansatzes ist es, den künstlerischen Ausdruck der Amateure möglichst breit mit Material zu unterfüttern, das **im Training, also in der theaterpädagogischen Arbeit selbst gewonnen wird** und das in Spiel- und Aufführungssituationen aktualisiert

23 Lee Strasberg:
    Ein Traum der
    Leidenschaft.
    München 1988,
    S.167

werden kann. Die Spieler dürfen auf der Bühne niemals nur sich selbst überlassen bleiben, sondern müssen immer **Zugriff auf möglichst breit und vielfältig angelegtes Gestaltungsmaterial** haben, das über eine intensive Improvisationserfahrung reaktivierbar gemacht werden kann. Auf dem Wege des Improvisationstrainings lernen die Spieler mit Impulsen zu arbeiten, **die auf der Bühne selbst entstehen**. Um die damit verbundene Unmittelbarkeit im Spiel zu erreichen, ohne dass die Orientierung an der künstlerischen Gestaltung der Figur aufgegeben wird, wird eine Struktur benötigt, die **zugleich flexibel und deutlich formgebend** ist. Diese kann nur entwickelt werden, wenn die Figurenerarbeitung auf die **Gewinnung theatraler Zeichen** gerichtet ist, die so aussagekräftig und modifizierbar sind, dass sie eine Figur in ihren unterschiedlichen Dimensionen zu charakterisieren vermögen. Ein so angelegter Vorgang der Figurenfindung setzt eindeutig an der formalen Gestaltung an. Er dient dem Schutz der Spieler wie auch der Vermittlung an den Zuschauer, indem der Zeichencharakter und damit – noch in der offensichtlichen theatralen Anverwandlung einer Figur – deren Fremdheit und Nichtidentität mit dem Spieler herausgestellt wird.

So entsteht im ersten Zugriff auf ein Stück, wenn denn die Erschließung über die Figurengestaltung laufen soll, eine Art Gestaltungsvokabular für jede Figur bzw. für Figurengruppen, die chorisch verbunden sind. Im Verlauf der Recherchephase muss für jede Figur eine funktionierende **Grundidee** gewonnen werden, die sich in das Gesamtkonzept integriert bzw. dieses formt und bereichert. Am Ende der Recherchephase findet eine Zuspitzung auf wesentliche Gestaltungsaspekte statt, damit der Spieler für erste szenische Experimente eine gewisse Geschlossenheit und Konzentration in der Darstellung gewinnen kann. Im Verlauf der Stückerarbeitung werden dann weitere gestalterische Übungen die Möglichkeiten der Figur wieder öffnen und weiter ausdifferenzieren.

In der Begegnung mit einzelnen Szenen, denen der Spieler sich auf Basis des gefundenen Gestaltungsvokabulars nähert,

gerät der Zusammenhang zwischen äußerer Erscheinungsform und inneren Aspekten wie Wünschen, Empfindungen,
Motivationen usw. einer Figur anhand konkreter Situationen
verstärkt ins Blickfeld. Die Erfassung innerer Aspekte wirkt
auf die Gestaltung zurück und formt sie ihrerseits. Ausgehend
von der Formgebung für seine Figur und eingebettet in die
Ausdruckssuche der Gruppe, gewinnt der Spieler nach und
nach die Möglichkeit, sich das gesamte Stück handelnd und
gestaltend zu erschließen.

Die Entwicklung einer theatralen Figur
als Kernstück der Theaterpädagogik

Die Annäherung an eine dramatische Figur geschieht im Bereich des Theaters über die Entdeckung und gestaltende Inbe-
sitznahme ihrer körperlichen Existenz. Indem die Verkörperung überraschende und manchmal weitgehende Einsichten
auch in die emotionale und geistige Verfasstheit ermöglicht,
hat sie entscheidenden Anteil an der Figurenanalyse und
-entwicklung.
Übungen enthalten Gestaltungsvorschläge, die die Figurenerarbeitung prägen. Das Körpertraining zielt auf die Gewinnung neuer Ausdrucksformen. Aufmerksamkeits- und Sensi-
bilisierungstraining verfeinern die Wahrnehmung. Die spielerische Auseinandersetzung mit verschiedenen emotionalen
Zuständen dient der Intensivierung der Figurendarstellung.
Doch trotz so gewonnener neuer Perspektiven und einer
schützenden Klaviatur theatraler Zeichen ist der Spieler in der
Auswahl und Gestaltung einer Figur in hohem Maße mit sich
selbst, seinen Möglichkeiten, Wünschen, Abneigungen und
Erfahrungen konfrontiert. Die eigene Person und die eigene
Geschichte bilden den in die Gestaltung einfließenden Ausgangspunkt und den Hintergrund für die mit theatralen Mitteln lebendig gewordene Figur.
Das immer wieder neu auszulotende und sich in der Arbeit
beständig verschiebende Verhältnis von Eigenem und Fremdem hat besonderen Anteil an dem persönlichen Gewinn, der
aus der Figurenerarbeitung gezogen werden kann. Gerd Koch
schreibt: „Was es auch noch und was es anderes in mir gibt,
wird entbunden, d. h. auf die Welt gebracht und ent-bunden

im Sinne von befreit/entfesselt. Kreativität, Entdeckung, Recherche, Gestaltung sind Begriffe, die das hier Angeführte zu benennen suchen: Entbergung von Verborgenem. Denn: Ich bin nicht entweder das **oder** jenes, sondern das **und** jenes."[24]
Wo die Verwirklichung einer anderen Existenz mit Elementen des Selbst und des Fremden spielt, ist die schöpferische Nachahmung, die Mimesis berührt, die es erlaubt, Fremdes auf eine in modernen Gesellschaften weitgehend verloren gegangene Weise zu erfahren: „Das mimetische Vermögen kann Widersprüchliches, kann unterschiedliche Intensitäten wahrnehmen und verarbeiten, ohne dass von dieser Aneignung der Zwang ausgeht, eine Ordnung herzustellen. Mimesis kann so einen nicht verdinglichenden Zugang zum Anderen eröffnen, der den Anderen in seiner Freiheit bestehen lässt."[25]
Sowohl in der freien Entwicklung von Personnagen als auch in der Aneignung von Figuren aus der dramatischen Literatur sind Aspekte mimetischer Erkenntnis enthalten.
Der Begriff der Mimesis steht in Verbindung mit der Erkenntnisfähigkeit der Phantasie, wenn man Mimesis im Sinne Aristoteles' nicht als kopierende Abbildung, sondern als schöpferische Aneignung begreift. „Das Theater ist eine Fiktion der Realität, nicht deren Imitation", formuliert Dario Fo. Der Umgang mit Theatertexten wird produktiv in der theatralen Erschaffung neuer Wirklichkeiten und in der ästhetischen Deutung von Welt.
Der nächste zentrale Begriff, der die schon genannten wie unter ein Dach zusammenfasst, ist der der Methexis, verstanden als Teilhabe[26].
Die griechische Erkenntnislehre wie auch neuere anthropologische Forschungen gehen davon aus, dass es bei aller individuellen Ausdifferenziertheit Grundmuster menschlichen Lebens gibt, die es möglich machen, Berührungspunkte zwischen Menschen auch über Distanzen hinweg aufzufinden. Theaterpädagogik ist auch Erforschung und Sichtbarmachung unserer Teilhabe an menschlichen Grunderfahrungen, die räumlich und zeitlich weit entfernt erscheinen mögen. Wobei die Existenz einer theatralen Rolle und die bewusste Handhabung von Gestaltungsmitteln es dem einzelnen Spieler immer wieder erlauben zu bestimmen, wie weitgehend und wie persönlich die Auseinandersetzung mit den Berührungspunkten zwischen eigenem Erleben und theatraler Figur sein soll.

24 Gerd Koch:
Ich ist ein anderer.
In: Heiko Kleve /
Gerd Koch /
Matthias Müller (Hg.):
Differenz und
soziale Arbeit.
Berlin, Milow,
Strasburg 2003,
S. 59 / 60

25 Christoph Wulf:
Ästhetische Wege
zur Welt. Über das
Verhältnis von
Mimesis und Erziehung. In: Kunst und
Pädagogik. Hg. von
Dieter Lenzen,
Darmstadt 1990,
S. 168

26 Der Begriff „Methexis"
wird hier in einem
allgemeinen Sinn
benutzt, so wie Dieter
Lenzen formuliert:
„Es ist die Teilhabe
am Leben, Methexis,
die uns für das Leben
erzieht" (in ders.
Kunst und Pädagogik.
Darmstadt 1990, S. 11).
In diesem allgemeinen Sinn gebraucht,
gewinnt der Begriff
eine besondere Bedeutung für pädagogische Prozesse.
Zur Definition des
Begriffs im engeren
Sinn der platonischen Ideenlehre
vgl. Hans-Joachim
Wiese: Bausteine für
eine Theorie der
theatralen Erfahrung.
Berlin, Milow, Strasburg 2005, S. 70-75

Funktionen des Requisits

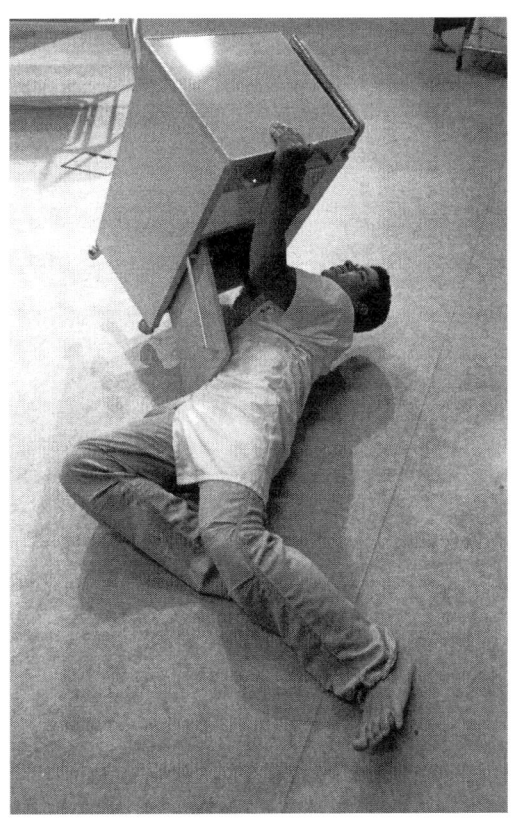

Viertes Kapitel
Funktionen des Requisits

1 Der Begriff taucht im Theaterlexikon von Brauneck / Schneilin, Hamburg 1986, beispielsweise gar nicht auf. Das Theaterlexikon für Schüler und junge Erwachsene (Schwab / Weber), Frankfurt M. 1991, widmet ihm 21 Spaltenzeilen.

2 Jochanan Ch. Trilse-Finkelstein und Klaus Hammer: Lexikon Theater International. Berlin 1995, S.728

Requisiten scheinen im professionellen Theater so selbstverständlich zum Spiel auf der Bühne zu gehören, dass eine theoretische Beschäftigung mit ihnen kaum stattfindet. So wird der Begriff in manchen Theaterlexika gar nicht oder nur ganz knapp erwähnt.[1] Das „Lexikon Theater International" führt lediglich aus: „**Requisiten** – (lat. Requisita – Erfordernis). Alle zur Bühnenaufführung eines Stückes, für Film- wie Fernsehaufnahmen erforderlichen Ausstattungsgegenstände mit Ausnahme von Kostümen u. Dekorationen (Kulissen). Für die Anfertigung und Bereitstellung dieses Zubehörs (Gebrauchsgegenstände, mobile Dekorationsstücke bis hin zu Essen und Trinken) in der jeweiligen Institution sind die Requisiteure zuständig."[2]

Eine ausführliche Geschichte des Requisits auf dem Theater ist offenbar noch nicht geschrieben worden. Gerade für die Theaterpädagogik könnte sie aber neue Impulse geben, denn der Wert des Requisits als „erforderliches Ding" kann hier gar nicht hoch genug eingeschätzt werden: Es übernimmt zahlreiche Funktionen im Erarbeitungsprozess einer Aufführung wie auch als Darstellungsmittel auf der Bühne. Für den nicht professionell ausgebildeten Spieler ist es insofern wichtig, als er mit dem Requisit einen immer vorhandenen Bezugspunkt auf der Bühne erhält, der seinem Spiel eine Gerichtetheit, ein Tempo und im besten Fall sogar einen Rhythmus geben kann. Entsprechend der Bedeutung des Requisits in der Praxis der Theaterpädagogik liegt der Schwerpunkt dieses Kapitels auf den Probeneinheiten. Der Schlussteil bringt eine Zusammenfassung der wesentlichen Einsatzmöglichkeiten und der Funktionen des Requisits.

Probeneinheit
Einstieg in die Arbeit mit Requisiten

Requisiten verschiedenster Art, Beschaffenheit und Größe werden an einer Stelle des Raumes ausgebreitet.

Es ist sinnvoll, sich innerhalb der Institution, in der man arbeitet, nach und nach auch einen Fundus an Requisiten anzulegen. Verfügt man über eine interessante Auswahl, werden oft schon in den ersten Improvisationen zu einem Stück Gegenstände gefunden, die das Spiel bereichern und noch in den Vorstellungen zu sehen sind.

Heranführung an das Requisit

1. Sequenz

Auswahl eines Requisits

* Die Spieler werden aufgefordert, sich die Requisiten anzusehen, verschiedene von ihnen in die Hand zu nehmen und sie im Gebrauch zu erproben. Nach einer Phase des Experimentierens soll jeder ein Requisit auswählen und sich damit an einen beliebigen Platz im Raum begeben.

2. Sequenz

Entspannung / Konzentration / Wahrnehmung der sinnlichen Beschaffenheit des Requisits / Sensibilisierung der Wahrnehmung

Der TL macht darauf aufmerksam, dass jetzt eine längere Übungsphase folgt, in der die Augen geschlossen bleiben sollen. Für die Spieler können Augenbinden bereit liegen.
* Die Spieler legen sich in Rückenlage auf den Boden, schließen die Augen, das Requisit, das jetzt erst einmal nicht

3   Die Begriffe Gegen-
    stand oder Objekt
    werden hier gele-
    gentlich als Synony-
    me für Requisit be-
    nutzt, vor allem
    dann, wenn dieses
    sich im Bühnenraum
    befindet, aber noch
    nicht aktiv in das
    Spiel einbezogen ist.

mehr berührt werden soll, liegt in leicht erreichbarer Nähe. Der Theaterlehrer beginnt mit einem aktiven Entspannungstraining bezogen auf die Wahrnehmung des Körpers. Die Spieler werden aufgefordert, an den Gegenstand[3] neben sich zu denken und sich daran zu erinnern, was er für eine Form besitzt, wie er sich anfühlt, welches Gewicht er hat.

- Sie sollen jetzt beginnen, nach dem Gegenstand zu tasten und ihn zu ergreifen. Mit weiterhin geschlossenen Augen wird das Objekt erforscht, wobei die Position geändert werden kann, beispielsweise zum Sitzen hin. Das Objekt soll jetzt in jeder Hinsicht (außer visuell) sinnlich wahrgenommen werden. Der TL fragt: „Wie fühlt sich der Gegenstand in deinen Händen an? Fühlt er sich an allen Stellen gleich an oder gibt es Unterschiede? Wie schwer ist er? Gibt es eine Seite, auf der der Gegenstand mehr Gewicht hat als auf der anderen? Welche Geräusche kann der Gegenstand von sich geben? Wie riecht er? Riecht er überall gleich? Probiere aus, was du mit dem Gegenstand alles machen kannst, wie er sich dabei anfühlt und was er in dir auslöst! Wenn du dich im Raum bewegst, sei vorsichtig und achte auf die anderen, auch wenn du sie nicht siehst."

- „Wenn du glaubst, deinen Gegenstand hinreichend zu kennen, lege ihn wieder zur Seite und spüre seiner Beschaffenheit noch einmal nach, ohne ihn zu berühren. Erinnere dich, was dir gut an ihm gefallen hat und was du nicht so sehr mochtest. Öffne dann die Augen und komme wieder hier im Raum und in der Gruppe an."

Gestaltung mit dem Requisit

1. Sequenz

Raumgestaltung / Improvisation / Auswertung

- Der TL stellt im Bühnenraum zwei Stühle mit den Rückenlehnen in geringem Abstand aneinander und fordert die

Gruppe auf, die ausgewählten Requisiten um die Stühle herum zu arrangieren, aber so, dass man auf den Stühlen noch sitzen kann. *Für das Arrangement der Requisiten muss man der Gruppe Zeit geben. Erfahrungsgemäß wird immer wieder etwas verändert und neu aufgebaut. Jeder achtet zunächst besonders auf die Position des eigenen Objektes, doch schon nach kurzer Zeit geht es um das Gesamtbild.*

- Die Spieler begeben sich in den Zuschauerbereich und sehen sich „ihr Bühnenbild" erst einmal in Ruhe an. *Dieses zufällige Zusammentreffen der verschiedenen Gegenstände auf der Bühne könnte schon den Ausgangspunkt für ein selbst entwickeltes Stück abgeben.*

- Ein Spieler benennt zwei Gegenstände, die sich aus dem Gesamtbild herauslösen lassen. Die zu den Gegenständen gehörenden Spieler nehmen „ihr Requisit" in die Hand und setzen sich Rücken an Rücken in das „Bühnenbild". Sie erhalten die Aufgabe, eine Liebesszene zu entwickeln, in der das Requisit zum begehrten Objekt wird. Im Vordergrund steht der Bezug zum eigenen „Liebesobjekt". Dialogische Bezüge zum Spielpartner entstehen unwillkürlich und müssen nicht explizit gesucht werden.

- Spielregeln sind:
  1. Es wird von einem Spieler eine kleine Sequenz gesprochen bzw. gespielt, die mit einer klaren Immobilität beendet wird. Dann ist der Spielpartner im Rücken dran, der seinerseits mit einer Immobilität endet und damit dem Ersten das Signal zum Weiterspielen gibt.
  2. Die Bezeichnung des Objektes (z. B. Computertastatur, Nudelholz, Schneiderpuppe etc.) darf in dem Liebesmonolog nicht vorkommen.
  3. Es sind alle Bewegungen erlaubt, doch darf der Stuhl nicht verlassen werden und der Spielpartner im Rücken muss außerhalb des Gesichtsfeldes bleiben.
  4. Die Spieler sollen selbst ein Ende für diese Improvisation finden. *Falls dies nicht gelingt, kann der TL von außen die Improvisation beenden.*

Am Schluss der Szene werden die Spieler aufgefordert, sich innerlich von ihren Gegenständen zu verabschieden und sie erneut in das Bühnenbild einzubauen.

• Die Improvisation wird mit je zwei anderen Spielern wiederholt, so lange, bis alle Spieler und alle Requisiten ihre Szene hatten. Es ist möglich, nach den ersten Paaren die Aufgabenstellung dahingehend zu ändern, dass eine Hassszene gespielt werden soll. Eine weitere Variation wäre, die Szene mit einem Umschwung von Liebe zu Hass oder umgekehrt zu gestalten.

• Es kann nötig sein, die Spieler darauf hinzuweisen, dass zwar „kleinere Ausflüge" in allgemeine Liebesformeln erlaubt sind, dass sie aber immer wieder auf die konkrete Beschaffenheit des Gegenstandes und den sinnlichen Bezug dazu zurückkommen sollen. Man verhindert auf diese Weise allgemeine Leerformeln.

2. Sequenz

Besprechung untereinander / miteinander

Diese Improvisation kann in ihrem Charakter für viele Spieler so fremdartig sein (eine Liebesszene mit einem Gegenstand!), dass unbedingt danach gefragt werden sollte, wie die Spielenden sich während der Improvisation gefühlt haben, welche Schwierigkeiten aufgetreten sind und welche Entwicklungen und Überraschungen sich für sie und für die Zuschauenden ergeben haben. Es ist besonders wichtig, die Eigenwahrnehmung mit der Fremdwahrnehmung zu vergleichen. Die Szenen „funktionieren" nämlich fast immer, auch wenn die Spieler selbst sich an die Möglichkeiten dieser Improvisation erst herantasten müssen.

Es ist sinnvoll, auch über die Wirkung der sich mit jeder Szene leicht verändernden Bühne zu sprechen.

Reflexion

Fremdheit als ein zentrales Arbeitsprinzip

- Gegenstände, die den Jugendlichen möglicherweise aus dem Alltag gut bekannt sind, werden in dieser Probeneinheit neu und anders wahrgenommen und eingesetzt, was zu überraschenden Spiellösungen und Ausdrucksmöglichkeiten führt.
- Die Intensität der sinnlichen Wahrnehmung gehört in eine Liebes- oder Hassszene, der Gegenstand nicht. Die Absurdität der Aufgabe fordert extreme Ausdrucksformen, vielleicht sogar Tabubrüche heraus, die aber immer der Aufgabenstellung „angelastet" werden können. Man erreicht eine theatrale Überhöhung, die man mit Amateuren im Spiel mit einem Partner sonst nicht so leicht gewinnen würde.
- Es ist die Fremdheit der Aufgabenstellung, die Zuspitzungen und scheinbar abseitige Darstellungsformen provoziert, die sich für die zuschauenden Spieler aber mit Assoziationen verbinden und vielleicht sogar mit neuen Bedeutungen füllen lassen.
- Die Arbeit mit Requisiten eignet sich besonders gut für solche das Objekt und das Spiel verfremdenden Aufgabenstellungen, da das ungewöhnliche Experimentieren mit einem Gegenstand für Amateure leichter zugänglich ist als mit einem Spielpartner.
- Dennoch kann aus diesem Beispiel ein auf andere Probenbereiche übertragbares Arbeitsprinzip gewonnen werden: Schon die Aufgabenstellung für Improvisationen oder Gestaltungen soll gängige Wahrnehmungs- und (Selbst-) Darstellungsstrukturen aufbrechen und den Spielern Bekanntes fremd machen können, damit es neu oder in neuen Zusammenhängen wieder eingebracht werden kann.
- Es ist also auch auf Seiten der Theaterpädagogen Experimentierfreudigkeit und Mut angebracht, um die Spieler anzuregen und herauszufordern.
- Trotzdem sollte im Blickfeld bleiben, dass sehr fremdartige Aufgabenstellungen den Spielern viel abverlangen kann. Dabei etabliert aber gerade die Erfahrung, auch für solche

Arbeitsaufträge eine Lösung finden zu können, ein ver-
trauensvolles, offenes Klima und eine experimentelle
Spielfreude.

Einsatzmöglichkeiten und Wirkungsweise

* Die Einheit kann als Vorübung für eine Liebesszene dienen. Man kann zusammen mit der Gruppe auswählen und
  entscheiden, welche Teile der Improvisationen Eingang in
  eine Partnerszene finden könnten.
* Auch die nach direkten Übertragungsmöglichkeiten suchende Übersetzung in eine Partnerszene ist möglich. Hat
  zum Beispiel ein Spieler in seiner Liebeslust auf eine Ak-
  tentasche versucht, in diese hineinzukriechen, so kann
  sich dieses Element darin wiederfinden, dass er in Hosen-
  beine, Ärmellöcher, Jackentaschen und andere Kleidungs-
  öffnungen des Spielpartners zu kriechen sucht, um seinem
  Liebesobjekt so nahe wie möglich zu kommen. In einer
  solchen Übertragung bekommt das Spiel einen stark
  handlungs- und körperbezogenen Aspekt, obwohl die Vorübung sich auf einem Stuhl sitzend abspielt.
* Leicht modifiziert kann die Einheit auch in der Figurenerarbeitung[4] eingesetzt werden mit dem Ziel, ein persönli-
  ches Requisit für eine Figur zu finden. Die Auswahl des
  Requisits wird dann auf die Figur bezogen, die Aufgabenstellung gegebenenfalls auf eine Situation im Stück.
* Die Improvisation schult in hohem Maße die Aufmerksamkeit für andere Spieler auf der Bühne, auch wenn sie
  gerade nicht gesehen werden können. Die Spieler müssen
  wahrnehmen, wenn der Partner in ihrem Rücken eine
  Spielsequenz beendet und auch selbst das entsprechende
  Signal klar und deutlich aussenden. Sie verwirklichen ein
  Zusammenspiel unter interessanten, aber schwierigen Bedingungen.
* Das Spiel auf der Bühne erscheint für die jeweils zuschauenden Gruppenmitglieder wie ein Vexierbild: Nimmt man
  in einem Moment die Liebesszene zweier Personen mit ih-

4 Siehe Kapitel 3
   (Die Entwicklung
   theatraler Figuren
   als ein Zentrum
   theaterpädagogi-
   scher Projekte).

ren jeweiligen Objekten wahr, so verschiebt sich die Wahrnehmung im nächsten Moment hin zur dialogischen Ebene. Jetzt sind es auf einmal die Spieler, die man als Liebespartner sieht und die Gegenstände haben nur noch Stellvertreterfunktion. Hieran anknüpfend kann man in der Besprechung die Wahrnehmungsleistung des Publikums thematisieren und darauf hinweisen, dass eine Bedeutungsoffenheit im Spiel die Aufmerksamkeit fesseln und einen ganz eigenen Reiz entwickeln kann.

* Die Probeneinheit eignet sich zur einführenden Arbeit mit Requisiten. Sie macht exemplarisch deutlich, welche Spielmöglichkeiten Requisiten bieten. Durch die Art der Aufgabenstellung wird zudem klar, dass **alle** Gegenstände auf der Bühne dazu da sind, in das Spiel einbezogen zu werden. Grundprinzipien im Einsatz von Requisiten können an dieser Stelle erläutert werden.

* Der Gruppe wird eine wirkungsvolle Möglichkeit der Raumgestaltung mit einfachen Mitteln deutlich gemacht.

Variationen

* Selbstverständlich kann eine ähnlich geartete Improvisation auch von einem Spieler alleine geleistet werden. Dies ist sinnvoll, wenn sie als Vorbereitung für eine Szenenerarbeitung dienen soll.

* Die Spieler können ihr Requisit nach der Szene von der Bühne nehmen. Es ist dann möglich, im Anschluss an die Improvisationen darüber zu sprechen, welch unterschiedliche Wirkung ein eher zugepackter, überfrachteter Bereich auf der Bühne gegenüber einem zunehmend leeren Raum entfaltet.

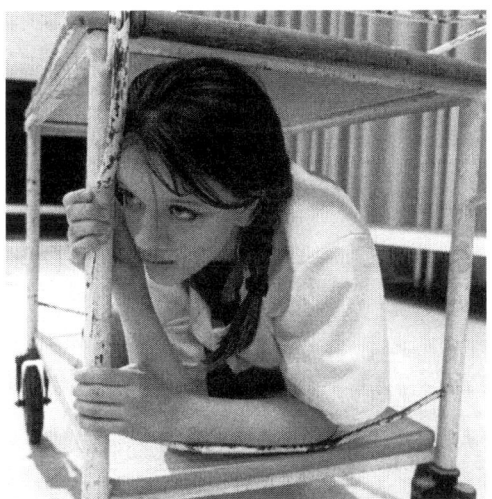

Probeneinheit

Requisit – Figur – Szene

Die nachfolgende Probeneinheit kann als Fortsetzung der vorangegangenen gesehen werden. In diesem Fall sollte die Auswahl der Requisiten möglichst verändert werden. Auf jeden Fall ist von jedem Spieler ein neues Requisit zu wählen. Die Einheit kann auch für sich alleine stehen.

Annäherung an das Requisit

1. Sequenz

Wahrnehmung der anderen Spieler / Einstimmung / Annäherung der Gesamtgruppe an die Requisiten

* Während die Requisiten an einer Stelle des Raumes ausgebreitet sind, geht die Gruppe durch den Raum. Die Requisiten sollen wahrgenommen werden wie Geschenke unter dem Weihnachtsbaum: „Ihr wisst, dass diese Geschenke da liegen, und ihre Anwesenheit löst in euch eine gewisse freudige Erwartung aus. Aber ihr möchtet nicht zu neugierig und auch nicht raffgierig erscheinen, indem ihr euch womöglich schon zur Unzeit heimlich etwas aussucht! Erst sind noch gewisse Vorbereitungen zu treffen. Da wir uns in einer Theatergruppe befinden, heißt das: Achtet aufeinander. Füllt beim Gehen den Raum gleichmäßig aus, findet ein gemeinsames Tempo und variiert es dann gemeinsam ohne Absprache. Aber vergesst bei alledem nicht die aufregende Anwesenheit dieser ‚Weihnachtsgeschenke'."
* „Geht immer mit einem inneren Ziel, das heißt in diesem Fall mit der Überlegung, wie könnte ich an diese Gegenstände herankommen? Findet jetzt einen gemeinsamen Stopp und schaut möglichst synchron mit einem ersten scheuen Blick auf die Requisiten. Geht wieder los und

wechselt zwischen Gehen und Stoppen mit synchronem Schauen. Verkleinert jetzt den Raum und nähert euch somit gemeinsam den Requisiten immer mehr an."

2. Sequenz

Auswahl eines Requisits / Erprobung seiner verschiedenen Möglichkeiten

- „Jetzt ist der ‚Weihnachtsabend' da. Ihr bleibt vor den Requisiten stehen, dürft sie anfassen und ausprobieren und euch dann eines aussuchen, das euch interessant erscheint. Bleibt bei dem einen, mit dem ihr weiterarbeiten möchtet."
- „Sucht euch einen Platz im Raum und probiert die verschiedenen Möglichkeiten und Funktionsweisen dieses Requisits aus. Sucht nach alltäglichen Funktionsweisen und nach solchen, die dem Requisit in seinem alltäglichen Gebrauch nicht unbedingt zukommen. Arbeitet auf den drei verschiedenen Ebenen des Raumes."[5]
- Nach einer ausgiebigen Experimentierphase, wenn sich abzeichnet, dass nichts Neues mehr gefunden wird, fordert der Theaterlehrer dazu auf, die Übung mit einer immobilen Endposition zu beenden.

5 Vgl. zu den Raumebenen die Handlungsbegriffe.

Assoziation und Erprobung einer Figur zu dem Objekt

1. Sequenz

Assoziationsräume eröffnen / Bewegungsqualitäten erforschen

- „Verbleibt in der immobilen Endposition und assoziiert eine Figur zu dem Requisit. Ihr könnt hierzu die Augen schließen oder in Blickkontakt mit dem Gegenstand bleiben. Nehmt wahr, ob es sich um eine Frau oder einen Mann handelt und welches Alter die Figur hat. Seht sie mit dem Requisit in seiner ursprünglichen oder einer anderen

Funktion in Bewegung vor euch. Seht euch genau an, wie die Figur sich mit dem Requisit bewegt."

- „Nehmt jetzt die Bewegung der Figur auf und fangt an, euch selbst entsprechend eurer Assoziationen im Raum zu bewegen. Benutzt das Objekt so wie die Figur in eurer Vorstellung."
- „Entwickelt eine Gangart und findet einen Rhythmus mit dem Objekt. Nehmt genau wahr, ob das Objekt der Figur einen Rhythmus gibt oder umgekehrt. Variiert das Tempo."
- „Probiert aus: Was macht die Figur mit dem Objekt – was macht das Objekt mit der Figur?"

2. Sequenz

Einen Raum installieren / die emotionale Bedeutung des Objektes klären

- „Nehmt wahr, in welchem Raum die Figur sich mit dem Requisit befindet und passt die Bewegungen der Figur diesem Raum an. Ist er geschlossen oder offen, groß oder klein, leer oder gefüllt? Macht die Beschaffenheit des Raumes durch eure Bewegungen deutlich."
- „Findet einen Platz in diesem Raum, an dem ihr das Requisit abstellen könnt. Begebt euch in einige Entfernung davon, schaut es euch an und macht euch klar, welchen emotionalen Bezug eure Figur zu diesem Gegenstand hat. Nähert euch dann wieder an und lasst in der Art eurer Annäherung den Bezug der Figur zu diesem Gegenstand sichtbar werden."
- „Nehmt den Gegenstand wieder auf und beginnt einen Tanz mit ihm, sobald die Musik eingespielt wird. Wechselt in eurem Tanz zwischen Bewegung und Immobilitäten. Wenn die Musik leiser wird, findet eine immobile Endposition."

Instrumentalmusik, die natürlich auch eine Stimmung vorgibt, ist hier besser geeignet als ein gesungener Text. Dieser brächte noch einen zusätzlichen inhaltlichen Input, der irritiert und nicht gewünscht ist.

Solo mit einem Requisit

Elemente aus dem Training für eine Szene nutzen / das Zusammenspiel zwischen Figur und Requisit gestalten

Aufgabenstellung

„Erarbeite eine kleine Bewegungssequenz zur Beziehung Requisit – Figur! Benutze dabei das Material, das du in der vorangegangenen Experimentierphase gefunden hast! Folgende Elemente sollen enthalten sein:

* Der Gegenstand in seiner alltäglichen Funktion für die Figur;
* der Gegenstand in einer nicht alltäglichen, abgewandelten, verfremdeten Funktion;
* der Gegenstand als Spiel- bzw. Tanzpartner;
* der Gegenstand in seiner emotionalen Bedeutung für die Figur,
* der zuvor installierte Ort.

Du kannst selbst entscheiden, ob in der Sequenz Text enthalten sein soll oder nicht und ob du Musik eingespielt haben möchtest."
Erarbeitungszeit 10 – 15 Minuten

Aufgrund der Komplexität der Aufgabe kann ein Aufgabenzettel mit dem obigen Text für die Spieler hilfreich sein .

Präsentation

Die Gruppe sitzt während der Präsentation im Halbkreis um die Spielfläche herum. Die Spieler haben ihr Requisit bei sich und verbleiben in ihrer Figur. Die Besprechung erfolgt im Anschluss an die Präsentation aller Szenen.[6]

6 Zum Modus der Besprechung vgl. die Handlungsbegriffe.

Probeneinheit

Requisit findet Requisit

Die nachfolgende Probeneinheit ist als Fortsetzung der vorangegangenen gedacht. Sie ist ohne diese nicht durchführbar,
denn es soll darum gehen, schon gefundenes Spielmaterial in
eine Szene einzubauen. Hat man eine längere Probenzeit am
Stück zur Verfügung, kann diese Einheit nach einer Pause direkt an die vorangegangene angeschlossen werden. Dies ist
besonders sinnvoll, wenn es schon um die Stückerarbeitung
geht.

Zusammenspiel von Requisiten und Figuren

1. Sequenz

*Wiederaufnahme von Bewegungsformen / freies Spiel mit schon
entwickelten Formen / Kontaktaufnahme*

- Jeder Spieler nimmt sich das Requisit, mit dem er schon
  während der letzten Probe gearbeitet hat, und sucht sich
  einen Platz im Raum.
- Der Theaterlehrer spielt eine Musik ein, die aber nicht die-
  selbe wie in der vorangegangenen Bewegungsimprovisation sein sollte. Die Spieler werden dazu aufgefordert, die
  vorab mit dem Requisit gefundene Bewegungssequenz zu
  wiederholen.
- In einem nächsten Schritt soll mit Elementen aus dieser
  Sequenz zunehmend freier gespielt werden. Dabei richtet
  sich die Aufmerksamkeit jetzt auch nach außen: Die im
  Spiel befindlichen Requisiten und die anderen Spieler werden wahrgenommen und in das eigene Spiel einbezogen.
  Es finden erste Begegnungen statt.

2. Sequenz

Auswahl eines Spielpartners über das Requisit / Integration schon entwickelter Ausdrucksformen in eine freie Bewegungsimprovisation

- Die Aufmerksamkeit liegt jetzt mehr und mehr auf den Requisiten: „Jedes Requisit sucht sich ein anderes Requisit für einen gemeinsamen Tanz.“
- Aus dem Tanz zu zweit wird ein Tanz zu viert: Neben den Requisiten kommen jetzt auch die Figuren ins Spiel.
- Der Theaterlehrer gibt nach und nach die folgenden Anweisungen, die sich in Reihenfolge und Schwerpunktsetzung nach dem richten, was sich im Bühnenraum gerade abspielt: „Baut in euren Tanz zu viert Bewegungssequenzen ein, die ihr zuvor mit euren Requisiten gefunden habt! Übernehmt Fragmente aus der Bewegungssequenz eures Partners und dessen Requisits! Baut Synchronitäten ein! Vergesst nicht Immobilitäten einzusetzen! Wechselt zu einem Spiel von Rede und Antwort! Lasst auch Solopassagen zu! Endet in einer gemeinsamen immobilen Endposition!“

Szenenentwicklung

Aufnahme einer Textsequenz als Impuls für eine Szene / Gestaltung einer Szene auf Basis von Bewegungs- und Improvisationsmaterial

Aufgabenstellung:

Mit dem zuvor gefundenen Spielpartner wird aus fünf kleinen Dialogen einer ausgewählt, der die Idee zu einer gemeinsamen Szene zwischen je zwei Figuren und zwei Requisiten liefern kann. In der Szene soll mit den Elementen aus der vorangegangen gemeinsamen Improvisation gearbeitet werden. Es liegt in der Entscheidung der Spieler, ob sie sich auf die ausgewählten Textpassagen beschränken oder zusätzlichen Text einbauen wollen. Sie können auch entscheiden, ob sie ihre Szene mit oder ohne Musik präsentieren wollen.

Vorschlag für die Textsequenzen:

1. „Hallo." – „Ja."
2. „So hat noch keiner mit mir gesprochen." – „So hat mir noch niemand zugehört."
3. „Wer eine Zahnprothese mit Radar und Spieluhr will, soll sie auch selber bezahlen." – „Jetzt ist Zeit für Abfahrtslauf, nicht für Slalom."
4. „Ist mir nahegegangen." – „Hat mir ferngelegen."
5. „Ihr Herz ist ja aus Stein." – „Ja, aber es schlägt nur für sie."[7]

7 Alle Textbeispiele, die z. T. aus lit. Texten (Heiner Müller) oder aus Politikerreden stammen, sind zu finden in: Heinrich Waegner: Theaterwerkstatt. Stuttgart 1994, S. 52

Reflexion

Vom gestaltenden Experimentieren zur Szene und zum Stück

- Die beiden aufeinander aufbauenden Probeneinheiten zu „Requisit – Figur – Szene" und zu „Requisit findet Requisit" enthalten im Ansatz viel von dem, was in jeder Szenen- und Stückerarbeitung benötigt wird. Sie eignen sich deshalb gut zur methodischen Vorbereitung; in der Reflexion der Ergebnisse und der Vorgehensweise können einer Gruppe grundlegende Arbeitsprinzipien verdeutlicht werden:
- Kreativität entfaltet sich in diesen Beispielen immer in der Auseinandersetzung mit einem Gegenüber (Requisit, Spielsequenzen, Partner). Es kann zu der für die Weiterarbeit wichtigen Erkenntnis kommen, dass die Auseinandersetzung mit einem **widerständigen Gegenüber** sich als besonders kreativ und lustvoll erweist.
- Die Probeneinheiten machen exemplarisch deutlich, wie im vorbereitenden Training gefundenes Spielmaterial Eingang in die Szenenerarbeitung finden kann. Dies ist nur möglich, wenn das Training schon formende Aspekte enthält und auf der spielerischen Ebene tatsächlich schon **nach einer Form gesucht wird**, die dann später wieder aufgegriffen werden kann.
- Bei den Einfällen zu einer Szene, müssen die Spieler nicht auf die Ad hoc Leistung ihrer Phantasie setzen, was gerade bei Amateuren zu Stresssituationen und entsprechenden Ausdrucksblockaden führen kann.
- Weiterführende Aufgaben, wie beispielsweise der Sprung von einer Soloszene zu einem Duo, von einer reinen Bewegungssequenz zu einer Szene mit Text, lassen sich leicht und spielerisch lösen, weil die in jeder Szene liegende Komplexität nach und nach an die Spieler herangetragen wird. Es ist immer schon Material da, auf dem aufgebaut und das weiterentwickelt werden kann.
- Die stufenweise, experimentierende Erarbeitung einer Szene bringt es mit sich, dass aus einem Überschuss an Gestaltungsideen ausgewählt werden kann und muss. Auch

in der Stückerarbeitung werden Ideen entwickelt, wieder verworfen, verändert, manchmal sogar eine ganze Szenen noch in der Aufführungsphase gestrichen. Die Bereitschaft, sich auf einen solchen Prozess einzulassen, ist um so größer, je klarer die Arbeitsweise von Anfang an vermittelt wird.

* Die Vorentscheidung, welche Ideen Eingang in die Szene finden, wird wiederum in einer Improvisation getroffen. Das heißt, die Brauchbarkeit des Materials wird **erprobt**, bevor die endgültige Entscheidung fällt.

* Gefundenes Spielmaterial in einen neuen Zusammenhang zu integrieren, beinhaltet immer ein Element von Modifikation. Die Probensequenzen zur Arbeit mit Requisiten stellen auch in dieser Hinsicht eine gute Vorübung zur Stückentwicklung mit einer Gruppe dar, da das Einfügen parzellierter Probenergebnisse in den Gesamtzusammenhang eines Stückes und die Arbeit an dem dramaturgischen Bogen einer Aufführung später genau diese Modifikationsleistung jedem einzelnen Spieler immer wieder abverlangt.

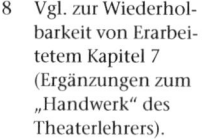

8   Vgl. zur Wiederholbarkeit von Erarbeitetem Kapitel 7 (Ergänzungen zum „Handwerk" des Theaterlehrers).

* Die Probensequenzen sind auch insofern eine gute Vorübung zur Stückerarbeitung, als Techniken des Erinnerns und Wiederholens geübt werden. Es kann an dieser Stelle schon einmal thematisiert werden, dass jeder einzelne Spieler und eine Gruppe als Ganzes in der Stückerarbeitung Notationsformen entwickeln müssen, damit Gestaltungsentscheidungen später wieder rekonstruiert werden können.[8]

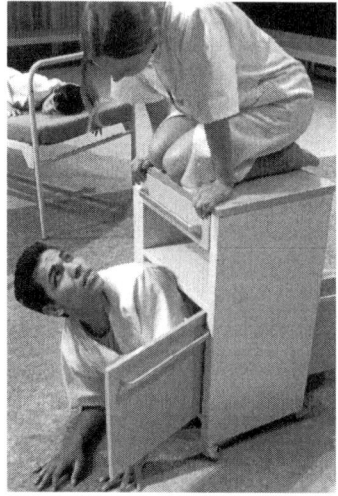

Wirkungsweisen und Einsatzmöglichkeiten des Requisits

- Variationsreich ins Spiel gebracht, beginnen die Objekte zu leben. Eine prall gefüllte Luftmatratze kann zum störrischen Gegenspieler werden, ein totes Felltier zum verständnisvollen Gesprächspartner. Es gibt Phasen, in denen der Spieler – ähnlich wie ein Puppenspieler – hinter seinem Requisit zurücktritt, andere, in denen er dominiert, und solche der völligen Gleichwertigkeit. Dieses Changieren zeigt die Intensität eines Spieles, das nie leer und selten äußerlich wird, weil für den Spieler immer ein klarer Bezugs- und Aufmerksamkeitspunkt auf der Bühne gegeben ist.
- Die Requisiten sind nicht nur Ideengeber, sie forcieren durch ihre Materialbeschaffenheit, durch Größe oder Kleinheit, Starrheit oder Beweglichkeit und andere dem Gegenstand innewohnende Eigenschaften beim Spieler zudem einen ungewohnten Körpereinsatz und oftmals neue Bewegungsqualitäten und –rhythmen.
- Im Zusammenspiel mehrerer Spieler und Requisiten wird das Repertoire dann noch einmal durch die fast immer stattfindende Übernahme fremder Bewegungsqualitäten erweitert.
- In selbst entwickelten Stücken können Requisiten zur Basis der Szenenfindung gemacht werden.
- In der Umsetzung literarischer Vorlagen sind Requisiten eine reichhaltige Grundlage zur Szenengestaltung. Auch hier kann das Requisit als Improvisationsmaterial dienen, das später wegfällt. Es kann aber auch in verschiedenen Funktionen von Hand zu Hand gehen, Figuren oder Figurengruppen miteinander verbinden, gegeneinander abgrenzen oder ein völliges Eigenleben führen.
- Spielfragmente mit Requisiten, auf denen Szenen aufbauen, können in abgewandelter Form mehrmals auftauchen. Dies löst beim Zuschauer einen Wiedererkennungseffekt aus und das Spiel erhält eine erkennbare innere Struktur.

- Spielfragmente erzählen jeweils anderes, wenn sie in verschiedenen Zusammenhängen und Bezügen eingesetzt werden. Nicht nur die Spieler haben in der Anwendung und Modifikation ihres Materials die Chance, immer Neues zu entdecken, sondern auch die Zuschauenden.
- Die Arbeit mit Requisiten kann Teil der Figurenentwicklung sein. Das Requisit kann später weggelassen werden oder auch als ständiger Begleiter der Figur auftauchen. Möglich ist ebenso, dass es nur einmal als unkommentierte Auflösung einer Eigenart dieser Figur auf der Bühne erscheint.
- Die Requisiten eröffnen für den Zuschauer (wie auch für die Spielenden selbst) einen Assoziationsraum rund um eine Figur, die so ganz schnell an Plastizität gewinnt.
- Requisiten können auf einfache Weise Bühnenräume entstehen lassen: Verschiedene Kaffeetassen und Kannen können beispielsweise zum Mitspieler werden und gleichzeitig den Rahmen eines Cafés abstecken.
- Requisiten können immer auch als raumschaffendes oder -strukturierendes Element eingesetzt werden. Stühle oder größere Objekte, die bereits dem Bühnenbild zuzuordnen sind, können durch eine entsprechende Spielweise in der Funktion von Requisiten auftreten. Wenn beide Möglichkeiten im Spiel realisiert sind, wird der äußere Aufwand reduziert, das Spiel aber trotz – oder gerade wegen diese Reduktion – vielfältig und abwechslungsreich.
- Ebenso wie Spieler nie „leer", d.h. ohne zumindest innere Aufgabe, auf der Bühne stehen sollten, sollten auch Gegenstände im Spiel oder zumindest im Bewusstsein der Figuren bleiben. Der umfassende Einsatz eines Requisits ist um so eher gewährleistet, je sparsamer die Ausstattung insgesamt ist.

Requisiten in der theaterpädagogischen Inszenierung –

Ideengeber, Spielpartner, Raumgestalter

Ein besonderer Requisitenreichtum findet sich im naturalistischen Theater: Die Umstände, in denen Menschen leben, sollen so wirklichkeitsgetreu wie möglich dargestellt werden. Entsprechend dient jeder einzelne Gegenstand auf der Bühne dem Darstellungsziel der Genauigkeit in der Wirklichkeitserfassung.

Aber je intensiver innerhalb der Wissenschaften und Künste des 20. Jahrhunderts die Möglichkeit zu eindeutiger, allgemeingültiger Wirklichkeitserfassung in Frage gestellt wird, desto freier und experimenteller wird der Umgang mit der den Menschen umgebenden Dingwelt auch auf der Bühne. (In diesem Sinne lässt sich der zunehmende Einsatz moderner Medien als Reflexion verschiedener Wirklichkeitsebenen oder – je nach Standpunkt – als Reflexion eines Wirklichkeitsverlustes deuten.)

Für das Amateurtheater ist wesentlich, dass die auch dort zu beobachtende Neigung zu abstrakten Bühnenbildern mit zumeist sparsamer Ausstattung die Bedeutung jedes einzelnen ins Spiel gebrachten Gegenstandes erhöht und Requisiten als Dekorationsgegenstände deplaziert und unbrauchbar erscheinen lässt. Jerzy Grotowski hat für sein Theaterlaboratorium ein Spielprinzip entwickelt, das für das Amateurtheater richtungsweisend sein kann: „Eine bestimmte Anzahl von Menschen und Gegenständen ist im Theater versammelt. Sie müssen genügen, um mit jeder Situation des Stücks umzugehen. Es gibt kein ‚Bühnenbild' im üblichen Sinne des Wortes. Es ist auf die Gegenstände reduziert worden, die für die Handlung unerlässlich sind. Jeder muss beitragen, nicht zur Aussage, sondern zur Dynamik des Stücks; sein Wert liegt in seinen verschiedenen Verwendungsmöglichkeiten."[9] Benutzt man Requisiten, mit denen Geräusche und Rhythmen erzeugt werden können, so ist es möglich, auf von außen eingespielte Bühnenmusik ganz oder partiell zu verzichten.

Solche Grundprinzipien legen den Schwerpunkt auf das Spiel mit Gegenständen, nicht auf eine reichhaltige, womöglich

9 Jerzy Grotowski: Für ein Armes Theater. Berlin 1994, S.81

statische Ausstattung, die von Amateuren kaum vollständig „bespielt" werden kann. Es bestände die Gefahr, dass sie in einem solchen Bühnenbild selber als deplazierte Gegenstände erscheinen. Requisiten jedoch, mit denen in vielfältiger Weise gespielt wird, erhöhen die Präsenz und erweitern die theatralen Ausdrucksformen, denn sie werden belebt, beseelt und „eingemeindet".

Doch wie so vieles andere auch stellt die Reduktion im Bereich von Requisiten und Bühne eine Grundlinie zur Orientierung dar, kein Dogma. Es gibt eine Inszenierung des lettischen Regisseurs Alvis Hermanis mit dem Neuen Rigaer Theater, die in der Spielzeit 2004 / 2005 an verschiedenen europäischen Orten gezeigt wurde und die zu anders gerichteten Ideen im Umgang mit Requisiten auch im Amateurtheater inspirieren kann. Die Inszenierung, „Long life" genannt, versammelt fünf junge Schauspieler, die alte Menschen in der letzten Phase ihres Lebens spielen, inmitten all der Gegenstände, die sich im Laufe ihres Lebens angesammelt haben – mit den dazu gehörenden Gewohnheiten im Gebrauch. Die Schauspieler machten im Gespräch[10] anschaulich deutlich, wie wichtig die Annäherung an die ihre Schauspielkunst extrem fordernden Rollen und an das Thema „Das lange Leben" (deutscher Titel) über diese Gegenstände war. Alles, was im Stück auf der Bühne versammelt ist, stammt tatsächlich aus dem Besitz alter Menschen. Zu einigen Gegenständen vermittelten die Schauspieler Situationen und berichteten von Gesprächen mit ihren vormaligen Besitzern. Im Theater verbreitete sich ausgehend von dem Bühnenbild der Geruch, der so typisch ist für Gegenstände und Menschen mit einer langen Geschichte.

Auch wenn Amateure eine derart grenzüberschreitende Annäherung nicht leisten können, so sind „Fundsachen", an die sich wohlmöglich komplexe Geschichten und Begegnungen knüpfen, ein wunderbares Mittel nicht nur zur ersten Auseinandersetzung mit einer Thematik oder künstlerischen Aufgabe. Und selbst die **Anhäufung** von Gegenständen auf der Bühne kann **im Einzelfall** Sinn machen: Vielleicht ist es gerade die Deplaziertheit von Figuren, die ausgestellt werden soll. Oder es wird mit Orientierungslosigkeit gespielt, beispielsweise inmitten von Konsumgütern und Wohlstandsmüll.

10 Das Gespräch wurde unter der Moderation von Julia Naunin geführt im Berliner Hebbel am Ufer (HAU) am 13. 2. 05 im Rahmen des von mir initiierten Projektes „Blind date theater", das junge Menschen mit verschiedenen Theaterkonzeptionen vertraut machen soll.

Abschlussplädoyer für den Einsatz von Requisiten im Amateurtheater

Die Einsatzmöglichkeiten des Requisits sind breit gestreut: Es kann zum Mit- wie auch zum Gegenspieler werden; es stellt für den Spieler einen Bezugspunkt auf der Bühne dar, enthält Anregungspotential für Übungen und Improvisationen, kann den Spielraum strukturieren und zum Bühnenbild werden.

Als Medium und „Ausdrucksmaterial" steht dem professionellen Schauspieler wie auch dem Amateur zunächst einmal nichts anderes zur Verfügung als der eigene Körper. Das bedeutet Chance und Schwierigkeit zugleich. An den eigenen Körper gebundene Ausdrucksformen haben ganz unmittelbar mit dem Spielenden selbst zu tun, weshalb das Theaterspielen den einzelnen Menschen sehr direkt berühren, angehen und bereichern kann. Dabei werden Hürden, die genommen werden müssen, Schwierigkeiten und Blockaden, die in der Suche nach einem künstlerischen Ausdruck entstehen können, für den einzelnen und die Gruppe, in der er spielt, sichtbar. Solche Blockaden kann man zu umgehen suchen, man kann die Reibungspunkte aber auch zulassen und das in ihnen liegende Potential nutzen um weiterzukommen und neue Ausdrucksformen zu entdecken. In diesem Prozess übernehmen Requisiten eine besondere Schutzfunktion, denn das Spiel mit Requisiten eröffnet zahlreiche Möglichkeiten, um mit dem eigenen Körper, **der nun nicht mehr ganz alleine auf sich gestellt ist**, ins Spiel zu kommen.

Wenn der Spieler die Aufgabe erhält, den äußeren oder inneren Bezug zu seinem Objekt nicht zu verlieren, steht er zudem auf der Bühne nie „leer", d. h. ohne irgendeine Motivation. Dies führt zu einem konzentrierteren Spiel, wobei es sogar einmal möglich ist, sich als Teil der Rollengestaltung an einem Requisit „festzuhalten".

Für die Improvisationen werden Gegenstände ausgewählt, die dem einzelnen Spieler eine besondere Anregung geben können, sei es durch sinnliche Qualitäten wie Form, Farbe, Material oder im Gebrauch durch Funktionsweisen und deren Variationsmöglichkeiten. Oft erhält der Gegenstand auch erste Ideen zur Rhythmi-

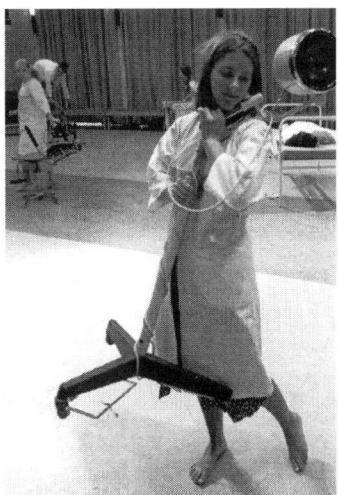

sierung. Die Qualität dieser ersten Anregung durch das Objekt, in der oft schon eine gestalterische Komponente sichtbar wird, muss vom Theaterlehrer erkannt, in weiterführenden Aufgabenstellungen aufgegriffen und ggf. zugespitzt werden. Sind aus dem Experimentieren mit Requisiten Darstellungssequenzen entwickelt worden, kann zusätzliches Material – beispielsweise ein Text – in das Spiel integriert werden. So ist es möglich, nach und nach zu einer Szene zu gelangen, die aus einem neuen und freien, durch Improvisationsaufgaben aber strukturierten Umgang mit Objekten entstanden ist. Unter Schwerpunktsetzung auf **ein theatrales Gestaltungsmittel** wird die Basis zur Szenenerarbeitung geschaffen. Hierauf aufbauend können weitere Darstellungsebenen integriert werden, so dass die Szene an Komplexität gewinnt, ohne dass für die Darsteller, den anleitenden Theaterlehrer und später die Zuschauer die Struktur und der Gestaltungsschwerpunkt einer Szene verloren gehen.

Mit jeder Improvisation entsteht ein imaginärer Raum, in dem sich das Geschehen in der Vorstellung der Spieler und der Zuschauer manifestiert. Man könnte zugespitzt formulieren, das Theater bestehe überhaupt nur darin, imaginäre Räume zu schaffen, die die Reflexionsebenen von Wirklichkeit wie auch die Gegenentwürfe sinnfällig werden lassen. Theaterräume geben also nicht nur eine Folie ab, auf der sich die Handlungen der Figuren lokalisieren, sondern der bewusst geschaffene imaginäre Theaterraum deutet auch das Leben und die Lebensmöglichkeiten der Figuren, die sich im ständigen Dialog mit ihm befinden.

Nicht umsonst ist es Teil fast jeder Improvisationsaufgabe, den Handlungsort zu bestimmen und zu verdeutlichen. Requisiten sind eine Mittel, Räume auch unter schwierigen äußeren Arbeitsbedingungen schnell und wirkungsvoll entstehen zu lassen. Damit entspricht ihr Einsatz in besonderer Weise den Bedingungen des Amateurtheaters, weil hier meist wenig Zeit, wenig Geld, keine Bühnenbildner und keine Werkstätten zur Verfügung stehen.

So kann ein Gesangbuch in einer Schulaula die Aura einer Kirche hervorrufen, eine Fahrradklingel einen je nach Art des Gebrauchs mehr oder weniger hektischen Außenraum herstellen. Über die Verdeutlichung des Raumes hinaus zeigt das Requisit das Spezifische der Kommunikation einer Figur mit ihrer Außenwelt.

Raumerfahrung und Gestaltung von Bühnenräumen

Fünftes Kapitel

Raumerfahrung und Gestaltung von Bühnenräumen

Wenn in der Überschrift die Begriffe Raum und Bühne gleichwertig nebeneinandergestellt werden, so entspricht dies der Vielfältigkeit in der Raum- und Bühnengestaltung auf dem Theater insbesondere der letzten 30 Jahre. Die traditionelle Guckkastenbühne ist schon lange nur noch eine Möglichkeit neben vielen anderen. Das Verhältnis von Zuschauern und Spielern kann immer wieder neu definiert werden. Insbesondere im Bereich der Performance Art wird mit der Wirkung eines vorgefundenen Raumes als Mitspieler experimentiert.

All diese Entwicklungen stellen für die Theaterpädagogik eine enorme Chance dar, da hier die Bedingungen in vielerlei Hinsicht dazu zwingen, für jede Aufführung **eine neue, projektadäquate Lösung** zu finden. Unter der Voraussetzung eines experimentierfreudigen und aufgeschlossenen Umfeldes innerhalb einer Institution kann dies als Möglichkeit und künstlerische Herausforderung begriffen werden.

Amateurtheater entsteht in der niemals routinierten, unter Anleitung des Theaterlehrers zunächst tastenden, dann immer mutigeren experimentellen Auseinandersetzung der Spieler mit dem Material, das eine Theateraufführung ausmacht, mit dem Körper und seinen Ausdrucksmöglichkeiten inklusive der Stimme, mit Texten, Kostümen und Räumen. Und dies zumeist in einer Umgebung, die keine Theaterräume im herkömmlichen Sinne anzubieten hat. Also müssen **und können** die unterschiedlichsten Räume neu entdeckt und bespielt werden![1]

Bezogen auf das Stückverständnis, die ästhetische Dimension einer Aufführung und die Kommunikation mit dem Publikum sind die jeweils gefundenen Raumlösungen richtungsweisend für eine Inszenierung. Grundsätzliche Überlegungen zur Raum- und Bühnengestaltung gehören deshalb in die Anfangsphase einer Inszenierung, **auch im Amateurtheater**. Den Spielern muss eine breite Palette möglicher Raum- und

1   Welche verschiedenen Möglichkeiten es gibt, den Raum zum Ausgangspunkt von Projekten zu machen, kann im Rahmen der vorliegenden Veröffentlichung nicht umfassend dargelegt werden. Hierzu müsste intensiv auf einzelne Inszenierungen eingegangen werden. Im Schlussteil des Kapitels werden aber zumindest einige Beispiele genannt, die Mut zu eigenen Erprobungen machen sollen!

Bühnenlösungen oftmals erst vermittelt werden. Aus diesem Grund nehmen Reflexions- und Gesprächsphasen in den Arbeitsvorschlägen zu diesem Kapitel einen vergleichsweise breiten Raum ein.

Probeneinheit
Raumwahrnehmung und Bühnenerprobung

Für diese erste heranführende Einheit braucht man nichts anderes als einen Raum mit einer leeren Spielfläche in der Mitte und ein Seil, mit dem man diese Fläche deutlich sichtbar unterteilen kann.

Raumwahrnehmung

1. Sequenz

Körperliche und mentale Raumwahrnehmung / Entwicklung neuer Sichtweisen auf einen Raum[2]

* Die Spieler gehen durch den Raum mit der Aufmerksamkeit auf den eigenen Körper gerichtet. Der Theaterlehrer lenkt den Fokus auf die persönliche Empfindung zum Raum: „Wie fühlt ihr euch in diesem Raum? Welche Erinnerungen verbindet ihr mit diesem Raum? Was löst er in euch aus? Habt ihr eine spezielle Geschichte mit diesem Raum? Gibt es Teile in diesem Raum, die euch an eine bestimmte Situation erinnern?"
* „Geht jetzt durch den Raum mit einer besonderen Aufmerksamkeit für seine Details. Sucht Einzelheiten im Raum, die ihr bisher nicht wahrgenommen habt. Schaut euch diese Details genau an und nehmt die Assoziationen wahr, die sie in euch auslösen."

2 . Die hier vorgestellten einführenden Übungen weisen Parallelen auf zur Probeneineinheit „Figurenentwicklung anhand einer allseitig bekannten Grundsituation" in Kapitel 3, doch sind der Schwierigkeitsgrad und die Schwerpunktsetzung anders. Es ist durchaus sinnvoll, ähnlich strukturierte Übungen zu wiederholen und ihnen damit die Funktion von Etüden zuzuschreiben. In der Wiederholung werden Veränderung und Entwicklung erfahr- und sichtbar.

- „Wenn es möglich ist, dann fasst diese neu wahrgenommenen Einzelheiten auch an und erforscht, wie sie sich anfühlen. Zur Entdeckung könnt ihr alle Sinne und alle möglichen Körperteile einsetzen. Spürt, welche Empfindungen der Kontakt oder die Ansicht in euch auslösen. Dabei könnt ihr euch auf allen drei Raumebenen bewegen. Nehmt wahr, wie veränderte Blickrichtungen auch euren Bezug zum Raum verändern."
- „Beginnt jetzt, das Raumumfeld eines Details ausgehend von diesem Punkt neu wahrzunehmen. Es ist jetzt das Detail und das mit ihm verbundene Empfinden, das im Zentrum steht. Alles andere gruppiert sich dazu, ergänzt."
- „Geht jetzt erneut durch den Raum und lasst die verschiedenen Details, die ihr erforscht habt, eure Raumwahrnehmung leiten."

2. Sequenz

Entwicklung eines persönlichen Raumbezuges / Wahrnehmung der anderen Spieler

- „Lockert euch beim Gehen, indem ihr verschiedene Körperteile ausschüttelt. Lasst dabei auch Töne zu. Kommt dann in einen neutralen Gang. Nehmt die Farben wahr, die dieser Raum enthält, und die Stimmung, die sie in euch auslösen."
- „Welche neue Farbe würdet ihr diesem Raum gerne geben? Wechselt mehrmals die Farbvorstellung und die emotionalen Bilder, die sich damit verbinden. Entschließt euch dann zu einer Farbe."
- „Stellt euch jetzt vor, dort, wo Tiere ihren Schwanz haben, habt ihr einen Pinsel. Mit diesem Pinsel beginnt ihr, den Raum entsprechend eures Farbwunsches neu auszumalen. Haltet mehrmals inne und schaut euch an, was ihr schon geschafft habt und wie die neue Farbe im Raum sich anfühlt."
- „Vergesst nicht die Ecken und Decken und kleinsten Winkel des Raumes und vor allem nicht die Raumdetails, die ihr vorhin erforscht habt! Malt diese besonders sorgfältig in der neuen Farbe an."

- „Wenn ihr fertig seid, geht erneut quer durch den Raum. Nehmt dabei die neue Farbe wahr und spürt, was für ein Gefühl sie in euch auslöst. Lasst dieses Gefühl eure Gangart bestimmen. Nehmt wahr, welches Tempo und welcher Rhythmus zu dieser Stimmung passt und verwirklicht beides in eurem Gang."
- „Ausgehend von eurer persönlichen Stimmung in diesem neu gestalteten Raum beginnt ihr, die anderen Spieler wahrzunehmen."
- „Geht zu einer Stelle im Raum, zu der ihr einen besonderen Bezug gewonnen habt, und beendet die Übung dort mit einer immobilen Abschlussposition."
- Wenn alle Spieler eine Position gefunden haben, fordert der TL sie dazu auf, den ganzen Raum mit den anderen Spielern aus dem Augenwickel so weit wie möglich wahrzunehmen und dieses Bild auf sich wirken zu lassen.

Bühnenerprobung

1. Sequenz

Installierung einer abgegrenzten Spielfläche / großer Raum – kleiner Raum / Zusammenspiel im Raum

Während die Spieler sich noch in der immobilen Position befinden, teilt der TL die Spielfläche, indem er ein Seil quer durch den Raum legt.

- Der TL gibt folgende Aufgabe: „Wenn ihr jetzt gleich losgeht, nehmt ihr die Stimmung, die ihr in diesem Raum gefunden habt, mit dem dazugehörigen Rhythmus und Gang wieder auf. Jetzt aber ist die Spielfläche in zwei Bereiche geteilt. Geht bewusst von einem Bereich in den anderen, nehmt wahr, ob die beiden Teilbereiche Gleiches in euch auslösen oder ob es Unterschiede gibt. Wie ist es, das Seil zu überschreiten?"
- „Findet euch jetzt ohne Absprachen in einem der beiden Teilbereiche zusammen, der andere Teil bleibt leer. Ihr geht weiter in eurem Rhythmus, seid jetzt aber bereit,

euch auch anderen Rhythmen anzupassen. Findet euch zu zweit oder in Gruppen zusammen, findet in einen gemeinsamen Rhythmus, geht zusammen, löst es nach einer Weile wieder auf, findet in euren eigenen Rhythmus zurück und formiert euch dann neu. Baut immer zwischendurch Immobilitäten ein, die ihr dazu nutzt, den anderen zuzuschauen. Bleibt dabei präsent, imaginiert Zuschauer dort, wo ich stehe."

- „Der Raum, in dem ihr euch befindet, ist ziemlich eng. Nehmt wahr, welche Gefühle dieser begrenzte Raum in euch auslöst: Ist es angenehm, so nah an den Spielpartnern dran zu sein, löst es ein Gefühl von Sicherheit und Geborgenheit aus, oder fühlt ihr euch bedrängt?"

- „Ganz vereinzelt betretet ihr, alleine oder in eurer Rhythmusgruppe, den anderen Teilbereich der Spielfläche, wählt einen kürzeren oder längeren Weg durch diesen leeren Raum und kehrt zu den anderen zurück. Die Gruppe reagiert darauf, wenn der leere Raum betreten wird. Alle spielen noch immer mit den Elementen von Gehen und Zuschauen." Der TL beendet die Übung von außen mit der Aufforderung, eine immobile Endposition zu finden.

2. Sequenz

Improvisation

Der TL teilt die Gruppe in zwei Hälften, Spieler und Zuschauer, und gibt folgenden Hinweis: Ein Teil des Raumes ist der Zuschauerbereich, der andere die Bühne. Die Zuschauer setzen sich auf den Boden, die Spieler nehmen an einem Ort ihrer Wahl eine Position auf einer der drei Ebenen im Spielbereich ein. Der TL gibt den Hinweis, dass für immobile Positionen besonders die Stellen im Raum genutzt werden können, zu denen die Spieler im Training eine besondere Beziehung aufgebaut haben. Die Aufgabenstellung lautet: „Improvisiert frei im Bereich der abgegrenzten Spielfläche mit den Elementen Zuschauen und Gehen. Gehen könnt ihr alleine, zu zweit oder mehreren, dabei soll immer ein klarer Rhythmus erkennbar sein. Löst Konstellationen immer wieder auf

und findet neue! Immobilitäten sollen mindestens fünf Sekunden gehalten werden."
Nach der Improvisation tauschen die Gruppen ihre Rollen.
Die zweite Gruppe erhält die gleiche Aufgabe mit einer Veränderung: „Es ist jetzt auch erlaubt, die Spielfläche einzeln oder
in einer kleinen Untergruppe zu verlassen und sich in den Zuschauerbereich zu begeben. Setzt diese Möglichkeit aber ganz
sparsam ein und denkt daran, dass ihr im Spiel bleibt, auch
wenn ihr euch im Zuschauerraum befindet!"

Besprechung

Die Probeneinheit enthält viele Aufforderungen zur Raumwahrnehmung und zur Beobachtung einfacher Spielvorgänge
im Raum, in dem mit ebenfalls einfachen Mitteln die Voraussetzungen zu theatraler Kommunikation geschaffen werden.
Durch die Reduktion wird der Fokus auf Wirkungsweisen des
Raumes, der Raumnutzung und auf grundlegende Faktoren in
der Kommunikation zwischen Zuschauern und Spielern gerichtet. Der Gruppe sollte die Möglichkeit gegeben werden,
ihre Wahrnehmungen auszutauschen und zu reflektieren. Ein
solches Gespräch kann für spätere Erarbeitungsphasen richtungsweisend werden und hilft, Spielregeln zu entwickeln
und deren strukturierende Funktion klarzustellen.
Im Anschluss an eine solche eigene Raumerfahrung und deren Reflexion bietet es sich an, die Auseinandersetzung auszu-
weiten. Zur Raumwahrnehmung kann man Äußerungen von
Theaterschaffenden heranziehen, die vom TL in ihrem
theaterhistorischen Zusammenhang erläutert werden.

Beispiele möglicher „Raum-Zitate" zur Besprechung
mit einer Gruppe

„Nie in meinem Leben habe ich je meinen Fuß auf eine Bühne gesetzt, ohne an ihre Magie (…) zu denken."
Ruth St. Denis[3]

3   Zitiert nach:
Doris Humphrey:
Die Kunst,
Tänze zu machen.
Wilhelmshaven
1985, S. 101

„Ich kann jeden leeren Raum nehmen und ihn eine nackte Bühne nennen. Ein Mann geht durch den Raum, während ihm ein anderer zusieht; das ist alles, was zur Theaterhandlung notwendig ist."

„Wir haben (…) endlich gemerkt, dass das Fehlen einer Szenerie im elisabethanischen Theater eine seiner größten Freiheiten war."

„Die elisabethanische Bühne war (…) ein neutrales offenes Podium – nichts als eine Fläche mit ein paar Türen – und es gab dadurch dem Dramatiker die Möglichkeit, den Zuschauer mühelos durch eine unbegrenzte Folge von Illusionen zu jagen, die, wenn er es wollte, die ganze physische Welt beinhalteten."

Peter Brook[4]

4   Alle Zitate aus Peter Brook: Der leere Raum. Berlin 1988

„Wesentliches Anliegen ist es, für jeden Typ Aufführung die ihm eigene Zuschauer-Schauspieler-Beziehung zu finden und dieser Entscheidung durch körperliche Anordnung Gestalt zu geben."

Jerzy Grotowski[5]

5   Jerzy Grotowski: Für ein armes Theater. Berlin 1994, S. 20

„Das Abbilden von Realität interessiert mich nicht, mich interessieren leichte Veränderungen des Gegebenen, die plötzlich ganz viel bedeuten können und einen Hinweis darauf geben, dass die Bühne eben nicht echt, sondern eine andere Welt ist. Verdi hat gesagt: ‚Man muss die Realität erfinden.' Letztendlich macht man das mit jedem Stück, man erfindet mit jedem Stück eine Welt."

Anna Viebrock[6]

6   Anna Viebrock: Bühnen /Räume. Berlin 2000, o. Seitenangaben

Reflexion
Die Besonderheit des Theaterraumes

* Die Probeneinheiten aller Kapitel haben die Besonderheit
  des Theaterraumes zum Thema, in dem sich eine eigene
  Wirklichkeit mit eigenen Gesetzmäßigkeiten etabliert. Das
  Verhältnis zu der außerhalb des Theaterraumes liegenden
  Wirklichkeit wird durch gestalterische Entscheidungen
  immer wieder neu bestimmt.
* In dem Prozess der Etablierung einer eigenen theatralen
  Wirklichkeit kommen dem Proben- sowie dem eigentlichen Theaterraum eine besondere Bedeutung zu. Sinnfällig wird dies, wenn man von den hier üblicherweise feh-
  lenden Fenstern, einer Verdunkelung des Zuschauerrau-
  mes (von dem aus während der Proben das Regieteam
  agiert) und dem durch das Bühnenlicht zentrierten Blick
  auf die je eigene künstlerische Wirklichkeit ausgeht.
* Doch gerade auch theaterkünstlerische Aktionen in Räumen, die sonst andere Nutzungen erfahren (besonders im
  Bereich der Performance-Art), spielen mit dem Blick auf
  Realität und loten ihn aus: „Die P-Künste waren modell-
  bildend für die verstärkte Hinwendung des postdramatischen Theaters zur ungesicherten Sphäre des augenblicks-
  bezogenen Ereignisses, zum Realen. In diesem Prozess verschiebt sich die referentielle Funktion des Theaters stärker
  in Richtung auf Performativität und Selbstreflexivität. Sein
  von der Ästhetik des Ununterscheidbaren geprägtes Spiel
  zwischen ‚inszeniertem' Konstrukt und ‚realer' Kontigui-
  tät, Repräsentation und Präsenz verunsichert traditionelle
  Rezeptionsweisen. Da ‚die **Art der Situation** über die Si-
  gnifikanz von Handlungen entscheidet' (Hans-Thies Lehmann) muss der Zuschauer seine eigenen Wahrneh-
  mungspositionen entwickeln."[7]
* Egal, ob theaterpädagogische Inszenierungen von einem
  eher traditionellen Theaterverständnis ausgehen oder Elemente der Performance Art aufgreifen und im Sinne eines
  theaterpädagogischen Prozesses modifizieren, muss die
  Besonderheit des Arbeitsraumes, der sowieso oft genug
  kein spezieller Theaterraum ist, durch den Umgang mit

7   Wörterbuch der
    Theaterpädagogik.
    Hg. von Gerd Koch
    und Marianne
    Streisand. Berlin,
    Milow 2003, S.221

ihm und durch die in ihm stattfindenden Prozesse deutlich hervorgehoben werden. Dies trägt zur Verwirklichung neuer Perspektiven bei.

8   Vgl. hierzu das Stich-
     wort „Trainings-
     kleidung" in den
     Handlungsbegriffen.

- Hierzu gehören solch einfache Dinge wie eine „Arbeitskleidung", die nur hier getragen wird.[8] Straßenschuhe haben keinen Platz in diesem Raum. Der Probenbereich muss frei bleiben von privaten Dingen. Essen und Trinken findet woanders statt. Noch entscheidender als diese Arbeitsregeln ist aber die Qualität der Probenprozesse: Sie müssen immer wieder auf den künstlerischen und **dadurch besonderen** Charakter der Arbeit und des Raumes verweisen.

- Die vorgestellte Probeneinheit geht von einer ganz einfachen Bühnenstruktur aus und betont gerade dadurch die Eigengesetzlichkeit des Theaterraumes: Entscheidend ist, dass der Raum nicht durch einen hohen äußeren Aufwand zum Theaterraum wird, sondern sich praktisch ausschließlich durch die Gruppe selbst etablieren kann. Dabei spielen – ebenso wie in hoch komplexen professionellen Aufführungen zuweilen auch – Konzentration im Spiel, einfache, aber rhythmisch gestaltete Bewegungen und die Spieler – Zuschauer – Konstellation die zentrale Rolle.

- Beeindruckend ist, in welch hohem Maße für gewöhnlich Elemente aus dem vorbereitenden Training in die Improvisation eingehen, wie z.B. neue Blickrichtungen im Raum, dessen Erforschung mit verschiedenen Körperteilen, daraus entwickelte Positionen und Bezüge zum Raum, rhythmische Gestaltung und der Wechsel zwischen Einzel- und Zusammenspiel.

- Durch die auf Erprobung neuer Sicht- und Wahrnehmungsweisen gerichtete Vorbereitung wird bereits eine Verdichtung von Wirklichkeit erreicht; die Improvisationen überraschen durch Elemente des Grotesken und Skurrilen. Auch eine theaterunerfahrene Gruppe spürt sofort die Wirkungskraft dieses Spieles innerhalb eines so etablierten Raumes.

- Die Beschäftigung mit Grundpositionen theaterschaffender Menschen ist an dieser Stelle besonders sinnvoll, da sie an eigene Gestaltungserfahrungen anknüpft, diese in einen größeren Zusammenhang stellt und sie nutz- und erinnerbar für spätere Inszenierungsentscheidungen macht.

Probeneinheit

Mit Bühnenpositionen experimentieren

Bewegung im Raum

1. Sequenz

Ankommen / aufwärmen / Bühnenpräsenz entwickeln

- Die Gruppe steht im Kreis mit so viel Abstand zwischen den einzelnen Spielern, dass alle sich frei bewegen können. Es werden Hinweise zum festen Stand gegeben: „Die Füße stehen hüftbreit auseinander und parallel, das Gewicht wird gleichmäßig auf die Fußsohlen verteilt. Die Knie sind nicht ganz durchgedrückt; die Beine werden so ausbalanciert, dass wenig Muskelkraft zum Stehen benötigt wird. Die Wirbelsäule ist aufgerichtet, das Becken hängt seinem Gewicht nach nach unten, ist weder nach vorne noch nach hinten gekippt. Der Oberkörper ist geöffnet, die Schulterblätter bewegen sich ein wenig aufeinander zu, wobei aber die Schultern nicht hochgezogen werden. Der Hinterkopf strebt nach oben zur Decke. Der Blick ist horizontal gerichtet. Der Körper ist präsent und jederzeit bereit loszugehen."
- „Löst die Position auf, lasst den Oberkörper nach vorne fallen und schüttelt ihn aus. Wenn ich klatsche, bleibt ihr in der momentanen Position immobil. Macht den Körper bereit, aus dieser Position heraus loszugehen. Spürt die damit verbundene muskuläre Veränderung. Löst es auf, schüttelt den Körper wieder aus, kommt dabei ganz langsam nach oben." Es folgt ein mehrmaliger Wechsel von Auslockerung und Stopps.
- „Geht jetzt durch den Raum, haltet dabei Abstand voneinander und bleibt ganz bei euch selbst. Nehmt Elemente aus dem Stehen mit in den Gang: Die Knie werden nie vollständig durchgedrückt, die Wirbelsäule ist aufgerich-

tet, das Becken stabil, die Schultern sind nicht hochgezogen und der Blick ist horizontal gerichtet."

- „Geht mit der Vorstellung, dass sich in eurem Blickfeld der Horizont befindet, auf den ihr zugeht. Hinter euch liegt eure Lieblingslandschaft. Stellt sie euch genau vor: ihr Aussehen, ihre Gerüche. Diese Landschaft in euerem Rücken hält euch fest, während ihr langsam und stetig auf den Horizont zugeht, der euch gleichzeitig magisch anzieht. Geht mit der Vorstellung, dass sich an euren Beckenknochen zwei zusätzliche Augen befinden, die ebenfalls den Horizont sehen können."
- „Nehmt die hohe Konzentration und Präsenz in eurem Gang wahr, während ihr geht. Obwohl ihr eine klare innere Richtung habt, könntet ihr jederzeit auf einen Impuls von außen reagieren. Achtet darauf, dass keine Muskelpartie eures Körpers verkrampft."
- „Stoppt und lockert noch einmal durch Ausschütteln den ganzen Körper."

2. Sequenz

Gruppenwahrnehmung

- „Beginnt jetzt ganz locker durch den Raum zu laufen, erhöht das Tempo so weit, dass ihr zum Rennen kommt. Es ist ein leichtes, lockeres, nicht sehr schnelles Rennen, das Gewicht liegt auf den Fußballen und ihr kommt möglichst ohne Geräusche auf dem Boden auf. Noch immer habt ihr diesen Horizont vor Augen, und ihr werdet immer leichter, schwebender, während ihr auf ihn zulauft."
- „Nehmt die anderen in der Gruppe gut wahr, lasst Platz zwischen euch, berührt euch nicht. Lauft mit der Vorstellung ein Vogelschwarm zu sein: Eine Berührung wäre tödlich, sie hätte einen Absturz zur Folge."
- „Bleibt bei dieser Vorstellung, wenn ihr jetzt beginnt, den Raum, auf dem sich dieser Vogelschwarm bewegt, immer kleiner werden zu lassen. Es darf zu keinen Unfällen kommen; der Vogelschwarm wird durch eine unsichtbare Hand dirigiert. Bewegt euch nicht nur am Rand der Gruppe, sondern lauft immer durch die Mitte!"

- „Macht den Raum noch kleiner, der Vogelschwarm hat sich der Erde angenähert, leichte Berührungen sind jetzt nicht mehr tödlich. Und ihr verkleinert den Raum noch mehr und noch mehr, solange, bis keine Bewegung mehr möglich ist."
- „Endet in einer immobilen Position, schließt einen Moment die Augen, lasst eueren Atem langsam zur Ruhe kommen, indem ihr tief in das Becken einatmet und mit einem leisen Seufzer den Atem wieder nach außen fließen lasst.
- Genießt es, dass die anderen so dicht stehen und ihr nicht ganz alleine eurer Gewicht tragen müsst. Verändert eventuell geringfügig eure Position, sodass ihr tatsächlich Gewicht abgeben könnt. Seid auch selbst bereit, Gewicht aufzunehmen."

3. Sequenz

Improvisierende Erprobung von Bewegung und Konstellationen im Raum

Die Gruppe wird geteilt, eine Hälfte begibt sich in den Zuschauerbereich, die andere bleibt im Bühnenraum.

1. Gruppe

- Die Spieler stehen auf der Bühne mit wenig Abstand voneinander in beliebiger Konstellation mit frei gewählten Blickrichtungen. Sie erhalten die Aufgabe, die Augen zu schließen und sich langsam und behutsam rückwärts zu bewegen. Dabei soll Körperkontakt gesucht werden. Kommt es zu einer Berührung, erfolgt ein kurzer Stopp, der andere wird wahrgenommen, wobei die Augen geschlossen bleiben sollen. Dann bewegt sich das Zweiergrüppchen weiter, bis es zu einer neuen Begegnung kommt. Ziel ist, dass die ganze Gruppe zusammenfindet.

* Gegen Ende der Übung kann der TL, falls nötig, durch vorsichtiges Dirigieren einzelner Spieler oder Grüppchen eingreifen und die Gruppe zusammenführen. Haben alle miteinander Körperkontakt, wird die Gruppe aufgefordert, eine Immobilität einzunehmen und die Positionen noch so zu variieren, dass jeder Spieler Gewicht abgeben und aufnehmen kann, ohne dabei den eigenen festen Stand zu verlieren. Der Kopf wird mit einbezogen.

* Der TL gibt folgende weiterführende Aufgabe: „Bleibt noch so, hört die folgende Aufgabe erst an. Wenn ich Musik einspiele, öffnet ihr die Augen, ohne die gemeinsame Position aufzulösen. Zunächst ganz langsam und behutsam beginnt ihr euch als Gruppe im Raum zu bewegen, ohne den Körperkontakt zu verlieren. Wenn ihr merkt, dass ihr Sicherheit in der gemeinsamen Bewegung erlangt habt, könnt ihr euer Tempo variieren und gemeinsam sogar verschiedene Ebenen des Raumes bespielen."

* „Jetzt beginnt ihr die Übung zu erweitern: Ein Spieler löst sich, bewegt sich alleine im Raum, ohne aber die innere Beziehung zu der Gruppe zu verlieren, kehrt zu ihr zurück und dockt sich wieder an. Ein anderer Spieler isoliert sich und kehrt zurück."

* „Spielt nach und nach immer freier mit dieser Form, variiert dabei Tempi und Ebenen."

* „Findet eine Endposition!"

2. Gruppe

* Beginn und Verlauf der Improvisation sind gleich wie bei der ersten Gruppe. Doch dürfen sich jetzt bis zu zwei Spieler aus der Gruppe lösen, die mal einzeln, mal zusammen agieren können. Auch hier sollen die Spieler aber immer wieder in die Großgruppe zurückkehren oder von ihr zurückgeholt werden sodass neue Spieler ausscheren können. Man kann der Improvisation auch ein Thema geben „Individualität und Gruppenzwang".

* Eine weitere Spezifizierung der Aufgabenstellung soll bewirken, dass zuvor Beobachtetes produktiv genutzt wird. Der TL gibt die Anweisung: „Bemüht euch schon während

der Improvisation auf Raumpositionen zu achten und auf dadurch herzustellende Bezüge zwischen den Spielern bzw. Spielgruppen und dem Raum sowie dem Publikum. Erinnert euch dabei an das, was ihr gesehen habt: Was hat funktioniert, was eher nicht?"

- Zur Erinnerung: „Nehmt Impulse eurer Mitspieler auf, setzt aber auch selbst Impulse."

4. Sequenz

Reflexion

Erst im Anschluss an die Improvisation beider Gruppen findet eine ausführliche Besprechung statt. Dabei soll der Darstellung der jeweiligen Zuschauerwahrnehmung besonders viel Raum gegeben werden. Die Reflexionsphase muss deutlich machen, wodurch Spannung entsteht, welche Geschichten, Hierarchien, Figuren, Stilisierung allein durch die Art der Raumnutzung entstehen.

Erprobung von Bühnenpositionen

Dieser Teil der Probeneinheit kann auch im Rahmen einer nächsten Probenzusammenkunft durchgeführt werden. Das ist besonders dann sinnvoll, wenn die Reflexionsphasen in einer Gruppe fruchtbar und ausgiebig sind.

1. Sequenz

Bewusste Wahrnehmung der Wirkungsweise von Bühnenpositionen

Während der ganzen nächsten Probensequenz sitzt die Gruppe im Zuschauerbereich und wechselnde einzelne Spieler nehmen verschiedene Positionen auf der Bühne ein, deren Wirkung gemeinsam besprochen wird.

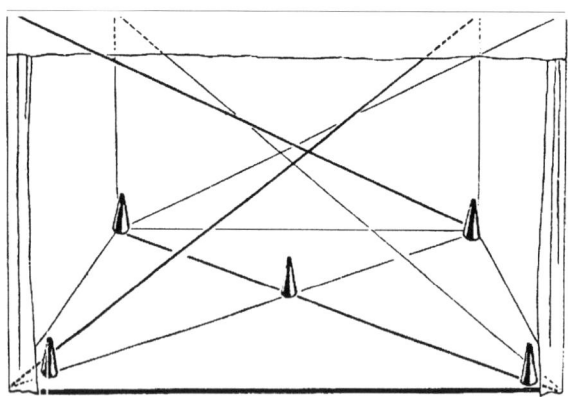

9   Doris Humphrey:
    Die Kunst,
    Tänze zu machen.
    Wilhelmshaven
    1985, S.103 und 11

Doris Humphreys „Die Kunst, Tänze zu machen" wurden die
nachfolgenden Skizzen entnommen, die für die Besprechung
eine wertvolle Hilfe sein können.[9]

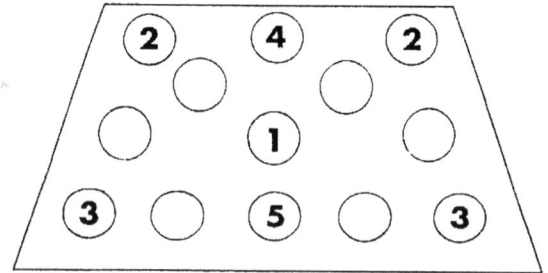

Erkenntnisse aus dem Tanzbereich zur Wirkung von Raumpositionen sind durch die Abstraktheit der Bühnensprache
besonders aussagekräftig. Allerdings sollen die Gruppenmitglieder zunächst einmal selbst assoziieren. Der TL kann
dann noch weiterführende Hinweise geben, die sich an
Humphrey anlehnen.[10]

10 Vgl. ebd. S. 101-114

• Ein Spieler steht nacheinander auf allen vier Eckpunkten
  der Bühne. Die Zuschauenden äußern sich zur Wirkungsweise dieser Bühnenpositionen. Folgende ergänzende Hinweise durch den TL sind möglich: Die hinteren Eckpunkte
  verleihen einer dort stehenden Gestalt Bedeutung, die
  durch die Distanz zum Publikum noch erhöht wird. Viele

Raumlinien laufen auf diesen Punkt zu, was Stärke ver-
leiht. Es kann aber auch ausdrücken, dass die Figur im
Zentrum von Konflikten steht. Auf den vorderen
Eckpunkten dominiert das Persönliche, eine dort stehende
Figur ist jemand ,wie du und ich'. Macht oder einen
Symbolcharakter verleiht diese Position nicht.

- Ein Spieler geht von hinten nach vorne in einem langsamen Tempo über die Diagonale und benutzt dabei den im
Training erarbeiteten Gang (Bewegung im Raum, 1. Sequenz). Die gemeinsame Auswertung kann durch folgende
Hinweise ergänzt werden: Nach den ersten Schritten aus
der hinteren Bühnenecke heraus verliert diese Position
ihre die Figur stärkende Kraft. Es wird Aufbruch, Risiko-
freudigkeit signalisiert. Kurz vor der Mitte ist ein kritischer
Punkt erreicht: Die geschützte Position ist preisgegeben,
die Bühnenmitte mit ihrem zentralen Kraftfeld, das die Figur stabilisiert und trägt, ist noch nicht erreicht. Zwischen
Mitte und Bühnenrand gibt es für die Figur keinen kriti-
schen Punkt, da das neue Kraftfeld so nah ist. Auf dem
Gang vom hinteren zum vorderen Bühnenrand findet die
Verwandlung einer fremden, abstrakten Figur hin zu einer
den Zuschauer auch innerlich berührenden statt, zu der
ein persönlicher Kontakt aufgebaut werden kann.

- Zur Verdeutlichung kann ein Spieler dazu aufgefordert
werden, an jeweils unterschiedlichen Stellen auf diesem
Bühnengang zusammenzubrechen. In der hinteren
Bühnenecke ist der Zusammenbruch fern, unpersönlich,
gleicht einem sich verkriechenden Tier. Zwischen hinte-
rem Rand und der Mitte wirkt er wie ein Ausdruck von
Verzweiflung, macht aber durch die Ferne nicht sehr be-
troffen. In der Mitte wirkt der Zusammenbruch tragisch,
heroisch. Zwischen Mitte und vorderem Rand löst er Mit-
gefühl aus, am vorderen Eckpunkt erscheint er für den Zuschauer fast unerträglich, weil die Figur am Ziel angekommen ist und es doch nicht erreicht.

- Ein Spieler geht auf der Diagonalen von vorne nach hinten. Die Gestalt wird, da sie dem Zuschauer den Rücken
zukehrt, schnell schwächer in ihrer Wirkung. Geht sie
rückwärts auf die hintere Bühnenecke zu, ist die Wirkung
eher komisch.

* Ein Spieler geht von der hinteren Bühnenmitte auf der geraden Linie nach vorne. In der Mitte gewinnt die Figur
  eine Ausstrahlung, die sich beim Zugehen auf die Rampe
  rasch wieder verliert.

Den Skizzen und dem Experimentieren mit Positionen ist zu
entnehmen, dass eine traditionelle Bühne über sieben starke
und sechs vergleichsweise schwache Felder verfügt. Sie haben
besonders im Tanz einen hohen Stellenwert, sind aber für
jede Präsentation wichtig. Mit Bühnenpositionen muss also
immer bewusst umgegangen werden.
Je weniger gefüllt ein Bühnenraum ist, desto stärker können
die Positionen ihre Kraft entfalten. Eine besondere Ausstrahlung hat die Bühnenmitte, die aber nicht überstrapaziert werden darf, sonst wird sie leb- und bedeutungslos. Auch die Positionen für Auf- und Abgänge müssen bewusst gewählt werden.

Zur Vorbereitung der nächsten Probeneinheit:

Die folgende Probeneinheit führt die Erprobung von Bühnenpositionen auf einer anderen Ebene weiter. Es ist sinnvoll, die
hierfür benutzten Texte vorab zu verteilen und möglichst
neutral (ohne Rücksicht auf Satzzeichen und Betonungen)
lernen zu lassen.

Probeneinheit

Text und Raumpositionen

In dieser Probeneinheit wird mit Kombinationsmöglichkeiten von Text und Raumpositionen gespielt. Sie kann zur Grundlage für den bewussten Umgang mit dem leeren Raum werden.
Die Texte sind bereits vorher gleichmäßig auf die Spieler der Gruppe verteilt worden.
Es wird davon ausgegangen, dass die Texte neutral gelernt wurden.
Wird eine Textpassage aus einem Projekt benutzt, so kann eine solche Einheit Teil der Szenenerarbeitung sein. Die Ergebnisse bilden eine Basis für die Weiterarbeit.

Textbeispiele für die Probeneinheit:

„– Ruhe … schlafen … keine Geschichten mehr … keine Worte mehr … nicht aufgeben … es ist die richtige … es ist soweit … beinahe … ich bin soweit … irgendwie … ich hab' ihn erfasst … ihn nicht mehr aufgeben … ihm folgen … bis zum Ende … los … diesmal … ist es das richtige … enden … schlafen … los –"

Samuel Beckett, Cascando[11]

11 Samuel Beckett: Dramatische Dichtung in drei Sprachen. Frankfurt/M. 1981, S. 345 / 346

„Ich fache das Feuer an, und dann trample ich es wieder aus, ganz wie ich will. Trotzdem kann ich auch ein nettes Gesicht aufsetzen und von dem Kuchen abbeißen, den ich aber nicht zu teilen gedenke. Ich kann geziert auftreten, man kann mich überall vorzeigen, obwohl ich ursprünglich aus einfachsten Verhältnissen stamme. Ich weiche nicht von der Seite meines mir vorbestimmten Opfers."

Elfriede Jelinek, Ein Sportstück[12]

12 Elfriede Jelinek: Ein Sportstück. Reinbek bei Hamburg 1999, S. 81

13 Robert Musil:
Die Schwärmer.
Reinbek bei Ham-
burg 1982, S. 86

„Ich kann dich nicht so lassen. Ich soll von diesem Tisch fort-
gehen und dich allein lassen? Ich möchte dir noch den Tee
einschenken … Die Wäsche auszählen … ich weiß nicht was,
nichts, nichts ist da. Verzeihst du mir?"

Robert Musil, Die Schwärmer[13]

Spiel mit dem Text

1. Sequenz

*Sprechen mit einem Ziel, einer Gerichtetheit / ein Gefühl für zu
überwindende Distanzen entwickeln*

* Die Spieler gehen durch den Raum, auf ein akustisches Signal von außen hin stoppt die Gruppe und jeder Spieler
  nimmt zu einem anderen Blickkontakt auf. Der TL fordert
  dazu auf, sich ruhig auch Spieler zu suchen, die weit entfernt stehen. Mehrmals wiederholen.
* Die Übung wird genauso weitergeführt, doch jetzt begrüßen sich die Paare untereinander mit einer beliebigen Be-
  grüßungsfloskel. Der TL gibt folgenden Hinweis: „Achtet
  darauf, dass ihr mit eurer Begrüßung den jeweiligen Mitspieler auch wirklich erreicht. Richtet nicht nur euren
  Blick, sondern auch eure Stimme auf dieses möglicherweise weit entferne Ziel."
* „Unterlegt jetzt eurer Begrüßung verschiedene emotionale
  Stimmungen." Der TL gibt nacheinander vor: Erstaunen,
  Freude, Verzweiflung, Gleichgültigkeit. *Die Vorgaben können variiert werden je nachdem, welche Stimmungen in einer
  Szene relevant sind.*
* „Beginnt beim nächsten Stopp eurem Partner etwas von
  euerem gestrigen Tag zu erzählen. Ihr seid mehrere Paare,
  achtet darauf, dass nicht alle gleichzeitig reden. Wenn ich
  klatsche, geht ihr wieder los, auch wenn nicht alle zu Wort
  gekommen sind."
* Die Übung wird wiederholt mit einer Begebenheit vom
  vorletzten Tag, letzten Sonntag oder ähnlichem. *Im Verlauf
  der Übung sollten alle Spieler wenigstens einmal drangekom-
  men sein. Man kann die Gruppe auffordern, hierauf selbst zu*

*achten. Sicher muss man zwischendurch darauf hinweisen,
dass die Lautstärke entsprechend der jeweils zu überwindenden
Entfernung variiert werden muss.*

2. Sequenz

*Den gelernten Text erinnern / Möglichkeiten der Unabhängigkeit
von Text und Bewegung erproben / frei mit dem Text experimentieren / Variationsmöglichkeiten wahrnehmen*

* Die Spieler verteilen sich gleichmäßig im Raum. Die Augen werden geschlossen, der Stand mit Hilfe einiger Hinweise des Theaterlehrers kontrolliert (hüftbreiter Stand der
  Füße, aufgerichtete Wirbelsäule, lockere Schultern, geöff-
  neter Brustbereich, lockere Arme und entspannte Hände).
* Die Spieler werden dazu aufgefordert, ihre Textsequenz innerlich so zu wiederholen, wie sie sie gelernt haben, das
  heißt, ohne Betonungen, ohne Kommata und Punkte.
  Wenn sie am Ende angelangt sind, so beginnen sie wieder
  von vorne. Wenn sie an einer Stelle nicht weiterkommen,
  wiederholen sie die Textsequenz einfach nur bis dahin, wo
  sie sie beherrschen.
* Die Spieler beginnen jetzt erneut durch den Raum zu gehen und sprechen dabei weiterhin innerlich ihren Text.
* Sie werden dann dazu aufgefordert, den Text schrittweise zu
  äußern. Zunächst, indem sie die Lippen bewegen, dann den
  Text leise vor sich hin sprechen, nach und nach lauter werden und deutlicher in ihrer Artikulation. Je lauter sie werden, desto mehr sollen sie auf die Gerichtetheit der Stimme
  achten. Sie können sich dafür beim Gehen immer wechselnde andere Spieler denken, an die sie den Text richten,
  ohne dass an dieser Stelle schon ein Zusammenspiel zustande kommen soll.
* Die Spieler bleiben beim neutralen
  Sprechen ihres Textes, doch soll die
  Gruppe jetzt ein gemeinsames Gehtempo finden, dieses dann variieren,
  auch Stopps einbauen sowie in glei-
  chem Tempo auf den Boden gehen und
  wieder hochkommen. Der TL gibt folgenden Hinweis: „Versucht, Sprache

und Bewegung möglichst unabhängig voneinander zu halten. Wenn euer Gehtempo beispielsweise schneller wird, behaltet das Sprechtempo bei. Sicher wird diese Unabhängigkeit nicht immer zu erreichen sein, bemüht euch aber darum und nehmt wahr, an welchen Stellen eurer Sprechen beeinflusst wird oder sogar zu stocken beginnt."

- „Stellt euch jetzt in zwei Reihen gegenüber, so dass jeder Spieler einen Partner hat: Begrüßt euch jeweils paarweise, spielt dabei verschiedene Emotionen durch, beschränkt euch aber textlich auf die gelernten Sequenzen. Spielt ganz frei damit. Stopps müssen nicht am Ende eines Satzes liegen, Tempi können variiert werden etc."

Erarbeitung des Textes und Platzierung im Bühnenraum

1. Sequenz

Nach individuellen Deutungsmöglichkeiten der Texte suchen

14 Diese Art der Textbearbeitung stellt einen Kompromiss dar, wie er nur in Ausnahmefällen (hier, weil das Schwergewicht noch immer auf den Bühnenpositionen liegt) zu rechtfertigen ist: Es soll von konventionellen Betonungsmustern abgewichen werden (neutrales Textlernen und Experimentieren mit Ausdruck). In der Zuordnung der Emotionen sind Klischees dann aber doch nicht vollständig ausgeschlossen. Zur intensiveren Texterarbeitung vgl. Kapitel 6 (Textarbeit).

- Die Spieler werden dazu aufgefordert, sich das Textblatt vorzunehmen, sich so zu verteilen, dass sie ungestört arbeiten können, und nun Pausen, Variationen der Lautstärke und der Tempi sowie dem Text zu unterlegende Emotionen auszuprobieren und festzulegen. Der TL sollte auf die im Training erprobten, z.T. überraschenden und von den alltäglichen Konventionen abweichenden Möglichkeiten hinweisen.[14] Die Spieler bekommen knapp 10 Minuten Zeit, dann erhalten sie eine weiterführende Aufgabe.
- Während der Erarbeitung geht der TL von Spieler zu Spieler um festzustellen, wie sie mit der Aufgabe zurechtkommen, gegebenenfalls unterstützende Hinweise zu geben und zu sehen, ob die Arbeitszeit richtig kalkuliert war. Die weiterführenden Arbeitshinweise können dann individuell gegeben werden.
- Gegen Ende der Arbeitszeit erhält jeder Spieler einen zusätzlichen Aufgabenzettel, der seinen Weg auf einer Linie im Bühnenraum vorgibt. Auf dieser Linie soll der Text ver-

teilt bzw. platziert werden, wobei der Spieler innerhalb dieses Rahmens jede Freiheit erhält: Er kann überall Stopps einbauen, vorwärts oder rückwärts laufen, das Gehtempo variieren, den Text in der Immobilität oder in der Bewegung sprechen, ihn auf verschiedene Punkte der Linie verteilen oder im Zusammenhang an einem Ort sprechen und was sonst noch an Variationen möglich ist. Die vorher erarbeiteten Sprechpausen, Betonungen, Lautstärken und Emotionen sollen beibehalten werden.

Folgende Strecken im Raum werden auf Aufgabenzetteln notiert, die nach dem Zufallsprinzip verteilt werden:

- Sich von der hinteren Bühnenmitte auf der Geraden nach vorne zum Bühnenrand bewegen;
- sich von der vorderen Bühnenmitte auf der Geraden zum hinteren Bühnenrand bewegen;
- sich von einer der vorderen Ecken auf der Diagonalen zur gegenüberliegenden hinteren Bühnenecke bewegen;
- sich von einer der hinteren Bühnenecken auf der Diagonalen zur gegenüberliegenden vorderen Bühnenecke bewegen;
- sich von einer der hinteren Bühnenecken über die vordere Bühnenmitte zur gegenüberliegenden vorderen Ecke bewegen;
- sich von einer der vorderen Bühnenecken über die vordere Bühnenmitte zur gegenüberliegenden hinteren Ecke bewegen;
- sich mit bewussten gewählten Wegen und Positionierungen im Raum bewegen.

Präsentation und Besprechung

Es ist sinnvoll, verschiedene Darstellungsformen zu einem Text, die sich aus der je individuellen Textarbeit und den verschiedenen Raumaufgaben auf jeden Fall ergeben, nacheinander zu zeigen. Es wird deutlich, in welch hohem Maße die Wirkung eines gesprochenen Textes von der Positionierung und Verteilung im Raum abhängt. Ein und derselbe Text können komplett unterschiedliche Wirkungen entfalten.

Reflexion und Exkurs

Von der Notwendigkeit, sich anregen zu lassen

- Den Ausgangspunkt für die Experimente mit Positionen und Gängen im leeren Bühnenraum bilden Erfahrungen und Erkenntnisse aus einem benachbarten Kunstbereich, dem Tanz.
- In der Anschauung und der praktischen Auseinandersetzung mit Humphreys Positionen können eigene, eventuell abweichende oder erweiternde Einschätzungen gewonnen werden.
- Der allgemeinen Erprobung folgt die Anwendung im Rahmen einer kleinen Szene. Als neues Material kommen Texte hinzu. Die Kombination von vorgegebenem Weg und kurzem, dabei komplexem Text fügt dem Spiel mit Bühnenpositionen eine neue Ebene hinzu: Sie ist Voraussetzung für die eigentliche Modifikation, die es **jedem** Darsteller ermöglicht, neue, überraschende Bedeutungsebenen zu erschaffen.
- Erfahrungsgemäß erhöht sich der Ideenreichtum der Spieler, je konkreter die Bewegungsvorgaben im Raum sind. (Die Ergebnisse aus der eher allgemein gehaltenen Aufgabenstellung „sich mit bewussten gewählten Wegen und Positionierungen im Raum bewegen", sind zumeist am wenigsten interessant.)
- Als gestalterische Anregung dient also eine enge Struktur, die dazu herausfordert, sich innerhalb der Vorgabe – das heißt in diesem Fall auf dem festgelegten Weg – ein Höchstmaß an gestalterischer Freiheit zu nehmen. Ein Spieler kann so zu Deutungsmöglichkeiten vorstoßen, die außerhalb seiner bisherigen Erfahrungswelt und seiner Reflexionsmöglichkeiten liegen.

Exkurs

Zur Beschäftigung mit Raumlösungen im professionellen Theater

Zur Heranführung theaterspielender Jugendlicher an die Kunstform Theater gehört die Begegnung mit aktuellen Inszenierungen. Solche Begegnungen können – nicht nur im Bereich der Raumnutzung und -gestaltung – das kreative Potential einer Gruppe entfalten, schon indem deutlich wird, wie vielfältig künstlerische Lösungen sein können.

Nach einer einführenden Phase zur Raumwahrnehmung und dem ersten Nachdenken darüber, welche Möglichkeiten der eigene Aufführungsraum bieten kann, erscheint eine gemeinsame Beschäftigung mit professionellen Bühnenbildern und Spielräumen anhand von entsprechendem Bildmaterial[15] – das heißt Betrachtung, Herausarbeitung der Grundidee und der Gestaltungsmittel, Reflexion der Wirkungsweise und Gedanken zur Modifikationen – äußerst sinnvoll.

Nur auf den ersten Blick mag eine solche Beschäftigung riskant erscheinen. Dass die Voraussetzungen und Möglichkeiten im Amateurtheater ganz andere sind, ist sowieso offensichtlich. Auch kann vermittelt werden, dass jedes Stück, jeder Raum, jedes Spiel und auch jede Gruppe ihre eigene Bühnenlösung braucht und es deshalb sowieso niemals um die einfache Übernahme anderswo entwickelter Raumideen gehen kann. Zudem wird in dem hier dargelegten theaterpädagogischen Ansatz davon ausgegangen, dass das Stück sich in einem Montageverfahren entwickelt, welches das für das professionelle Theater typische Zusammenwirken verschiedener Künste für den Amateurbereich vereinfacht und modifiziert. In einem solchen Montageverfahren, das sich im Rahmen eines künstlerischen Gruppenprozess realisiert, entsteht sowieso immer Neues und Eigenes.

Das vorliegende Buch zeigt verschiedene Möglichkeiten auf, sich einem theaterpädagogischen Projekt zu nähern. Welchen Weg der jeweilige Theaterlehrer wählt, hängt sicher auch vom eigenen kreativen Potential ab. Tendiert man eher zu bildlich-raumbezogenem Denken und Assoziieren, wird man den Ansatzpunkt für ein Projekt eher in der Raumgestaltung suchen.

15 Zu finden sind sie in Theaterzeitschriften oder auch in Veröffentlichungen zur Arbeit einzelner Bühnenbildner, die man im Fachhandel erhält.

Doch ist diese von so grundlegender Bedeutung für eine Aufführung, dass sich die intensive Beschäftigung mit der Geschichte der Bühnenformen und aktuellen theatralen Raum-
gestaltungen für den Theaterlehrer immer lohnt.

Raum und Bühne in der theaterpädagogischen Inszenierung –

Entscheidungsfaktor für die Stückdeutung und die Kommunikationssituation

Vorbereitet durch die Ideen der Theaterreformer Adolphe
Appia, Edward Gordon Craig und Antonin Artaud, die bereits
von der Notwendigkeit einer radikalen Veränderung des
Theaterraumes überzeugt waren, ist seit den 70er Jahren des
20. Jahrhunderts eine Entwicklung eingetreten, die dem Bühnenbild einen ganz eigenen Stellenwert innerhalb der
Theaterkünste zuweist. Bühnenbildner sind heute nicht länger Zuarbeiter für Inszenierungen oder Illustratoren für Text
und Handlung, sondern schaffen im Kontext von Aufführungen verschiedenster Art selbst Bedeutungen. „Sein nach-
träglichstes Echo hat das Bühnenbild dort, wo es dazu beiträgt, den Text anders wahrzunehmen. (...) Die Phantasie des
Bühnenbildners hat nicht nur eine regulative, sondern auch
eine konstruktive, wenn nicht sogar eine interpretatorische,
mal texterweiternde und mal eine textverengende Funktion
auf der Ebene des räumlich Optischen."[16]
Dabei sind Theaterräume nicht länger künstliche Reproduktionen von Wirklichkeit und brauchen auch nicht unbedingt
einen Symbolcharakter zu behaupten[17], sondern sie definie-
ren ihr eigenes ästhetisches Prinzip, oftmals in Anlehnung an
die bildenden Künste. Wolf Vostell formuliert: „Die Künstler
sollen ins Theater ihr Kunstprinzip bringen. Nicht in der Gestalt des Bühnenbildes. Was ich dem Theater zufüge, das ist
ein Verhaltensprinzip geprägt durch Bildende Kunst."[18]

16 Heinz-Norbert Jocks:
Die Freiheit des Büh-
nenbildners. In:
Das Bild der Bühne.
Berlin 1998. S. 19

17 Vgl. hierzu beispielsweise Erika Fischer-
Lichte: Kurze Ge-
schichte des deut-
schen Theaters.
Tübingen und Basel
1993, S. 419 ff.

18 Wolf Vostell, zitiert
nach Peter Simhandl:
Bildertheater. Berlin
1993, S.7 f.

Peter Simhandl führt als kennzeichnende Merkmale dieser Theaterform, zusammengefasst unter dem Begriff ‚Bildertheater', an:

„ - Es erzählt keine kausallogisch aufgebauten Geschichten, sondern reiht bewegte Bilder aneinander und verknüpft sie assoziativ;

- es stellt keine psychologisch ausdifferenzierten Charaktere auf die Bühne, sondern ‚Kunstfiguren', Objekte und Maschinen;

- es gibt keine illusionistischen Nachahmungen, sondern kreiert autonome Realitäten mit eignen räumlichen und zeitlichen Gesetzmäßigkeiten.

- es vermittelt keine rational fassbaren Botschaften in diskursiver Sprache, sondern schafft ganzheitliche Bildwelten."[19]

19 Ebd. S.8

Als weitere gravierende Veränderung fand in der zweiten Hälfte des 20. Jahrhunderts eine Neudefinition der Spieler – Zuschauer – Relation statt. Jerzy Grotowski sagt über sein Theaterlaboratorium: „Wir haben die Bühne-Zuschauer-Anordnung aufgegeben: Für jede Produktion wird ein neuer Raum für Schauspieler **und** Zuschauer entworfen. Auf diese Weise ist die Beziehung zwischen den Aufführenden und dem Publikum unendlich variierbar."[20]

20 Jerzy Grotowski:
Für ein armes Theater. Berlin 1994, S.19

Beide Entwicklungen haben heute zu einer nie zuvor gekannten Vielfalt von Stilprinzipien und Kommunikationsformen an professionellen Häusern geführt, denen gemeinsam ist, dass sie ganz wesentlich von Bühnenbildnern und ihrer künstlerischen Arbeit geprägt sind.

Amateurtheater muss in der Regel ohne eigenen Bühnenbildner auskommen. Zudem kann es hier nicht das Ziel sein, neue künstlerische Maßstäbe setzen zu wollen, sondern das Schwergewicht liegt auf der **Annäherung** von nicht professionell ausgebildeten Spielern **an eine Kunstform**, in der sie ihren persönlichen Ausdruck suchen und vermitteln wollen. Trotzdem haben die weitgreifenden Veränderungen an den professionellen Bühnen das Nachdenken über Räume und Bühnenlösungen auch hier grundlegend verändert. Als wesentlich kristallisieren sich die folgenden Bereiche heraus:

Die gestalterische Eigengesetzlichkeit des Bühnenbildes

Bühnenräume haben ebenso wie Bilder per se eine andere Grundstruktur als Texte: „Auf Bildern ist im Gegensatz zu Texten gleichzeitig alles sichtbar. Unabhängig von der Zeit kann man im Bild mit dem Blick von Detail zu Detail wandern. Man erfährt beim ersten Blick auf ein Bild von Anfang an ‚irgendwie' (und das irgendwie ist hier kein Modewort) alles. Text dagegen ist linear, zeitlich fortschreitend, ein Resultat erzeugend."[21]

Mit dieser besonderen Struktur vermögen Bühnenräume einem Text einen Widerstand entgegenzusetzen, der zur Gestaltung genutzt werden kann: Elemente des Bühnenbildes stellen eine Konstante dar, die nur durch das Spiel eine Veränderung erfahren kann – und die ihrerseits das Spiel verändert.

Diesen vielschichtigen Vorgang an einem Beispiel zu erläutern, birgt immer die Gefahr der Vereinfachung. Zur Veranschaulichung soll es trotzdem versucht werden: Eine Jugendtheateraufführung von Ionescos „Der König stirbt"[22] spielte auf einer von Bretterzäunen umgebenen Baustelle, auf der ganz offensichtlich schon lange nichts mehr gebaut wurde. Als Thronpodest diente ein fahrbarer Sockel, zusammengezimmert aus alten Europaletten. Der Boden war bedeckt von Sägespänen. Die Sägespäne bildeten einen glatten Untergrund, der die Bewegungen der Spieler wie auch die Stückaussage formte. Nach den ersten Szenen am Boden blieben die Sägespäne zudem an den Kostümen der Spieler hängen, Zeichen für den fortschreitenden Zerfall auch der „Baustelle Mensch". Die Spielmöglichkeiten, die das fahrbare Thronpodest bot – neben einer alten Schubkarre der einzige Gegenstand im Stück – mussten in alle Richtungen hin ausgereizt werden, sodass es zu immer neuen Funktions- und Bedeutungszuschreibungen und zu immer neuen Bildeindrücken kommen konnte.

Der Zugang auch zu einer fremden und schwierigen Textvorlage oder Thematik kann jugendlichen Amateuren besonders

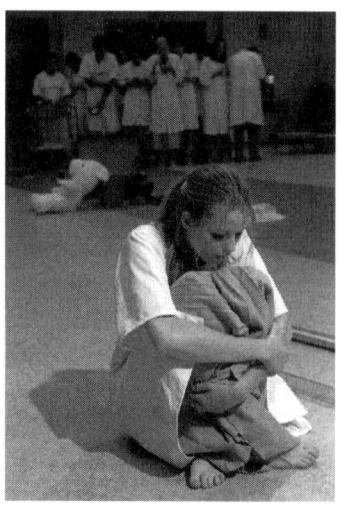

21 Volker Pfüller: Bild und Text – eine unglückliche Liebe. In: Das Bild der Bühne. A.a.O., S.9

22 Aufführung des 13. Jahrganges an der Ulrich-von-Hutten-Schule in Berlin-Lichtenrade 2005, Leitung: Dorothea Hilliger, Bühne: Jürgen Nestler / Dorothea Hilliger

gut durch **eine Verortung** erschlossen werden, die bekannte (Assoziations-) Räume im Spiel neu erschließt und zu einer (Neu-) Entdeckung und -gestaltung vielleicht alter Geschichten führen kann.

Zudem ist es natürlich auch im Amateurtheater möglich und reizvoll, im Sinne des Bildertheaters oder anderer Präsentationsformen, die sich aus der Erweiterung des Theaterbegriffes ergeben, ausschließlich von formalen Gestaltungsaspekten in der Ausstattung und Nutzung von Räumen auszugehen.

Bedingungsfaktoren in der Kommunikation mit den Zuschauern

Das, was Jugendliche in der intensiven Auseinandersetzung mit den verschiedenen Elementen des Theaters gestaltet haben, wird in der Aufführung vor einem Publikum der Kommunikation zugänglich gemacht. Das ist eine nicht hoch genug zu bewertende Chance zur Vermittlung sehr persönlicher Einsichten und Ergebnisse, die nur durch die **erarbeitete Form** einem fremden und größeren Publikum überhaupt vermittelbar sind. Die Einrichtung des Theaterraumes bestimmt in hohem Maße die Spezifik dieser Kommunikation, indem beispielsweise bewusst Nähe oder Distanz zum theatralen Geschehen geschaffen wird. So wurde für ein Jugendtheaterprojekt über Menschen in der Psychiatrie[23] eine Raumnutzung entwickelt, in der die Spieler rundum von Zuschauern umgeben sind. Dies ergibt das Bild einer Mauer, die nicht überwunden werden kann, weil es außerhalb der Spielfläche keine Plätze für „Anstaltsinsassen" gibt. (Die Anzahl der Stühle variierte nach Vorbestellungsliste.) Den Spielern wurde je ein typischer Anstaltsgegenstand zugewiesen (Bett, Nachttisch, Tropfhalter, Geschirrwagen usw., alles auf Rädern) als einzig „privater Ort".

Neuerfindungen im Verhältnis von Spielern und Zuschauern sind dazu da, das Theater als lebendigen Kommunikationsraum zu nutzen, in dem für jede Begegnung zwischen einem Text oder Stoff, den Spielern und den Zuschauer adäquate Bedingungen geschaffen werden. An dieser Stelle sei noch einmal Grotowski zitiert: „Wesentliches Anliegen ist es, für jeden

23 „Und da sitz ich nun und bin ganz allein", ein Projekt mit einer Jugendgruppe 2003, Leitung Dorothea Hilliger, Bühne Nestler / Hilliger

24 Jerzy Grotowski:
    Für ein armes Thea-
    ter. Berlin 1994, S. 20

25 Aufführung von
    Samuil Aljoschins
    Komödie „Damals in
    Sevilla" mit einem
    12. Jahrgang der
    Ulrich-von-Hutten-
    Schule in Berlin-
    Lichtenrade 2004,
    Leitung Dorothea
    Hilliger, Bühne:
    Nestler / Hilliger

Typ Aufführung die ihm eigene Zuschauer-Schauspieler-Beziehung zu finden und dieser Entscheidung durch körperliche Anordnung Gestalt zu geben."[24]

Dazu ein letztes Beispiel aus dem theaterpädagogischen Bereich: Für das schnelle Spiel in einer Verwechslungskomödie wurden die Zuschauer auf Drehstühlen in der Mitte des Raumes platziert, die wechselnden Spielorte befanden sich um sie herum. Um der Handlung zu folgen, mussten die Zuschauer selbst immer wieder neue Positionen und Perspektiven einnehmen und sich dabei noch mit ihren Stuhlnachbarn arrangieren. Ein für alle Beteiligten aktives Theatererlebnis![25]

Schlussfolgerungen

Für Theaterlehrer bietet sich ein ‚raumbezogenes' Leseverfahren an, bei dem Möglichkeiten der Raumnutzung, der Spieler – Zuschauer – Relation und der theatralen Kommunikation von vorne herein mit reflektiert werden.

Kann man einen Stückvorschlag mit einem Vorschlag zur Raumnutzung und zur Bühnengestaltung verbinden, entstehen auch in den Köpfen noch ungeübter Spieler Bilder, die einen Einblick in die lebendigen Möglichkeiten eines Stückes vermitteln.

Raum- und Bühnenideen in der Anfangsphase eines Projektes antizipieren bereits die Aufführungssituation. In dieser Perspektivhaftigkeit sind sie besonders geeignet, eine Gruppe für die Arbeit an einem Stück zu begeistern. Selbstverständlich entwickeln, konkretisieren oder verändern sich Raumvorstellungen im Probenprozess – wie andere Elemente einer Aufführung auch. Aber gerade die kontinuierliche Reflexion dieser Grundbedingungen einer Aufführung machen beispielhaft deutlich, dass die Gruppe sich auf einen Gestaltungsprozess einlässt, dessen Rahmen- und Veröffentlichungsbedingungen sie selbst bestimmt. Damit wird ein Arbeitsklima geschaffen, das von Experimentierfreudigkeit und einem aktiven Zugriff auf ein Projekt geprägt ist.

Sind die Voraussetzungen für einen intensiven Austausch gewährleistet, kann sich die Zusammenarbeit mit dem Fachbereich Bildende Kunst für Raum und Bühne natürlich ganz besonders positiv auswirken.

Textarbeit

Sechstes Kapitel –

Textarbeit

Der Texterarbeitung für eine Szene kann man sich von ganz verschiedenen Seiten her nähern. In den vorangegangenen Kapiteln wurden bereits Gestaltungsvorschläge gemacht, die beispielsweise auf einem Montageverfahren oder der Platzierung von Text im Raum basieren.[1] Hier soll nun das Schwergewicht auf der Textarbeit selbst liegen; entsprechend wird in der Szenengestaltung von den dabei gefundenen Möglichkeiten ausgegangen.

Mit Stimme und Sprache frei zu experimentieren ist für Amateure besonders schwierig, wie man in jeder Anfängergruppe beobachten kann. Die Nachahmung konventioneller Darstellungsformen liegt in diesem sensiblen Bereich besonders nahe; es gilt also eine Methode zu finden, die über das Klischee und die Konvention hinausführt. Auch wenn es nicht einfach ist, macht es zuweilen Sinn, ein Schwergewicht auf die Texterarbeitung zu legen: Verlangt man einem nicht professionell ausgebildeten Spieler beispielsweise einen Monolog ab, kann man ihn mit der Gestaltung nicht alleine lassen. Das ausgiebige Experimentieren mit der ganzen Gruppe eröffnet Möglichkeiten. Vor sprachlich ergiebigen Texten sollte man nicht zurückschrecken müssen, sondern auch diese Chance nutzen können.

Das Ziel, Szenen schwerpunktmäßig über die experimentelle Auseinandersetzung mit dem Text zu erarbeiten, setzt Stimm- und Sprechtraining notwendig voraus. Der Ausdrucksreichtum der Spieler wird so erprobt und entfaltet. Nun ist aber dieser Trainingsbereich mit Abstand der schwierigste. Alle Irritationen, Spannungen, Ängste, Unsicherheiten, aber auch jede Facette freudiger Erregung haben einen ganz unmittelbaren Einfluss auf die Atmung und somit auf die Stimme. Ebenso unmittelbar, wie der ungehemmte Stimmeinsatz im Training als befreiend erlebt wird, wird jede Blockierung erfahren. Arbeit an der Stimme setzt ein gehöriges Maß an ge-

1   Siehe Kapitel 5 (Raumerfahrung und Gestaltung von Bühnenräumen).

genseitigem Vertrauen zwischen den Mitgliedern der Gruppe und dem Theaterlehrer voraus. Sie eignet sich deshalb nicht als Einstiegstraining. Nur deshalb steht dieses wichtige Kapitel im Schlussteil des Buches.

Im Bereich des bewussten Stimmausdrucks werden auch dem Unterrichtenden Grenzen bewusst, die sich nur durch eine langwährende Beschäftigung und eigene Praxis verschieben lassen. Am sinnvollsten scheint es für ‚Dilettanten‘, die auch ausgebildete Theaterpädagogen auf diesem Feld häufig sind, verschiedene Methoden auszuprobieren um herauszufinden, welche man für erfolgversprechend und für vermittelbar hält. Das nachfolgende Kapitel stellt in dieser Hinsicht nur einen winzigen Ausschnitt von Möglichkeiten vor.[2]

Bei der Auswahl der Übungen zum Stimm- und Sprechtraining erscheint es sinnvoll, auf das freie Fließen von Atem und Stimme Wert zu legen sowie die Artikulationsfähigkeit und die Gerichtetheit der Stimme ins Zentrum zu stellen. Von Beginn der Stückerarbeitung an kann das Training immer wieder kleinere Sequenzen zum Stimmeinsatz enthalten. Entspannungstraining ist ein hervorragender Vorbereiter für Stimm- und Sprecharbeit. Hürden lassen sich manchmal leichter mit der Gesamtgruppe nehmen. Arbeitet man schon im Training auch chorisch, erhält man zudem bereits ein wichtiges Gestaltungselement.

[2] Als weiterführende Fachliteratur kann empfohlen werden: Horst Coblenzer und Franz Muhar: Atem und Stimme. Wien 1976; Thomas v. Fragstein und Hans Martin Ritter (Hg.): Sprechen als Kunst. Frankfurt / M. 1990; Kristin Linklater: Die persönliche Stimme entwickeln. München 2001; Hans Martin Ritter: Sprechen auf der Bühne. Berlin 1999; Edith Wolf und Egon Aderhold: Sprecherzieherisches Übungsbuch. Berlin 1972

Einführende Übungen

Der praktische Teil dieses Kapitels beginnt mit verschiedenen einführenden Übungen zum Einsatz von Stimme und Sprache und nicht – wie gewohnt – mit dem Vorschlag zu einer kompletten Probensequenz. Diese Übungen können zur schrittweisen Heranführung einer Gruppe an Stimm- und Textarbeit genutzt werden wie auch zum Training mit fortgeschrittenen Spielern, dann eventuell in Abwandlung. Gerade in der Stimmarbeit ist es sinnvoll, grundlegende Übungen zu **wiederholen – wie Etüden auf einem Instrument.**

Aufwärmtraining

Klangteppich

Atemwahrnehmung / bewusste Stimmerfahrung / Gerichtetheit der Stimme / Gruppenwahrnehmung und -verantwortung

- Die Spieler einer Gruppe werden dazu aufgefordert, sich mit dem Rücken auf den Boden zu legen, und der TL leitet ein Entspannungstraining an, in dem auch die Wahrnehmung des Atemflusses vorhanden sein sollte. Wichtig ist der Hinweis: „Verändert nichts, nehmt nur wahr!"
- Der TL fordert die Spieler dazu auf, die Luft aus dem Bauch fließen zu lassen. Dabei wird eine Hand flach auf den Bauch gelegt um zu spüren, wie leicht der Atem fließt. Im nächsten Schritt soll ein Ton mit der Luft aus dem Bauch fließen.
- Jeweils mit der Ausatmung soll jetzt ein „haaa" aus dem Körper geschickt werden und die Spieler werden aufgefordert, diesem eigenen Ton nachzuhorchen. Es kann zunächst ein ganz kleiner Ton sein. *Ggf. kann der TL hier auch selbst einen Ton in den Raum schicken. Es erleichtert es den Spielern, wenn schon ein Ton im Raum ist, selbst einen zu finden.*
- Im nächsten Schritt soll von jedem Spieler der Gesamtton der Gruppe wahrgenommen werden und alle sollen darauf achten, dass der Gruppenton nicht abreißt.
- Jetzt soll der Gruppenton in der Vorstellung der Spieler den ganzen Raum bis in die letzten Winkel und Ecken ausfüllen, die Gruppe also gemeinsam lauter werden. Dabei kann der Ton immer noch ganz entspannt mit der Ausatmung aus dem Körper fließen. Auch Lautstärke soll nicht mit Druck forciert werden.
- Mit einer Fortgeschrittenengruppe kann man noch weiter gehen: So kann der TL das Vorstellungsbild aufbauen, dass der Gruppenton über die Raumgrenze hinaus in die nächste Straße oder über den gesamten Bezirk geschickt wird. Der Ton der Gruppe kann hier mehrfach verändert werden – in der Lautstärke und eventuell auch bezüglich der emotionalen Ausdrucksqualität, beispielsweise in einem aufführungsvorbereitenden Training.

* Am Schluss der Übung soll der Ton langsam kleiner werden, bis er endlich ganz verebbt. Bis zum Schluss wird der
Klangteppich aufrechterhalten, die Gruppe findet also ein
gemeinsames Ende.

Erfinden einer „Tongeschichte"

* Alle stehen im Kreis und beginnen – unbedingt inklusive
des TL – Grimassen aller Art zu schneiden, um damit die
Gesichtmuskulatur auszulockern.
* Dann werden die Wangen „aufgeblasen" und anschlie-
ßend alle Luft mit einem Ton ausgeschüttelt, wobei die
Lippen in eine Vibration kommen.
* Die Spieler finden einen gemeinsamen Grundton und beginnen sich dabei ganz leicht mit der Handfläche auf den
Unter- und Oberbauch zu klopfen, anschließend mit dem
der lockeren Faust auf die Brust, sodann mit zwei Fingern
ganz behutsam auf den Kehlkopf und nehmen dabei die
Veränderung ihres Stimmklanges wahr.
* Die Gruppe rückt jetzt dicht zusammen und der TL beginnt eine beliebige Geschichte zu erzählen, zu der die
Gruppe die Geräusche hinzufügt. (Beispielsweise so: Es ist
früh am Morgen, die Vögel zwitschern. Innen im Haus
hört man sie nur ganz leise, so dass kein Bewohner beim
Schlafen gestört wird. Aus einem Zimmer hört man aber
lautes Schnarchen, doch davon scheint niemand aufzuwa-
chen. Plötzlich jedoch zerreißt ein schrill brüllender Wek-
ker die friedliche Stimmung usw. Ggf. kann diese Übung
inhaltlich und stimmlich auf die Notwendigkeiten eines
Projektes ausgerichtet werden. Die Geschichte kann auch
von einem Spieler entwickelt werden.)

Erfinden einer Gruppengeschichte

* Der TL bereitet Kärtchen mit den verschiedensten Nomen
vor. Die Gruppe sitzt im Kreis, die Spielregeln werden bekannt gegeben: „Ich habe hier Kärtchen mit verschiedenen Begriffen. Ich lege vor einen von euch das erste Kärtchen und derjenige beginnt eine Geschichte zu erzählen,
in der dieser Begriff vorkommt. Der Spieler hat 20 Sekun-

den Zeit, den Anfang der Geschichte zu entwickeln, allerdings muss er diese 20 Sekunden lang auch erzählen.
Dann bekommt der Nachbar den nächsten Zettel, hat wiederum 20 Sekunden Zeit, die Geschichte weiterzuführen,
und muss das neue Wort in dieser Zeit eingebaut haben.
So gehen wir mindestens einmal alle Spieler durch."

- Der Schwierigkeitsgrad aber auch das Amüsement und der
  Erfindungsreichtum können erhöht werden, indem innerhalb der 20 Sekunden oder einer etwas verlängerten Zeit
  dem Erzähler mehrere Begriffe – auch Verben oder Adjekti-
  ve – vorgelegt werden. Selbstverständlich kann auch diese
  Übung durch die Auswahl der Begriffe auf ein Projekt bezogen werden.

Übungen zur Gerichtetheit der Stimme

Die nachfolgenden Einzelübungen können der Arbeit mit
Text vorgeschaltet oder auch als aufführungsvorbereitendes
Training eingesetzt werden. In diesem Fall ist es sinnvoll,
Begriffsfelder und Textpassagen aus dem jeweiligen Stück zu
verwenden.

Bezug auf Mitspieler nehmen

- Die Spieler gehen durch den Raum, finden in einen prä-
  senten Bühnengang und füllen den Raum gleichmäßig
  aus. Auf ein akustisches Signal des TL hin stoppt die Gruppe und jeder Spieler wird aufgefordert, Blickkontakt mit einem Mitspieler aufzunehmen. Der TL fordert dazu auf, ruhig auch Blickkontakt zu Partnern quer durch den Raum
  aufzunehmen. Mehrfach wiederholen.
- Im nächsten Schritt soll der jeweilige Partner mit einer Geste begrüßt werden.
- Dann soll der Geste eine verbale Begrüßung zugefügt werden. Zwischendurch geht die Gruppe jeweils wieder durch
  den Raum, sodass die Partner immer wieder wechseln. Bei
  der Wiederholung kann der TL darauf hinweisen, dass
  möglichst nicht alle gleichzeitig sprechen und die Begrü-

ßung nicht nur privat, sondern in Lautstärke und Artikulation für eine Bühne gedacht sein soll.

- Beim nächsten Stopp erzählen sich die Spieler, was sie am vorangegangenen Tag gemacht haben. „Das ist natürlich für die ganze Gruppe interessant, deshalb achtet aufeinander und sprecht nicht alle auf einmal." Die Übung lässt sich fortsetzen mit Berichten über den vorletzten Tag, den Sonntag vor einer Woche, die letzten Ferien etc., bis alle Gruppenmitglieder einmal von allen wahrgenommen werden konnten.

- Jetzt stellen sich die Spieler in zwei Reihen jeweils paarweise in möglichst großem Abstand einander gegenüber. Sie begrüßen sich noch einmal, benutzen jetzt aber eine zuvor gelernte Textsequenz als Wortmaterial, d.h. dem Text wird eine andere Bedeutungsebene unterlegt. In Fortgeschrittenengruppen kann mit dem Textmaterial auch eine kleine Begegnungsszene o.ä. improvisiert werden.

Ball und Text zu einem Mitspieler schicken

- Die Spieler sitzen im Kreis auf dem Boden. Der TL rollt einen Tennisball zu einem Spieler, der ihn zu einem anderen weiterschickt. „Ziel ist es, den Impuls, hier in Form des Balles, bewusst zu setzen. Schaut also den Mitspieler an, bevor ihr den Ball schickt und schickt ihn so, dass er ihn gut erreicht."

- „Schickt jetzt zusammen mit dem Ball ein beliebiges Wort zu dem Mitspieler." Dies kann ein Wort aus einem Text sein, mit dem die Gruppe sich gerade beschäftigt oder es wird frei assoziiert.

- „Achtet jetzt darauf, dass der Ball zusammen mit der letzten Silbe des Wortes bei eurem Mitspieler ankommt!"

- Variationen: Man kann einen Gruppenrhythmus finden, dem sich jeder anpassen muss; das Tempo kann sukzessive erhöht und dann wieder verlangsamt werden; die Wörter können geschickt werden wie ein Pfeil; beim Sprechen kann die Betonung auf den Vokalen oder den Konsonanten liegen etc. In einer Fortgeschrittenengruppe ist es auch möglich, mehrere Bälle ins Spiel zu bringen.

- Im nächsten Schritt können Sätze auf die Rolllänge des Balles verteilt werden, die aus einer schon gelernten Text-

vorlage stammten. Dabei kann der TL verschiedene Stimmungen vorgeben, die ggf. einen neuen Blick auf bekannte Texte ermöglichen.

* Die Spieler erheben sich vom Boden, Der Ball / die Bälle
  werden aus dem Spiel genommen, die Sätze mit der gleichen Gerichtetheit und einem bewusst gewählten Tempo
  zu den Mitspielern geschickt. Die Gruppe kann jetzt beginnen, mit unterschiedlichen Texten eine von deren ur-
  sprünglicher Bedeutung unabhängige Unterhaltung zu
  führen. Der TL kann einen Gesprächsanlass vorgeben.

Mögliche Fortsetzung

* Die Spieler gehen durch den Raum, suchen sich jeweils
  wechselnde Punkte an der Wand, an die sie ihren Text
  richten. Der TL gibt Vorstellungsvarianten vor, z. B. dass
  kleine Dellen, Löcher oder riesige Krater mit der Stimme in
  die Wand gebohrt werden sollen, und beeinflusst so die
  Lautstärke.

Variation

* Für ein kurzes Aufwärmtraining ist es möglich, die Bälle
  wegzulassen. Die Spieler stehen dann gleich im Kreis, einer schickt ein Wort zu einem Mitspieler, der seine
  Wortassoziation wiederum gezielt weiterschickt usw. Es
  kann auch hier ein Thema vorgegeben werden.

Sprechtraining mit chorischen Elementen

- Die Übung schließt unmittelbar an den oben beschriebenen Wortassoziationskreis an: Ein Spieler oder der TL gibt ein Wort vor, vorgetragen in einem bestimmten Sprachgestus, und die Gruppe wiederholt es ebenso. Der Nachbar arbeitet mit demselben Wort, variiert aber den Sprachgestus, die Gruppe wiederholt usw., bis der Spielleiter durch ein akustisches Zeichen deutlich macht, dass ein neues Wort in die Runde gegeben werden soll. *Diese ganz einfache Übung zeigt, dass ungewöhnliche Lösungen oft viel ausdrucksstärker sind als die ersten naheliegenden.*
- Die Übung wird wiederholt, doch werden die Spieler jetzt aufgefordert, dem jeweiligen Wortausdruck eine Bewegung hinzuzufügen, die ebenfalls von der ganzen Gruppe wiederholt wird. Es kann auf drei Raumebenen gearbeitet werden, jede neue Bewegung wird aus der Endposition der vorangegangenen gewonnen, sodass die Gruppe in einen von Immobilitäten unterbrochenen Bewegungsfluss gerät. *Diese Übung verdeutlicht sofort, dass Stimme durch Bewegung eine Unterstützung erfährt. Zudem macht sie viel Spaß!*
- Fortgeschrittenengruppen können mit kleinen Sätzen oder Satzteilen arbeiten, beispielsweise aus einem Projekt, wodurch Ideen zur Gestaltung gewonnen werden. Auch als aufführungsvorbereitendes Training ist die Übung bestens geeignet, weil Festgelegtes in einem Teilbereich noch einmal aufgebrochen wird und neu überdacht werden kann.

Variation

- Die Spieler werden in zwei Gruppen geteilt, die sich gegenüberstehen, entweder in einer Reihe oder als dichte Formation, je nachdem, welche Raum- oder Körperübung vorausgegangen ist. Die Gruppen beginnen einen Dialog miteinander, jeweils geführt von einem Chorführer. (Ein Chorführer eröffnet, sein Chor wiederholt Gesprochenes und Gestus als Verstärkung, dann sind der andere Chorführer und sein Chor an der Reihe usw.) Der Dialog sollte – eventuell ausgehend von einem Probenthema – unter ei-

nem Motto stehen, das auch zu chorischer Bewegung motiviert (beispielsweise zwei rivalisierende Gangs, Mitarbei-
ter zweier Regierungsdelegationen).

Variation

- Bei dieser Übung geht man von einer gemeinsamen syn-
chronen Bewegung aus und fügt dann Text hinzu: Die
Spieler einer Gruppe stehen in gleicher Position hinter einer Reihe von Stühlen, nur einer befindet sich in spiegel-
bildlicher Haltung der Reihe gegenüber. Er fungiert quasi
als Chorführer, indem er der Gruppe eine Bewegung vorgibt. Die Gruppe bekommt die Aufgabe, den Chorführer
zu spiegeln und sich – ihm folgend – gleichzeitig und synchron auf die Stühle zu setzen. Die anderen Spieler werden
aus dem Augenwinkel wahrgenommen. Der Chorführer
nimmt eine beliebige Position auf dem Stuhl ein und fügt
ein dazugehöriges Geräusch, ein Wort oder einen Satz hinzu, den er zu dieser Position assoziiert. Dies kann bis zu einem kleinen Solo des Chorführers mit wechselnden Positionen und dazu entwickelten „Lebensäußerungen" führen, das von der Gruppe vervielfacht wird. Steht der „So-
list" von seinem Stuhl auf, ist sein Solo beendet, alle folgen und gehen – ebenfalls synchron – einen Stuhl weiter,
der Chorführer wechselt. Diese Übung kann in Abwandlung auch ein Element der Figurenerarbeitung werden.
*Sie schult vor allem die Voraussetzung zu chorischem Arbeiten
und Sprechen, nämlich dass die Spieler aufeinander achten,
auch wenn sie sich in ihrer Blickrichtung nicht unbedingt aufeinander beziehen.*

Variation

- Hier wird schrittweise auf chorisches Arbeiten hingeführt:
Je zwei Spieler stehen sich gegenüber, einer führt die Bewegung an, der andere fungiert als Spiegel. Die Bewegungen
müssen entsprechend langsam ausgeführt werden; es
kann auf allen Spielebenen gearbeitet werden. Derjenige,
der die Bewegung anführt, führt seinen Partner zu einem
Endpunkt, an dem beide in einer Immobilität verharren

und gibt einen zu dieser Position assoziierten Satz oder ein Wort hinzu. Jetzt führt der andere Spieler die Bewegung wieder bis zu einem selbst gewählten Endpunkt und Satz oder Wort an. Dann wird erneut gewechselt. Es ist sinnvoll darauf hinzuweisen, dass der Dialog keine logische Struktur haben muss, sondern jeweils assoziativ weitergeführt werden kann. Es entwickelt sich aber zwischen jedem Paar dennoch immer ein Thema, interessanterweise ausgehend von der Bewegungsebene. Wird an einem Stück oder an Figuren gearbeitet, können diese auch das Thema bestimmen.

- Der TL fordert die Spieler auf, sich jetzt jeweils als Paar langsam, ausgehend von dem gemeinsam entwickelten Bewegungsthema und Dialog, im Raum zu bewegen. Im nächsten Schritt soll eine Kontaktaufnahme zwischen den Paaren möglich werden, die dazu führt, dass sich größere Gruppen (2 – 3 Paare) gemeinsam bewegen, bis in einem letzten Schritt die ganze Gruppe zusammenfindet.
- Die Gruppe soll dann ohne Absprachen die Form eines von den Spielern ausgefüllten Dreiecks annehmen und zunächst in einer Immobilität enden. Falls die Gruppe die Spielregeln eines Bewegungsdreiecks noch nicht kennt, müssen sie hier kurz erläutert werden: „Findet in eine gemeinsame Bewegung, die von einem an einer Spitze des Dreiecks stehenden Spieler angeführt wird. Ihr könnt wiederum auf drei Ebenen arbeiten. Dreht sich der Spieler, der die Bewegung anführt, so übernimmt der Spieler an der anderen Ecke. Ihr habt also drei je nach Bewegungsrichtung wechselnde Chorführer."
- Im nächsten Schritt wird zu jeder Bewegung vom Chorführer ein Ton hinzugegeben, der von der Gruppe aufgenommen wird. Der TL sollte darauf hinweisen, dass der Abstand zwischen den Spielern nicht zu groß sein darf und dass auf die Atmung des Chorführers geachtet werden soll, an der die Vorbereitung zum Bewegungsimpuls abzulesen ist. Aufeinander eingespielte Gruppen kommen auf diese Weise ganz schnell in einen gemeinsamen Atem-

rhythmus. Es ist auch möglich, mit Worten oder Sätzen zu arbeiten, dann wird die Bewegung mit der dazugehörigen Sprachsequenz noch einmal wiederholt, da die Gruppe den Text erst aufnehmen muss. Die Übung lässt sich mit je zwei Gruppenhälften auch dialogisch durchführen (s. o.).

Probeneinheit

Freies Experimentieren mit Textmaterial

Auch in der Arbeit mit Text ist es ein zentrales Ziel, Amateure an möglichst breit gestreute Ausdrucksmöglichkeiten heranzuführen und sie über den Weg der Gestaltung mit neuen und überraschenden Bedeutungsebenen – hier eines Textes – zu konfrontieren. Auf zwei Ebenen müssen dazu die Voraussetzungen geschaffen werden: Um neue Bedeutungsebenen aufzuspüren, muss ein Text möglichst frei von konventionellen Betonungen und Zäsuren gelernt werden. In Anlehnung an Lecoqs Begriff vom neutralen Gang[3] werde ich im Folgenden von „neutralem Sprechen" reden. Zum anderen ist es nötig, den Körper für neue Verbindungen zwischen Text und Bewegung zu öffnen, also auch hier Gewohnheitsmuster aufzulösen. Dies wird natürlich niemals im Rahmen einer oder auch einiger Probeneinheiten möglich sein, doch können diese eine Richtung weisen.

3   Vgl. hierzu in den Handlungswörtern das Stichwort „Neutralität".

Vorbereitung

Einen Text selbst auswählen / eine Technik des Textlernens kennen lernen

• Die Spieler erhalten die Aufgabe, sich einen beliebigen Text auszusuchen, mit dem sie experimentieren wollen. Der Text kann ein paar Zeilen oder auch eine halbe Seite umfassen – nicht mehr. Es kann ein Gedicht sein, ein Prosatext, ein Ausschnitt aus einem Drama oder auch ein Lied- oder Reklametext.

- Dieser Text soll bis zur nächsten Probe gelernt werden, und zwar nach folgendem Verfahren: „Der Text wird nicht über die Bedeutung gelernt, sondern ihr eignet ihn euch an wie eine mathematische Zahlenkonstruktion. Das heißt, ihr behandelt den Text wie ‚Wortmaterial‘. Dafür ist es hilfreich, ihn zunächst selbst aufzuschreiben, mit der Hand oder auch dem Computer, und zwar ohne Punkt und Komma und ohne Absätze.“

- „Für das eigentliche Textlernen ist es wichtig, ganz entspannt zu sein. Legt euch z.B. auf euer Bett, beginnt mit dem ersten Wort, hängt das zweite daran, wiederholt die beiden, hängt das dritte daran usw. Lasst Sinnzäsuren und jede Betonung außer acht. Atmet also da, wo ihr Luft braucht, unabhängig von jeder Bedeutung. Wenn ihr irgendwo einen Hänger habt, fangt an dieser Stelle nach der gleichen Technik neu an. Dieses Verfahren ermöglicht euch eine Erinnerung, die von der Koppelung der Wörter, nicht von Bedeutung ausgeht. Ihr habt dann späterhin alle Freiheiten, den Text zu gestalten.“

1. Sequenz

Entspannung / Erinnerung des Textes in einer möglichst entspann-
ten Situation / Trennung von Text und Bewegung

- Die Spieler der Gruppe liegen am Boden und der TL leitet ein Entspannungstraining an, bei dem die Augen geschlossen gehalten werden.

- Diese Anweisungen folgen: „Erinnert euch jetzt an den Text, den ihr gelernt habt. Beginnt, diesen Text innerlich zu sprechen, ohne Betonungen, ohne Sprechpausen bei Punkten oder Kommata. Wenn ihr irgendwo nicht weiterkommt, nehmt einfach nur den Teil, den ihr beherrscht – und wenn es nur der erste Satz ist. Seid ihr am Schluss angelangt, beginnt immer wieder von vorne.“

- „Öffnet jetzt die Augen und beginnt, den Text zu flüstern. Benutzt euren Mund zur Artikulation, auch wenn ihr leise sprecht.“

- „Dreht euch jetzt im Zeitlupentempo auf die Seite und kommt langsam zum Stehen. Der Text wird im vorherigen Tempo weiter gesprochen. Wenn ich klatsche, bleibt ihr immobil, den Text unterbrecht ihr aber nicht. Versucht also, Text und Bewegung so weit also möglich zu trennen."
- „Beginnt jetzt durch den Raum zu gehen, wobei ihr den Text weiterhin vor euch hin sprecht. Nehmt aus dem Augenwinkel die anderen Spieler wahr, füllt den Raum gleichmäßig aus und findet ein gemeinsames Gehtempo."
- Der TL gibt jetzt von außen andere Gehtempi und durch Klatschen wiederum Immobilitäten vor, wobei darauf hingewiesen wird, dass für den Text nach wie vor der gleiche Sprechfluss beibehalten werden soll. Die Gruppe kann auch noch dazu aufgefordert werden, langsam und gleichzeitig auf den Boden zu gehen und wieder aufzustehen.

2. Sequenz

Erstes Experimentieren mit Lautstärke

- Die Gruppe stoppt, die Spieler lockern den Körper aus, insbesondere auch die Gesichtsmuskulatur, letzteres mit einem Ton.
- Der TL erklärt, wie es weitergeht: „Ihr beginnt jetzt erneut durch den Raum zu gehen, aber nun in eurem eigenen Tempo. An irgendeiner Stelle stoppt ihr, sucht euch einen Punkt an der Wand und sprecht euren Text oder eine Sequenz daraus – weiterhin neutral – dorthin. An einer beliebigen Stelle brecht ihr ab, dreht euch um, geht, sucht einen neuen Punkt und setzt mit dem Text dort wieder ein, wo ihr aufgehört habt. Sucht euch Positionen im Raum, die mal nahe zu dem Punkt an der Wand gelegen sind, mal weiter entfernt und richtet die Lautstärke jeweils so ein, dass der Text dort auch ankommt, arbeitet also mit Variationen der Lautstärke."

3. Sequenz

Freies Experimentieren mit Text

• Noch einmal lockern die Spieler Körper und Gesichtsmuskulatur aus und beginnen dann, gezielt aufeinander zuzu-
gehen und sich zu begrüßen. „Die Begrüßungen können
jede beliebige Emotion enthalten, von freudig – über-
rascht bis zu schüchtern – verlegen, wobei als Text nur die
gelernten Sequenzen benutzt werden dürfen – in beliebige
Bestandteile zerlegt. Begrüßt möglichst alle Spieler im
Raum, wobei ihr verschiedene Distanzen und damit auch
verschiedene Lautstärken wählen könnt." Der TL fordert
die Gruppe auf, die Übung zusammen mit dem jeweiligen
Partner in einer Immobilität zu beenden.
• Die Paare stellen sich jetzt mit einem größeren Abstand
voneinander so im Raum auf, dass zwei Reihen gebildet
werden, die sich gegenüberstehen. Das erste Paar wird
dazu aufgefordert, sich noch einmal zu begrüßen und aus
der Begrüßung einen kleinen Dialog miteinander zu entwickeln, der jedes beliebige Thema haben kann und
Emotionsumschwünge enthalten darf. Als Wortmaterial
wird aber wieder nur der jeweils gelernte Text benutzt, der
an jeder Stelle unterbrochen und immer wieder aneinander gehängt werden kann.
• Nacheinander führt jedes Paar einen Dialog, doch erhalten sie jetzt ein jeweils anderes Thema. Hier einige Beispiel: Ihr trefft einen alten Freund, den
ihr lange nicht gesehen habt. Und ihr
wart schon immer heimlich ineinander
verliebt. Oder: Mieter und Vermieter
treffen sich zufällig auf der Straße. Der
Mieter hat schon seit 2 Monaten keine
Miete bezahlt. Oder: Zwei Mitbewohner
einer WG beraten über eine Geburt-
stagsüberraschung für ein drittes WG-
Mitglied.

Probeneinheit

Texterarbeitung über ein Montageverfahren

Diese Probeneinheit schließt unmittelbar an die vorangegangene an. Es wird mit denselben Textsequenzen gearbeitet. Die Spieler haben also zwischen den zwei Probenterminen noch einmal Zeit zum wiederholenden Textlernen, sind nach solchen Übungen auch vom Sinn dessen sehr überzeugt und hoch motiviert, den Text zu sichern.

1. Sequenz

Entspannung / Text erinnern / Unabhängigkeit von Bewegung und Text trainieren

- Die Spieler gehen paarweise zusammen, einer legt sich auf den Boden, und zwar mit dem Rücken, am besten auf eine Decke oder Matte. Der „passive" Spieler wiederholt zunächst innerlich seinen Text, beginnt ihn dann vor sich hin zu sprechen, so wie in der vorangegangenen Probensequenz beschrieben, während sein Partner beginnt behutsam Arme und Beide auszuklopfen und zu bewegen. Auch den Kopf nimmt er ganz vorsichtig in seine Hände und bewegt ihn minimal hin und her. Der „passive" Spieler bemüht sich, den Text weiterhin neutral zu sprechen.
- Der aktive Spieler legt jetzt die Arme seines Partners behutsam über den Kopf und beginnt diesen ganz langsam durch den Raum zu rollen. Dies kann auf verschiedene Weise geschehen. Entweder er rollt ihn von der Hüfte aus, der Rest des Körpers folgt. Oder er zieht einen Arm oder ein Bein in einer leichten Diagonale nach oben bzw. unten, was auch zu einer behutsamen Drehung führt. Diese Übung muss der Gruppe aber schon bekannt sein, da an dieser Stelle nicht experimentiert werden kann. Während des Rollens spricht der „passive" Partner seinen Text weiterhin neutral und gleichmäßig vor sich hin, möglichst unabhängig von den Rollbewegungen seines Körpers.
- Die Partner tauschen die Rollen und wiederholen die Übung.

2. Sequenz

Verschiedene emotionale Färbungen der Stimme ausprobieren / mit Lautstärke und Dehnungen bzw. Raffungen experimentieren

* Die Paare stellen sich mit Distanz einander gegenüber auf, so dass zwei Reihen gebildet werden. Jeder Spieler sucht sich ein Wort aus seinem Text aus und das erste Paar beginnt einen Dialog nur mit diesen zwei Worten. Aufgabe ist es, möglichst viele emotionale Umschwünge einzubauen und mit verschiedenen Lautstärken sowie Sprechtempi zu experimentieren. Der TL gibt ein akustisches Zeichen für den Wechsel zum jeweils nächsten Paar.

3. Sequenz

Erarbeitung

* Die Spieler erhalten jetzt die Aufgabe, sich ihren Text zu erarbeiten, und zwar hinsichtlich unterlegter Emotion, Lautstärke und Sprechtempo. Ganz wichtig ist der Hinweis, dass die bis hierher gemachten Erfahrungen mit eher unüblichen Sprachmodi, die aus Handlungen und Begegnungen resultierten, in die Entscheidungen der Textbearbeitung einfließen sollen, so dass mutige und unkonventionelle Lösungen möglich werden. Das heißt, die Spieler sollen die Freiheiten nutzen, die sie sich bis dahin erarbeitet haben.
* Auf einem gesonderten, vom TL vorbereiteten Blatt soll entsprechend der getroffenen Interpretationsentscheidungen eine „Textbearbeitungskurve" angefertigt werden. Darauf wird ganz abstrakt, also ohne Benennung der Textstellen, an denen der Umschwung stattfindet, eine Kurve zur verwendeten Lautstärke eingezeichnet. An der Kurve werden die Sprechtempi vermerkt. Unter der Kurve stehen die unterlegten Emotionen, wobei Umschwünge an der entsprechenden Stelle durch einen Längsschnitt gekennzeichnet werden.

Beispiel einer Textbearbeitungskurve

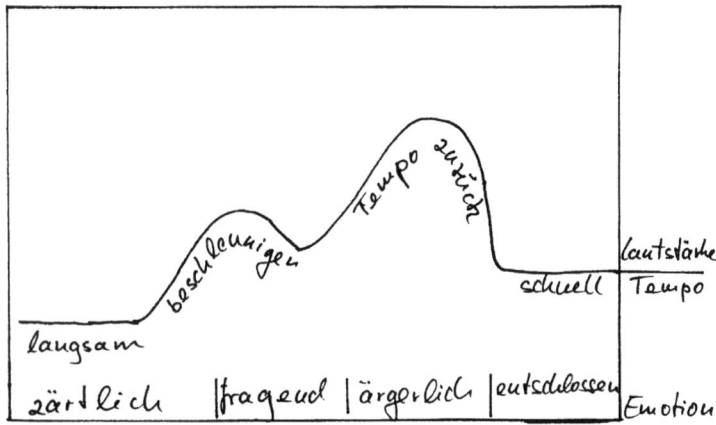

Es ist sicher sinnvoll, der Gruppe ein solches Beispiel einer Textbearbeitungskurve vorzulegen. Wenn möglich sollte die Gruppe sich zur Vorbereitung auf mehrere Räume verteilen können, so dass die Lösungen auch über das Ausprobieren gefunden werden können.

4. Sequenz

Präsentation und Besprechung der Ergebnisse

Jeder Spieler trägt den vorbereiteten Text vor. Die Ergebnisse werden entweder jeweils im Anschluss an eine Präsentation besprochen oder nach je drei Vorträgen.

5. Sequenz

Spontanes Experimentieren mit fremden „Textdeutungskurven"

Die Spieler werden jetzt dazu aufgefordert, ihre „Textdeutungskurve" an den jeweiligen Nachbarn weiterzureichen; jetzt werden die fremden Kurven dem eigenen Text unterlegt. Hierzu erhalten die Spieler maximal 10 Minuten

Vorbereitungszeit. Auch diese Lösungen werden gezeigt und besprochen, jetzt sollte aber die Gesamtbesprechung an den Schluss gelegt werden, da die Spieler noch nicht frei sind zur Reflexion, wenn sie dieses nicht ganz einfache Experiment noch vor sich haben.

Reflexion
Erprobung und Gestaltung im Schutz der Gruppe

* Das spannende, aber auch schwierige Experiment, mit Amateuren eine Theateraufführung unter künstlerischem Vorzeichen zu erarbeiten, hat bei fachkundiger Anleitung eine hohe Chance zu gelingen, da der einzelne Spieler sich immer im Schutz der Gruppe erproben kann. Diese Chance nutzen alle vorgeschlagenen Probeneinheiten in diesem Buch.
* Bei Übungen im Bereich von Stimme und Text ist es besonders wichtig, dass kein Spieler sich in der Erprobungsphase alleine ausstellen muss. Das Experimentieren findet entweder in der ganzen Gruppe oder mit einem Partner statt.
* Dieses Grundprinzip schon im Training nimmt die dialogische Struktur der Theateraufführung vorweg. Stimme und Text gewinnen immer eine Zielrichtung und die Artikulationen und Äußerungen anderer Gruppenmitglieder werden aufgenommen, fortgeführt oder beantwortet.
* Wichtig für die entsprechenden Übung ist, dass die Dialogsituationen spontan umgesetzt werden, sodass es den Spielern nicht möglich ist, sich vorher etwas auszudenken und festzulegen. Nur wenn sie sich im spontanen Agieren und Reagieren aufeinander einstellen, entsteht eine lebendige Kommunikationssituation, in der einem schon bekannten Text neue Seiten entlockt werden. Erfahrungsgemäß stellt dies auf Basis der vorgeschalteten Übun-

gen keine Schwierigkeit dar, sondern ist im Gegenteil mit einem hohen Lustgewinn verbunden.

- Wird einem Text eine von seiner ursprünglichen Bedeutung unabhängige Situation unterlegt, vermitteln sich den Zuhörenden und den Spielern selbst neue Bedeutungszuweisungen. Dies ist ein wichtiger Zwischenschritt zu unkonventionellen, spannenden Lösungen in der weiteren Texterarbeitung.

- Auch in diesen Zwischenschritt ist die ganze Gruppe involviert. Nach der gemeinsamen Erfahrung gibt es kein „peinlich" oder „unpassend" mehr, wenn dann Gestaltungsvorschläge auch in Einzelpräsentationen vorgestellt werden.

- Die ersten, vorbereiteten Präsentationen (auf Basis der Textdeutungskurven) offenbaren in der Regel bereits eine große Variationsbreite in der Textdeutung und ganz überraschende Interpretationslösungen. Es wird deutlich, welche künstlerische Umsetzung die Spieler jeweils im Sinn hatten. Dies ist zum einen auf die vorangegangene Breite im Experimentieren zurückzuführen. Zum anderen aber auch auf die zwar schon komplexe, dabei aber doch klar eingegrenzte Aufgabenstellung: „Lautstärke, Tempo, Emotion".

- Nach dem Austausch der „Textdeutungskurven" sind die Lösungen nochmals spannender und wirken nie mechanisch oder aufgesetzt. Das ist kein Wunder, wenn man bedenkt, dass ein anderer Spieler die ihm per Zufallsprinzip zugewiesene „Textdeutungskurve" natürlich anders nutzt als derjenige, der sie entworfen hat.

- Es findet ein kreativer Assimilationsprozess zwischen fremder Kurve und eigenem Text statt, bei dem der Spieler – und noch intensiver die das Experiment beobachtende Gruppe – dem bekannten Text einen neuen Sinn entlockt. Es ist auffällig, dass im Zuge dieses methodischen Vorgehens der Zuschauer plötzlich die Vorgeschichte und die Fortsetzung der Szene assoziiert. Dies hat mit der Lebendigkeit und der Konzentration zu tun, die aus dieser ungewöhnlichen, in kurzer Zeit zu bewältigenden Aufgabenstellung resultiert.

- Das kreative Ergebnis, das ein einzelner Spieler vorträgt, ist innerhalb eines Austauschprozesses entstanden und gewinnt seine eigentliche Bedeutung erst mit der aktiven Teilnahme der zuschauenden Spieler. Auch insofern wird hier schon in der Probensituation die komplexe Struktur einer Aufführungssituation vorweggenommen und erprobt.

- In der Stückerarbeitung kann das dargestellte Montageverfahren für die Gestaltung von Monologen genutzt werden, die Amateuren besonders viel abverlangen und zu deren Erarbeitung die Gruppe in Modifikation der beschriebenen Probensequenz beitragen kann. Auch Dialoge können ähnlich erarbeitet werden. Die neu aus einem Text gewonnenen Bedeutungen können auch in die Figurenerarbeitung bereichern.

- Selbstverständlich ist dieser Erarbeitungsweg zu langwierig und in der Wiederholung auch zu langweilig, als dass er etwa für ein ganzes Stück geeignet wäre. Inseln zu schaffen ist aber auch hier sinnvoll.[4]

4   Vgl. zum Inselprinzip das entsprechende Stichwort in den Handlungsbegriffen wie auch den Reflexionsteil im 2. Kapitel: „Grundlegendes zur Szenen- und Stückerarbeitung mit einer Gruppe".

Probeneinheit

Gestaltung eines Monologs

Monologe stellen an Amateure hohe Anforderungen. In vielen Fällen lassen sich Lösungen finden, in denen die Gruppe den „Solisten" direkt unterstützt, so z.B. indem Teile einer längeren Textpassage auf andere Figuren übertragen werden oder einzelne Worte oder Satzfragmente chorisch gearbeitet oder vom Chor wiederholt werden, sodass in der Tendenz eine dialogische Struktur entsteht. Doch nicht immer ist eine solche Lösung machbar oder vom Gestaltungsanspruch her gewünscht. Unabhängig davon aber kann die Gruppe eine Unterstützung geben, und zwar in der Erarbeitung.

Auch der folgende Erarbeitungsvorschlag beinhaltet ein Montageverfahren, in dem verschiedene Deutungs- und Bedeutungs- wie auch Gestaltungsebenen miteinander kombiniert werden. Er ist entsprechend der Aufgabe sehr komplex und erstreckt sich über mehrere Probentermine. Der beschriebenen Probeneinheit ist die Arbeit an der Figur vorausgegangen. In verschiedenen Improvisationen hat die Gruppe ein Verständnis der Figur, ihrer Ziele und Handlungen gewonnen. Der Darsteller hat der Figur ein zentrales Element zugeordnet und ein weiteres, welches in Ausnahmesituationen für die Figur auch noch denkbar ist.[5]

5   Vgl. zur Arbeit mit Elementen im Rahmen der Figurengestaltung die Probeneinheit „Figurenfindung und -gestaltung über ein Kostümteil" in Kapitel 2.

Als Textbeispiel dient der Monolog des „Ministers für zarte Gefühle" aus Jewgeni Schwarz' grotesker Märchenkomödie „Der nackte König". Der Spieler hat ausreichend Zeit gehabt, um den Monolog sicher neutral zu lernen.

Textbeispiel

Minister für zarte Gefühle:
„Dem König war Folgendes in den Sinn gekommen: Was wäre, wenn plötzlich die Mutter ihrer Hoheit, die Mutter der unserem König verlobten Braut, zu ihrer Zeit (flüstert) ein kleiner Schlingel war! Wenn plötzlich die Prinzessin keine Königstochter, sondern ein Mädchen unbekannter Herkunft ist? Das ist die erste Aufgabe, die ich zu lösen habe. Jetzt die zwei-

te. Seine Majestät badete, war aufgeräumt, beliebte zu kichern und schelmische Worte zu gebrauchen. Und da ruft er plötzlich: ‚Ein zweiter furchtbarer Gedanke!' und wäre fast an flacher Stelle auf Grund gegangen. Wie sich herausstellte, bewegte den König folgender Gedanke: Was wäre, wenn plötzlich die Prinzessin vor der Verlobung (*flüstert*) auch ein kleiner Schlingel war, ihre Abenteuer hatte und … na ja, Sie verstehen schon! Wir retteten den König, und er gab mir, noch im seichten Wasser stehend, die nötigen Anweisungen. Nun bin ich hier, um die Wahrheit zu erfahren über die Abstammung und die Abenteuer der Prinzessin, und das schwöre ich bei meiner Ritterehre – ich bringe über ihre Hoheit in Erfahrung, was in Erfahrung zu bringen ist. Gendarmen! Gendarmen! Ja, seid ihr denn taub? Gendarmen! Ach so! Ich befahl ihnen doch, die Ohren zuzuhalten. Das nenne ich mir Disziplin! Die besten Gendarmen des Reiches hat der König in die Dörfer geschickt, die am Wege der Prinzessin liegen. Sie bringen den Einwohnern bei, wie man der Prinzessin begeistert zu begegnen hat. Prachtkerle wie selten. (*Geht zu den Gendarmen und zieht ihnen die Arme nach unten.*) Gendarmen!"[6]

6 Jewgeni Schwarz: Märchenkomödien. Leipzig 1977, S. 21

Erste Probe zur gemeinsamen Materialsuche und zur Entwicklung einer Bewegungspartitur

Die nachfolgend beschriebenen Proben sind in eine Phase bereits fortgeschrittener Szenenerarbeitung einzuordnen. Sie werden sicher noch andere Bestandteile enthalten, die sich auf andere Szenen beziehen. Hier werden nur die Teile dargestellt, die sich mit der Bearbeitung des Monologes befassen.

1. Sequenz

Eine Grundatmosphäre für die Szene schaffen / Positionen auf drei Ebenen finden

* Die Spieler gehen durch den Raum, finden ein gemeinsames Tempo, wenn einer stoppt, stoppen alle; wenn einer wieder losgeht, gehen alle.

- Die Spieler erhalten jetzt die zusätzliche Aufgabe, die Stopps auf jeweils einer der drei Spielebenen (oben, Mitte, unten) zu suchen. Das heißt, der Spieler, der stoppt, nimmt eine klare Position auf einer Spielebene seiner Wahl ein, die anderen folgen. Bewegt die Gruppe sich wieder, bleibt sie auf dieser Ebene, die mit dem nächsten Stopp gewechselt werden kann, aber nicht muss. Jeder Spieler kann jetzt auf der jeweiligen Bewegungsebene sein eigenes Tempo finden.
- In jeden Stopp hinein gibt der TL jetzt eine emotionale Grundhaltung vor, die beim Losgehen die Ebene und das Tempo mitbestimmen soll, beide jetzt individuell gewählt. In den nächsten Stopps wird eine immobile Position zu der jeweiligen Grundhaltung gesucht. Die Spieler müssen nicht alle auf einen Schlag immobil werden, sondern können sich Zeit lassen für die Entwicklung der Immobilität aus der Bewegung heraus. Als Grundhaltung wird z.B. vorgegeben: Etwas erforschen wollen, misstrauisch sein, anzügliche Gedanken haben, jemanden belauschen, zielsicher sein, ein Lob bekommen wollen, etwas unauffällig auskundschaften. Die Spieler werden aufgefordert, sich die ihrer Meinung nach ungewöhnlichsten und interessantesten Positionen zu merken. *Da es jetzt schon darum geht, Positionen für die Szene zu finden, können der Spieler des Ministers oder ein oder zwei anderer Spieler aus der Gruppe herausgenommen werden, die auf die Brauchbarkeit der Positionen achten sollen. Es ist auch sinnvoll, mit einer Digitalkamera zu arbeiten, sodass man die Ergebnisse gleich zur Weiterarbeit zur Verfügung hat. Beides muss natürlich vorher geplant und der Gruppe bekannt gegeben werden.*

2. Sequenz

Material zur Entwicklung einer Bewegungssequenz für eine Szene finden

- Die Spieler erarbeiten in Partnerarbeit (ein Spieler probiert aus, einer guckt von außen, dann wird gewechselt) eine kleine Bewegungssequenz aus den Bestandteilen des vorausgegangenen Trainings. Ausgangspunkt sind die gefundenen immobilen Positionen, die beibehalten, doch durch überleitende Bewegungen verbunden werden sollen. Die Reihenfolge ist beliebig, sie sollte sich eher durch den Bewegungsfluss als durch eine irgendwie unterlegte Bedeutung ergeben. Die kleine Bewegungssequenz soll Tempiwechsel beinhalten, die Immobilitäten können unterschiedlich lange gehalten werden. Nicht alle Positionen aus dem Training müssen aufgenommen werden.

- Die Ergebnisse werden präsentiert, der Spieler des Ministers sucht sich aus den Vorschlägen der Mitspieler 10 bis 12 Positionen aus, die ihm spannend erscheinen und seinem Verständnis von der Figur entsprechen. Die Gruppe unterstützt bei der Auswahl.

3. Sequenz

Erarbeitung einer „Bewegungspartitur" zu einer Szene

- Der Spieler des Ministers für zarte Gefühle erarbeitet aus den Vorschlägen seine eigene Bewegungspartitur und passt die Positionen und ihre Verbindungen den schon entwickelten körperlichen und bewegungsmäßigen Eigenheiten seiner Figur an. Es soll auf Ebenen- und Tempiwechsel, auf verschieden lange Immobilitäten und fließende Übergänge geachtet werden.
  Es ist sinnvoll, dem Spieler einen Mitspieler zuzuordnen, der von außen beobachtet und Hinweise zur Gestaltung gibt.

4. Sequenz

Präsentation, Besprechung des Arbeitsergebnisses, Aufgaben zur Weiterarbeit

- Der Spieler zeigt sein Arbeitsergebnis der Gruppe. Unter Anleitung des TL sollte jetzt eine konstruktive Kritik stattfinden, die Positives stützt und Vorschläge zur Verbesserung enthält.
- Der Spieler erhält die Aufgabe, zur nächsten Probe den zuvor neutral gelernten Text seines Monologes auf die entwickelte Bewegungspartitur aufzuteilen. Dabei soll bewusst entschieden werden, wann der Text in der Immobi-

lität, wann in der Bewegung gesprochen wird. Die zuvor entwickelte Bewegungssequenz soll erhalten bleiben, der Text wird – soweit möglich – noch neutral gesprochen.

Zweite Probe zur Erarbeitung einer Textpartitur

1. Sequenz

„Einsingen" / Präsentation

- Nach einem kurzen Aufwärmtraining für die Stimme zeigt der Spieler des Ministers das Ergebnis seiner Bewegungs- / Textmontage. Wenn auch andere Spieler Ergebnisse präsentieren, die auf Basis der letzten Probe entwickelt wurden, ist es sinnvoll, eine individuelle Wiederholungsphase von ca. 15 Minuten einzubauen.
- Das Ergebnis wird von der Gruppe und dem TL gewürdigt und reflektiert.

2. Sequenz

Erinnerung an die Arbeit mit Elementen / Figurenerprobung in den Elementen

- Die Spieler gehen durch den Raum und bewegen sich nacheinander in den verschiedenen Elementen Feuer, Wasser, Luft und Erde. Der TL weist darauf hin, dass sie nicht Feuer, Wasser, Luft, Erde „spielen" sollen, sondern das Element in sich spüren und ein Teil dessen werden sollen.
- Die Spieler werden jetzt aufgefordert, nach und nach in den Körper und die Bewegungen ihrer jeweiligen Figur zu gehen.

- Der Theaterlehrer gibt folgende Hinweise: „Spürt jetzt das Element, das ihr eurer Figur als zentrales zugeordnet habt, in euch wachsen und lasst es die Bewegungen eurer Figur mit bestimmen. Welches Tempo hat die Figur jetzt, welche Körperhaltung, welche Stimmung?"
- „Erprobt in einem nächsten Schritt alle Möglichkeiten dieses Elementes in eurer Figur: Ist es Feuer, so geht von einem Glimmen bis hin zu einem Feuersturm; ist es Wasser, von Stillstand bis zu hoher Brandung usw."
- „Findet eine immobile Endposition, die eurer Figur und ihrem Element entspricht."
- „Geht langsam wieder los, bleibt in dem Element, lasst alle Figuren zu einem mittleren Tempo finden und baut kleine Momente ein, in dem das zweite Element der Figur zum Tragen kommt."
- „Beendet auch diese Übung mit einer immobilen Endposition."

3. Sequenz

Erarbeitung

- Nach Möglichkeit erhält jeder Spieler eine Erarbeitungsaufgabe, die mit diesem Training zusammenhängt. Der Spieler des Ministers erhält folgende Aufgabe: „Du hast deinen Text bisher neutral gelernt und gesprochen. Arbeite ihn jetzt im Hinblick darauf durch, welches der beiden Elemente, die du der Figur zugeordnet hast, in welcher Intensität dem Text jeweils unterlegt werden soll. Gehe den Text erst daraufhin durch und probiere dann aus. Lass das Element in seinem jeweiligen Zustand die Betonung, Lautstärke und das Tempo bestimmen." Der TL bietet in jeder Phase der Erarbeitung seine Unterstützung an und sollte sich überhaupt immer wieder vergewissern, dass der Spieler zurechtkommt. Es kann auch ein anderer Spieler aus der Gruppe mit der Co-Regie beauftragt werden. Für ausreichend Zeit muss gesorgt sein, in diesem Fall sicher 45 Minuten.

4. Sequenz

Präsentation / Aufgabe zur Weiterarbeit

- Der Spieler präsentiert sein Ergebnis vor der ganzen Gruppe, es findet eine gemeinsame Besprechung statt, möglicherweise werden kleine Korrekturen vorgenommen.
  Der TL sollte darauf achten, dass auch andere Spieler Ergebnisse präsentieren, die einen ähnlichen Schwierigkeitsgrad haben.
- Der Spieler erhält die Aufgabe, die so erarbeitete „Textpartitur"[7] zu wiederholen, so dass er frei damit spielen kann. Auch die dem Monolog zugeordnete Bewegungspartitur soll wiederholt werden.

7 Vgl. zu diesem Begriff die Ausführungen „Zum Sinn von Montageverfahren in theaterpädagogischen Erarbeitungsprozessen im gleichen Kapitel.

Weiterarbeit

In der nächsten Probe werden beide Partituren noch einmal wiederholt und unter Mithilfe des TL oder eines Gruppenmitgliedes montiert.

Reflexion

Zum Sinn von Montageverfahren in theater-pädagogischen Erarbeitungsprozessen

* Der in der Probeneinheit „Erarbeitung eines Monologs"
  beschriebene Erarbeitungsweg ist langwierig, da er auf einem Montageverfahren basiert. Doch gerade deshalb
  lohnt er sich auf alle Fälle.
* Die Bereiche ‚Bewegung' und ‚Sprechen' werden zunächst
  unabhängig voneinander erarbeitet und dann in einem –
  allerdings widerständigen – Assimilationsprozess zur Gestaltung genutzt, in dem Neues entsteht.
* Der Spieler hat mannigfaches Material und somit Elemente zur Gestaltung seines Monologes unter Mittun anderer
  Gruppenmitglieder erhalten. Noch wesentlicher für die Ergebnisse, die in ihrem Ausdruck zur Szene gehören, ohne
  sie platt zu illustrieren, ist aber das **Erarbeitungsverfah-
  ren selbst**.
* Als künstlerische Technik ist das Montageverfahren seit
  Sergej Eisenstein (1898-1948) auch dem Theater nicht
  fremd. Es gilt in der klassischen Moderne gemeinhin als
  künstlerische Antwort auf die Erfahrung, dass Umwelt und
  Gesellschaft nicht mehr als Totalität begriffen werden
  können. „Die Realität selbst erscheint ‚montiert' in einem
  bestimmten Sinn: als gleichsam ‚zusammengesetzte' Welt,
  eine Realität, die aus Bruchstücken, isolierten Teilen, hete-
  rogenen Elementen zu bestehen scheint, eine, durch die
  der Riss geht und die durch Entzweiung und Zersplitte-
  rung gekennzeichnet scheint. … Die überkommenen mi-
  metischen Verfahren erscheinen angesichts dieser Realität
  obsolet. Mit der Montage wird – bewusst oder unbewusst –
  versucht, dem Rechnung zu tragen."[8]
* Die Montagetechnik als ein zentrales, immer wiederkeh-
  rendes Element in den in diesem Buch vorgestellten
  theaterpädagogischen Erarbeitungsprozessen nimmt diese
  Entwicklung auf, die auch heute noch das gesellschaftliche Leben prägt. Sie führt zu einer künstlerischen Form,
  die Widersprüche, Brüche und Risse thematisieren und reflektieren kann.

8 Jürgens-Kirchhoff,
Annegret: Technik
und Tendenz der
Montage in der bil-
denden Kunst des
20. Jahrhunderts.
Gießen 1978, S.8

9   Vgl. hierzu:
    Manfred Brauneck
    und Gérard
    Schneilin (Hg.):
    Theaterlexikon.
    Reinbek bei Ham-
    burg 1986, S.217 f.

10 Ebd. S. 598

• Anders als die Collage, die eher als ein additiv zusammen-
  gesetztes Werk begriffen werden muss[9], ist die Montage
  nicht eine Summe von Teilelementen, „sondern ergibt als
  dialektisches Produkt einen neuen Bedeutungszusammen-
  hang."[10]

• Derartige Überlegungen sind selbst angesichts eines
  scheinbar so harmlosen Monologs eines „Ministers für zarte Gefühle" keinesfalls zu weitgehend, handelt es sich
  doch in der theaterpädagogischen Arbeit immer darum,
  Jugendliche an die komplexen Möglichkeiten künstlerischen Gestaltens heranzuführen und verschiedenen
  Schichten von Texten oder Figuren aufzuspüren. Dies gilt
  auch, wenn es sich im Einzelfall um die Umsetzung einer –
  immerhin politisch zu begreifenden – Märchenkomödie
  handelt.

• In diesem Zusammenhang soll hier noch auf die Verwendung des aus der Musik entlehnten Begriffes „Partitur" im
  Zusammenhang mit Szenen- und Stückerarbeitung eingegangen werden. Wie eine Partitur enthält das Theaterspiel
  mehrere Ebenen, die in Parallelität zum Zusammenwirken
  mehrerer Stimmen und Instrumente in der Musik aus dem
  mal harmonischen, mal disharmonischen Zusammenspiel
  verschiedener Künste und/oder Gestaltungsebenen bestehen. Die Textgestaltung stellt eine Linie in der Gesamtpar-
  titur einer Stückrealisierung dar.

• An dieser Stelle im Buch angekommen lässt sich für den
  immer mitgedachten aktiven Leser ein Verfahren erkennen, das die verschiedenen Linien der Stückerarbeitung
  aufschlüsselt und immer wieder neu zusammenführt.

• Theaterprojekte funktionieren auch ohne Text. Dennoch
  hat die Auseinandersetzung mit Literatur und Sprache innerhalb der Theaterpädagogik einen besonderen Stellenwert.

Textarbeit in der theaterpädagogischen Inszenierung –

Aneignung und Vermittlung von Be-Deutungen

Die theaterpädagogische Fachzeitschrift „Korrespondenzen" hat den Begriff „Theater der Sprache" geprägt.[11] Florian Vaßen spricht in diesem Zusammenhang von einem Neologismus.[12] Tatsächlich meint der Begriff „Theater der Sprache" etwas deutlich anderes als das herkömmliche Sprech- oder Literaturtheater, auf dessen Überwindung die Theaterreformer schon vor gut 100 Jahren hinarbeiteten, da hier alle anderen Theaterkünste denen des Textes und der Sprache untergeordnet wurden. Die Impulse, die von der Idee einer gleichwertigen Bedeutung aller am Theater beteiligten Künste ausgingen, hatten so viel Sprengkraft, dass sie Entwicklungen bis hin zur nächsten Jahrhundertwende anzustoßen vermochten. Begriffe wie Bildertheater, Tanztheater, Körpertheater, die zunehmende Relevanz von Bühnenbildern auch im Rahmen von Regiekonzeptionen, der wachsende Bereich der Performance Art sind beispielhafte Ergebnisse neuer Schwerpunktsetzungen, fruchtbarer Grenzüberschreitungen innerhalb der Einzelkünste des Theaters und neuartiger Begegnungen mit angrenzenden Künsten.

Es ist nicht nur der Dynamik von Bewegung und Gegenbewegung geschuldet, dass jetzt der Kunst der Sprache, des Sprechens und Erzählens eine neue Aufmerksamkeit geschenkt wird. Dies hat auch zu tun mit einem weit verbreiteten Verlust an differenzierter Sprachfähigkeit bei gleichzeitiger Zunahme von öffentlich zur Schau gestellten intimen Kommunikationssituationen. Es „lassen sich inflationäre Tendenzen feststellen, über alles und nichts wird geredet, nicht nur in den viel gescholtenen Talkshows, auch in Millionen von SMSen und Handy-Telefonaten; Nähe wird suggeriert und zugleich wird Intimität zerstört bzw. sprachlich ‚breitgetreten' von den Stars bis zu Lieschen Müller in den Nachmittagssendungen."[13]

Diese „neue Sprachkrise"[14] beinhaltet die Chance zur Neuentdeckung kommunikativer Möglichkeiten im aktiven Dialog mit einer fiktiven literarischen Figur wie auch mit all de-

11 Korrespondenzen Heft 41: „Theater der Sprache", Oktober 2002

12 Florian Vaßen: „Das Theater der Sprache – eine erste Annäherung". In ebd. S. 8

13 Ebd. S.6

14 In ihrer Dimension ist sie sicher zu vergleichen mit der Sprachkrise auf der Wende vom 19. zum 20. Jahrhundert, auch wenn dieser anders geartete gesellschaftliche Entwicklungen zugrunde lagen

nen, die am Realisierungsprozess einer Aufführung beteiligt sind. So entscheidend spontanes körperliches Agieren in einer Improvisationssituation ist, so wenig lässt sich ohne einen intensiven sprachlichen Dialog eine komplexe Aufführung mit einer Gruppe realisieren.

Der Begriff „Theater der Sprache" verweist auf eine differenzierte Auseinandersetzung mit Sprechen und Sprache im Rahmen der Kunstform Theater und damit auf Inszenierungen, die die künstlerischen Möglichkeiten der Stimm- und Sprachverwendung ausloten, den gestaltenden Zugriff auf Theater- oder andere Texte ins Zentrum stellen oder ihr Textmaterial im Prozess der Inszenierung entwickeln und formen. Er beinhaltet eine Schwerpunktsetzung, jedoch keine neuerliche Ausgrenzung der anderen Künste aus dem Gestaltungsprozess. Gerade daraus ergeben sich künstlerische Freiheiten in der Textgestaltung, die neue ästhetische Erfahrungen ermöglichen und unerwartete Bedeutungsebenen freilegen können[15]. Indem nämlich theatrale Zeichen mit ihrer je eigenen Intensität und Gestaltungskraft auf verschiedenen Ausdrucksebenen gesucht werden, können sie sich gegenseitig ergänzen und verstärken, einen irritierenden Kontrast bilden oder in der Konzentration auf formale Elemente nebeneinander gestellt werden wie beispielsweise im Theater Robert Wilsons. Wird dabei dem Text – auch wenn er ein besonderes Gewicht gewinnt – nicht mehr die Funktion des zentralen oder gar einzigen Bedeutungsträgers zugewiesen, werden durch die Konzentration auf Gestaltungsaspekte wie Rhythmisierung, Tempovariationen, Tonlagen, kurz gesagt auf die Musikalität der Sprache möglicherweise ganz neue Bedeutungen erschlossen. Grenzüberschreitungen dieser Art finden sich vielerorts, besonders ausgeprägt und kontinuierlich in den Inszenierungen Christoph Marthalers.

Unter der Voraussetzung einer **tätig-forschenden Annäherung an Sprache** und an den Umgang mit Stimme ist die Arbeit mit Texten in ihrem Stellenwert für die Theaterpädagogik gar nicht hoch genug einzuschätzen. Die künstlerische Umsetzung offenbart, was der Text für eine Gruppe oder einen

15 Auf diese Zusammenhänge wurde in dem zentralen Kapitel zur Figurengestaltung (Kapitel 3) bereits verwiesen.

einzelnen Spieler **be-deutet.** Darin ist unter Umständen die Aneignung einer historischen Dimension enthalten. Grotowski äußert sich zur Begegnung mit literarischen Texten so: „Der Text ist eine künstlerische Wirklichkeit, die im objektiven Sinn existiert. Wenn nun der Text alt genug ist und seine ganze Kraft bis heute bewahrt hat – mit anderen Worten, wenn dieser Text bestimmte Konzentrate menschlicher Erfahrungen, Vorstellungen, Illusionen, Mythen und Wahrheiten enthält, die auch heute noch aktuell für uns sind-, dann wird der Text zu einer Botschaft, die wir von früheren Generationen empfangen."[16] Voraussetzung für das Gelingen einer solchen Kommunikation mit Textmaterial ist die **Gestaltung der Begegnung** nicht ausschließlich auf der Oberfläche des Textes, sondern, wie oben beschrieben, als Annäherung an seinen komplexen Gehalt unter Einbezug verschiedener Ausdrucksebenen. So enthalten die vorangestellten Kapitel bereits Texterarbeitungen, die aus einem jeweils unterschiedlichen gestalterischen Schwerpunkt gewonnen werden. Denn gerade eine gestalterisch breit angelegte, experimentelle Annäherung an einen Text vermag das freizulegen, was **eine Gruppe und die einzelnen Individuen an einem Text angehen und bewegen kann.** Damit ist die persönliche Komponente berührt.

Eine nicht mehr überraschende, jedoch immer wieder ganz besondere Erfahrung ist, dass es bei einem Verfahren, das die komplexe Be-Deutung eines Textes solchermaßen erforscht, kaum ein Thema, eine Fragestellung oder eine Geschichte gibt, die sich in der theatralen Annäherung mit einer Gruppe nicht erschließen ließe. Befürchtungen hinsichtlich des Fremdheitsgehaltes dramatischer oder anderer Texte im Verhältnis zur Lebenswelt Jugendlicher sind zumeist unbegründet, denn je dichter ein Text ist, um so größer ist die Wahrscheinlichkeit, dass eine Bedeutungsebene herauskristallisiert werden kann, die auch junge Menschen in ihrer Lebenssituation und in ihrem Lebensumfeld tangiert. Dabei erscheint es besonders wichtig, dass die Berührung, die sich in der theatralen Aneignung vollzieht, Fremdheit nicht unbedingt aufheben muss. Im Gegenteil: Reibungsprozesse in der Verwandlung liefern nicht nur Gestaltungsmaterial, sondern auch Denk- und Gesprächsanlässe. Fremdheit kann so sichtbar und reflektierbar gemacht werden. Dieser Vorgang lässt sich unter den Begriff der Differenzerfahrung[17] fassen.

16 Grotowski, Jerzy: Für ein armes Theater. Berlin 1994, S.59

17 Vgl. hierzu: Koch, Gerd: Lob der Differenz – Am Beispiel von sozialer Kulturarbeit und Theaterpädagogik. In: Anders lernen! Dokumentation zum Fachtag der „Landesvereinigung Kulturelle Jugendbildung Berlin e. v." am 18. 10. 2002. Berlin 2003, S. 25-32

18 Gabriela Naumann,
     zitiert nach ebd. S. 26

„Erst durch das Aushalten von Ambivalenz, Differenz und Fremdheit wird Erfahrungs- und Denkfähigkeit hergestellt."[18] Es ist offensichtlich, dass sich hier die persönliche Erfahrung zur kulturellen und gesellschaftlichen öffnet, womit die dritte Ebene thematisiert ist.

Für alle drei zu erschließenden Bedeutungsebenen eines Textes, die historische, die persönliche und die gesellschaftliche, gilt: Wenn es um eine **Gestaltung** des Textes im **Zusammenspiel der verschiedenen Theaterkünste** und damit verschiedener Ausdrucksebenen geht, es sich also um „Theater der Sprache" handelt, sind in diesen Prozess Körper und Intellekt des Spielenden gleichermaßen involviert. Die Be-Deutungsfindung wie auch ihre Vermittlung an ein Publikum vollzieht sich auf Seiten des Spielers wiederum auf zwei Ebenen, der körperlichen und der intellektuellen. Damit ermöglicht die Arbeit an und mit Texten nicht nur eine für den Spieler umfassende, seine Entwicklung auf verschiedenen Ebenen vorantreibende Erfahrung, sondern die gewonnen Bedeutungen, Deutungen und Erfahrungen fließen im Rahmen einer Aufführung in einen vielschichtigen kommunikativen Prozess mit dem Publikum ein, der wiederum der sprachlichen Kommunikation und damit der reflexiven Verarbeitung zugänglich gemacht wird.

Theater mit Jugendlichen unter Einbezug von Texten und deren Gestaltung baut so eine Brücke zu einem differenzierten Umgang mit Sprechen und Sprache auch außerhalb des Theaters.

Ergänzungen zum „Handwerk" des Theaterlehrers

Siebtes Kapitel

Ergänzungen zum „Handwerk" des Theaterlehrers

Vorschläge zur Planung einer Probeneinheit

	Modell A	Modell B	Modell C
1.	**Warm-up** Körper / Gruppe: Gruppenspiele, spielerische Gestaltungsexperimente, Konzentration	Sensibilisierunsübungen, Entspannung, die Improvisation / Erarbeitung vorbereitende **Traumreise**	Entspannung, Körperliches **warm-up**, bezogen auf Stimme,
2.	**Körpertraining**, die Gestaltungsaufgabe vorbereitend	**Körpertraining**, mit einem kurzen warm-up beginnend, die Gestaltungsaufgabe vorbereitend	Training zu **Atem / Stimme**, bezogen auf die Gestaltungsaufgabe
3.	**Improvisations- bzw. Erarbeitungsphase** (einzeln, Partnerarbeit, Untergruppen oder Gesamtgruppe)		
4.	**Demonstration der Ergebnisse** mit Besprechung, Rückmeldung, Reflexion Eventuell Wiederholung mit einer neuen Akzentuierung der Aufgabe Reflexion der Ergebnisse im Hinblick auf die Einbindung in das Gesamtprojekt Eventuell Ergebnisfixierung zur Weiterarbeit		
5.	**Allgemeine Besprechung** Reflexion der Probeneinheit insgesamt Besprechung zum Stand der Gesamtarbeit Überlegung der weiteren Schritte und Notwendigkeiten Verteilung von Aufgaben Überlegungen und Diskussionen zur Gruppensituation Allgemein Organisatorisches (Diese Phase ist nicht immer zwingend notwendig und nie in allen Teilen sinnvoll)		

Ein Vorschlag zur Projektplanung

1. Phase

Reinspringen / Motivation und Begeisterung für ein Projekt schaffen

- Improvisationen im Umfeld eines oder mehrer Stücke oder Projekte, damit die Entscheidung für ein Stück nicht nur intellektuell getroffen wird.
- Das Stück / die Stücke in einer Kurzfassung vorstellen; Improvisationen zu einzelnen Szenen.
- In den ersten umkreisenden Improvisationen schon Gestaltungsrichtungen ausprobieren, suchen, also Lesarten antesten und der Gruppe die entsprechenden Möglichkeiten deutlich machen.
- Besondere Fähigkeiten, Möglichkeiten und Interessen erfragen (Beherrschung von Instrumenten, Gesangs- oder Tanzausbildung usw.).

oder / und ein Stück bzw. Projekt auswählen lassen

- Auswahlkriterien (mit den Jugendlichen) entwickeln, diskutieren, deutlich machen.
- Stückvorschläge einholen, machen, besprechen.

Für beide Wege am Schluss der ersten Phase:

- Mit der Gruppe die Stückentscheidung treffen.
- Erste theatergeschichtliche Bezüge herstellen, Gestaltungsideen einordnen und weiterdenken.

2. Phase

Breite schaffen / Material finden

- Improvisationen, die der weiteren Annäherung an das Stück dienen sowie dem Auffinden brauchbarer theatraler Gestaltungsmittel.
- Den Theatertext ganz lesen lassen, Richtung der Textbearbeitung diskutieren.
- Für Montagen oder selbst entwickelte Stücke Texte suchen und auswählen (lassen).
- Rollenexperimente durchführen (alle Spieler in allen Rollen!) / verschiedene Besetzungsmöglichkeiten ausprobieren / Konfrontation mit der theatralischen Figur, der theatralischen Figur mit dem Ich, mit anderen Figuren / Stimm- und Körpertraining, Wahrnehmungs- und Sensibilisierungsübungen, schon auf die Erfordernisse und Möglichkeiten des Stückes bezogen.
- Evtl. Exkursionen durchführen, die der Erweiterung des Spielmaterials dienen können / Filme zum Thema ansehen oder Theaterbesuche durchführen etc.
- Theatertheoretische und / oder das Thema umkreisende Texte lesen.
- Raumwahrnehmung in Bezug auf die Erfordernisse des Stückes bzw. Projektes / Raumexperimente / erste Überlegungen zur Bühnengestaltung.
- Experimente mit Kostümen, Requisiten, Musik, evtl. Masken.
- Evtl. schon Überlegungen zur Lichtregie anstellen.
- Für Projekte im Rahmen von Schule: Überlegungen anstellen, ob fächerübergreifend gearbeitet werden kann. Für Projekte in anderen institutionellen Zusammenhängen: Möglichkeiten der Unterstützung bzw. auch der Zusammenarbeit mit anderen Einrichtungen prüfen. Die praktische Umsetzung organisieren.
- Finanzierungsbedarf überschlagen und Finanzierungsmöglichkeiten bedenken / suchen.
- Falls möglich eine Probenreise organisieren und zu Beginn der 4. Phase durchführen.

3. Phase

Entscheidungen treffen, Kräfte konzentrieren

* Grundrichtung der theatralen Gestaltung festlegen.
* Textbearbeitung vornehmen / Untergliederung in Proben-einheiten vornehmen und als Szenenabfolge der Gruppe zur Verfügung stellen.
* Besetzungsentscheidungen treffen, diskutieren, ggf. modifizieren.
* Arbeitsgruppen zu verschiedenen Aspekten der Stückerarbeitung bilden (Kostüme, Bühne Dramaturgie, Öffentlichkeitsarbeit, Organisation etc.). Dies kann ggf. auch schon in der 2. Phase passieren.
* Klarheit über die Notwendigkeiten von Stimm- und Körpertraining gewinnen, Training entsprechend anlegen. Evtl. Unterstützung von außen organisieren.
* (Vorläufige) Kostümentscheidung mit der Gruppe treffen und die Beschaffung bzw. Herstellung der Kostüme organisieren.
* (Vorläufige) Entscheidung für die Requisiten treffen, besorgen (lassen).
* (Vorläufige) Entscheidung für die Gestaltung des Spiel-bzw. Bühnenraumes fällen.
* Musik auswählen.

4. Phase

Erarbeitung im engeren Sinn

* Gezieltes Körpertraining (Stimmtraining eingeschlossen) und Improvisationen zu den Gestaltungsaufgaben.
* Erarbeitung von Szenen und Demonstration der Ergebnisse / Kritik / Weiterarbeit.
* „Inseln" (genau gearbeitete Szenen) schaffen.
* Vor allem bei Montagen und selbst entwickelten Stücken eine dramaturgische Linie entwickeln.
* An Wiederholbarkeit arbeiten, Notationsmöglichkeiten finden.
* Erste Szenenübergänge finden.
* Einen Überblick über „Leerstellen" gewinnen und der Gruppe vermitteln.
* Zeit- und Probenplan (auch für notwendige Sonderproben) erstellen.
* Kostüme beschaffen, herstellen / Bühnenraum gestalten.
* Aufführungstermin festlegen (spätestens jetzt!). Termine für Sonderproben besprechen und festlegen.
* Organisatorische Schwierigkeiten bedenken und Lösungsmöglichkeiten suchen.
* Überlegungen zum Programmheft anstellen.

* Auch nach getroffenen Entscheidungen immer wieder Neues ausprobieren, Spieler z.B. auch mal wieder in fremde Rollen schicken, Raumgestaltung überdenken etc. Auch hier prozesshaft denken und offen bleiben für neue, bessere Lösungen, für radikale Stückkürzungen etc.

5. Phase

Zusammenfassung der Ergebnisse

- Szenen wiederholen, aneinander setzen, Übergänge finden und festlegen.
- Stückteile im Zusammenhang spielen.
- Modifikationen im Hinblick auf Rhythmus und Tempi vornehmen, die dem Stückganzen entsprechen.
- Ergebnisse festhalten. Insbesondere bei selbst entwickelten Stücken und bei Montagen muss am Schluss eine Stückfassung vorliegen, an der die Spieler sich orientieren können. Dies ist auch die Voraussetzung dafür, dass alleine gelernt und wiederholt werden kann.
- Erste Licht- und Tonproben ansetzen.
- Schminke ausprobieren.
- Ca. zwei Wochen vor der Premiere eine öffentliche Probe mit anschließendem Gespräch vor einem ausgewählten Publikum durchführen. (Evtl. fehlende Teile können kurz verbal vermittelt werden / Den Schluss noch weglassen.)
- Auswertung der öffentlichen Probe durch den Theaterlehrer und die Gruppe. Veränderungsvorschläge überlegen, diskutieren, ausprobieren.
- Stück endgültig fertig stellen, letzte Leerstellen füllen.
- Programmheft erstellen / Werbung organisieren (spätestens jetzt!).
- Möglichst mehrere Durchlaufproben mit unterschiedlicher Schwerpunktsetzung (technischer Durchlauf, Erinnerungsdurchlauf, Geschichte erzählen etc.) ermöglichen.
- Aufführung organisatorisch vorbereiten.

6. Phase

Die Aufführungen

- Möglichst mehrere Aufführungen vor einem nicht zu großen Publikum durchführen, damit das Stück sich entwickeln kann und eine gute Kommunikationssituation entsteht.
- Premierenfeier organisieren.
- Festlegen, wann nach den Aufführungen aufgeräumt und die nächste Vorstellung organisatorisch vorbereitet wird.
- Aufführungsvorbereitendes Training durchführen.
- Besprechung jeder Aufführung, Weiterarbeit am Stück, Mut zu „machbaren" Veränderungen auch noch in der Aufführungsphase.
- Am besten im Anschluss an die zweite Aufführung sollte ein Publikumsgespräch stattfinden (Rückkoppelung für die Gruppe / Gelegenheit für die Spieler, sich zu ihrer Arbeit und zum Stück zu äußern / Vermittlung innerhalb der Institution / Heranbildung eines „kundigen" Theaterpublikums / Gelegenheit zu Kritik).
- Innerhalb der Gruppe: Unstrukturierter Erfahrungsaustausch, Aufnahme und Diskussion der Reaktionen des Publikums, viele Gespräche führen.
- Die Organisation eines Büfetts oder eines Getränketisches hat sich im Hinblick auf informelle Gespräche nach der Vorstellung, zu denen man das Publikum explizit einladen sollte, als sinnvoll erwiesen.
- Pausen tun den meisten Stücken und den Spielern nicht sehr gut. Lieber die Stücklänge reduzieren!

7. Phase

Reflexion

* Reflexion der Aufführungserfahrung und des Erarbei-
  tungsprozesses, künstlerischer Entscheidungen usw. sowie
  der Gruppensituation.
* Bedeutung der Publikumsreaktionen einschätzen lernen.
* Überlegungen zur Weiterarbeit anstellen, die sich aus den
  gemachten Erfahrungen ergeben.

Zur Wiederholbarkeit von Erarbeitetem

Die Frage, wie Ergebnisse aus Proben wiederholbar gemacht werden können, taucht schon deshalb auf, weil der Weg zur Szene in der Theaterpädagogik grundsätzlich über die Improvisation geht. Wie können Probenergebnisse in der immer auf den Moment bezogenen Kunst des Theaters so festgehalten werden, dass mit ihnen weitergearbeitet werden kann und sie noch in den Aufführungen präsent und verfügbar sind? Und das unter den Bedingungen des Amateurtheaters, wo zwischen Probenbeginn und Aufführungen ein Jahr vergehen kann!

Das Problem der Wiederholbarkeit wird in theaterpädagogischen Projekten immer wieder neu zu lösen sein. Es lassen sich aber einige Hinweise geben, die zur Lösung beitragen können.

Hinweise für den Theaterlehrer

* Je klarer und pointierter die in den Improvisationen gefundenen Ausdrucksformen sind, desto leichter sind sie wiederholbar und schriftlich fixierbar. Die Improvisationsaufgaben sollten also möglichst immer schon einen gestaltenden Aspekt enthalten.
* Wird die Erarbeitung auf Teilbereiche bzw. Einzelkünste des Theaters konzentriert, präzisiert dies den Erarbeitungsweg und die Gestaltung. Damit wird die Wiederholbarkeit erleichtert, so z. B., wenn die Entwicklung einer Szene auf den Umgang mit einem Requisit aufgebaut ist.
* Der Erarbeitungsweg (Körpertraining / Gestaltungsaufgabe) wird Bestandteil des Improvisationsergebnisses und kann darüber auch wieder erinnert werden. Soll ein Probenergebnis nach längerer Zeit wiederholt werden, empfiehlt es sich zwar nicht, das ursprünglich zur Probeneinheit gehörende Training einfach zu wiederholen, es ist jedoch sinnvoll, den zentralen Gestaltungsaspekt in einem zuspitzenden Training neu aufzunehmen (Schulung und Nutzung des Körpergedächtnisses).

- Voraussetzung hierfür ist, dass der Theaterlehrer einen Überblick über Aufgabenstellungen und Probenergebnisse auch über einen längeren Zeitraum hin behält. Notizen, die sich an der Szenenübersicht orientieren und entsprechend sortiert werden (siehe Projektplanung), sind hier hilfreich und dienen zudem der klaren und schnellen Verständigung mit der Gruppe.

- Um aus einem Improvisationsergebnis einen Gestaltungsaspekt noch klarer herauszukristallisieren, kann es notwendig sein, Improvisationen gleich mit einer zuspitzenden Aufgabe oder im Hinblick auf einen neu gewonnenen Aspekt wiederholen zu lassen, sodass dann ein vorläufiges, auf das Gesamtprojekt bezogenes Ergebnis vorliegt.

- Die Wiederholung wird desto einfacher, je klarer sich eine Szene in den Gesamtzusammenhang des Stückes einordnen lässt (klare Lesartentwicklung mit der Gruppe / Szenenüberblick).

- Grundsätzlich kann man sagen, dass der Rhythmus einer Szene ein wichtiges Instrument nicht nur der Gestaltung, sondern auch der Erinnerbarkeit einer Szene ist.

- Je intensiver in die Auswertung einer Improvisation die ganze Gruppe einbezogen wird, desto verlässlicher sind die Hilfen, die der Theaterlehrer für die spätere Wiederholung von ihr in Anspruch nehmen kann.

- Schon in der Anfangsphase eines Projektes muss der TL der Gruppe Raum geben, verschiedene Notationsmöglichkeiten auszuprobieren.

- Ebert[1] spricht von Drehpunkten (der Drehpunkt ist die Nahtstelle zwischen zwei Vorgängen, die Stelle, an der ein Situationswechsel stattfindet, an der andere, neue Umstände eintreten[2]) und Fixpunkten (festzulegende Punkte in einer Improvisation, an denen ein neues Handlungsziel auftaucht). Für Szenen, die stark auf die zu erzählende Geschichte, nicht so sehr auf formale Gestaltungsmittel bezogen sind, sind diese Begrifflichkeiten nützlich.[3]

1 Gerhard Ebert: Improvisation und Schauspielkunst. Über die Kreativität des Schauspielers. Berlin 1993

2 Ebd. S.124

3 Vgl. ebd., bes. S.124-133

- Videoaufnahmen sind natürlich ein wichtiges Hilfsmittel. Für den TL stellt sich aber die Schwierigkeit, dass eine Szene nicht gleichzeitig von ihm aufgezeichnet und ausgewertet werden kann. Hier ist es sinnvoll, rechtzeitig jemanden in das Projekt zu integrieren, der Mitschnitte anfertigen kann. So hilfreich Videoaufnahmen sein können, so ist doch zu bedenken, dass ihre Nutzung in der Erarbeitungsphase sehr zeitraubend ist. Es ist auch nicht unbedingt sinnvoll, den Blick von Amateuren in dieser Phase auf ihre eigene Außenwahrnehmung zu lenken.
- Photos können als Zwischenstation in Improvisationen hilfreich sein. Lässt man z. B. Standbilder bauen oder probiert Positionen im Raum aus, so kann man interessante Ergebnisse auf einem Photo (am besten mit Digital- oder Sofortbildkamera) aufnehmen und die Aufgabe stellen, diese in die Szenengestaltung zu übernehmen. Neben dem Gestaltungsaspekt gewinnt man einen Erinnerungspunkt. Zudem Material für das Programmheft, Öffentlichkeitsarbeit und Werbung.
- Für die Textentwicklung und -fixierung sind Tonaufnahmen zu gebrauchen.
- Als Textbücher eignen sich Din-A-3 Vergrößerungen mit freiem Platz für individuelle Aufzeichnungen, Textbearbeitungen und -einschübe. Sie sind besser geeignet als eng gedruckte Texte.

Weiteres zur Einbindung der Gesamtgruppe

4 Hinweise hierzu finden sich beispielsweise bei Viola Spolin: Improvisationstechniken für Pädagogik, Therapie und Theater. Paderborn 1987, S. 41 ff

- Zentral wichtig ist es, eine „Kultur der Beschreibung" zu entwickeln und zu pflegen. Die Gruppe muss lernen zu beschreiben, was sie gesehen hat und wie das Gespielte auf sie gewirkt hat.[4] Im weiteren Schritt dann auch, wie Ergebnisse schriftlich fixiert werden können.
- Sinnvoll ist es, gezielte Beobachtungsaufträge zu geben (beobachtet nur die Füße, die Raumnutzung u.a.m.). Aus der Beschreibung kann dann die Aufgabe für eine zuspitzende Improvisation entwickelt werden, oft sogar von der Gruppe selbst, die dann natürlich auch von allen leichter erinnert wird. Je detaillierter Beobachtungsaufträge sind,

desto hilfreicher sind sie für die künstlerische Gestaltung der Szenen, für die Fixierung und die Wiederholbarkeit.

- Die von allen vorangetriebene Weiterentwicklung einer Szene dient auch der gemeinsamen Erinnerung an sie. Folgende Techniken lassen sich beispielsweise nutzen: Andere Spieler als die für die Szene Vorgesehenen improvisieren; die Spieler erhalten neue Spielmöglichkeiten über Zurufe von außen oder „Einflüsterer", die hinter ihnen in der Szene stehen; auch die Aufteilung von Text und Bewegung auf zwei Spieler kann neue Perspektiven auf eine Szene eröffnen.
- Ist man in der Gestaltung schon relativ weit fortgeschritten, können Spieler, die nicht in der Szene sind, auf bestimmte Aspekte konzentrierte Mitschriften anfertigen.
- Bei einer sehr deutlichen Szenenunterteilung auch im Hinblick auf den Spielereinsatz (z.B. in einer Montage) empfiehlt sich die Übernahme von gegenseitigen Partnerschaften für die einzelnen Szenen oder auch eine Co-Regie.
- Im Bereich des Darstellenden Spieles an Schulen können auch Klausuren u.a. die Funktion einer schriftlich fixierten und weitertreibenden Ergebniszusammenfassung übernehmen.

Zu den Möglichkeiten des einzelnen Spielers

- Sinnvoll ist es, ein Probentagebuch führen zu lassen. Hier können verschiedene kreative Formen gefunden werden. (Verschriftlichungen können zu Beiträgen im Programmheft führen.)
- Die Erfahrung lehrt, dass Probentagebücher nur dann kontinuierlich geführt werden, wenn man noch innerhalb der Probenzeit Raum dafür gibt oder genaue Aufträge für

die nächste Probe erteilt, die dann aber auch in die Arbeit aufgenommen und genutzt werden müssen.

- Im Darstellenden Spiel an der Schule können Probetagebücher auch als Material in Klausuren sinnvoll genutzt werden.
- Manchmal ist es effektiver, ein Probentagebuch nicht kontinuierlich, sondern nur punktuell schreiben zu lassen, zur Zuspitzung und damit Verfestigung der Ergebnisse.
- Für den Gesamtzusammenhang des Stückes sowie bei abstrakteren Bewegungsszenen kann es helfen, wenn die Spieler sich den Ablauf in der inneren Vorstellung der Vorgänge auf der Bühne vergegenwärtigen, so wie auch Tänzer ihre Choreographien oftmals im Kopf durchgehen.

Vor den Aufführungen

- Der erste Gesamtdurchlauf durch ein Stück nach (vorläufiger) Fertigstellung aller Szenen gestaltet sich fast ausnahmslos frustrierend und für alle Beteiligten enttäuschend. Die Komplexität der Anforderung, die das Theaterspielen besonders in der Ernstsituation einer Aufführung stellt, wird hier greifbar deutlich, ohne dass durch Übung bereits Sicherheit gewonnen werden konnte. Auf diese Situation muss eine Gruppe vorbereitet sein, um den Mut nicht zu verlieren!
- Hilfreich ist, wenn Teilabschnitte schon vorher im Zusammenhang geprobt wurden, es also auch hier „Inseln" gibt.
- Mehrere Durchlaufproben mit unterschiedlicher Schwerpunktsetzung (Übergänge / Erinnerung der Abläufe / Abgehen der Gänge / Emotionsveränderungen / Zusammenspiel usw.) erhöhen die Sicherheit der Spieler und damit die Qualität der Aufführung.
- Überhaupt ist es zur Wiederholung gut, Anforderungsbereiche zu isolieren. So kann besonders gut auf die Bedürfnisse und Erfordernisse sowohl einzelner Spieler als auch der Gruppe eingegangen werden.
- In einer von den Abläufen her schwierigen Aufführung kann eine Gruppe unmittelbar vor der Präsentation noch einmal im Slapstick oder wie in einem zu schnell abge-

spulten Film durch das Stück geschickt werden (italieni-
sche Probe / Teil des aufführungsvorbereitenden Trainings).

* Um falsche Routine nicht aufkommen zu lassen, die die
  Konzentration herabsetzt und dadurch u. U. zu Erinne-
  rungslücken führt, kann für jede Aufführung nach der Premiere ein neues Motto ausgegeben werden (z. B.: „Heute
  spielt das Stück in New
  York!"). Dies erhöht neben
  der Konzentration die
  Spielfreude und kann, entsprechend gewählt, noch
  zu einer Verdichtung in
  der Darstellung führen.

Photonachweis

„Pétit prince" nach St. Exupéry
Projekt nahe des ehemaligen Mauerstreifens
Berlin-Lichtenrade 1996
Projektleitung Dorothea Hilliger
Photos: Michael Ache
S. 151, 163

„Tattoo"
Tanzprojekt Volksbühne Berlin 2003
Projektleitung Simona Furlani / Dorothea Hilliger
Photos: Thomas Aurin
S. 55, 67, 77, 80, 215, 229 und Umschlag

„... und da sitz ich nun und bin ganz allein"
Jugendtheaterprojekt über Menschen in der Psychatrie
Ulrich-von-Hutten-Schule Berlin, 2003
Projektleitung Dorothea Hilliger
Photos T. Ming Kang
S. 50, 53, 127, 135, 144, 149, 171, 178 und Umschlag

„Damals in Sevilla" nach Samuil Aljoschin
Ulrich-von-Hutten-Schule Berlin, 2004
Projektleitung Dorothea Hilliger
Photos Max Thiel
S. 9, 12, 13, 31, 89, 116, 122, 123, 131, 181, 191, 201, 212, 225, 227 und Umschlag

„Der König stirbt" nach Eugène Ionesco
Ulrich-von-Hutten-Schule Berlin, 2005
Projektleitung Dorothea Hilliger
Photos T. Ming Kang
S. 58, 84, 93, 109, 113, 120, 195 und Umschlag

Zitierte Literatur

Aristophanes: Die Vögel. Übersetzung von Christian Voigt. Stuttgart 1971

Barba, Eugenio: Jenseits der schwimmenden Inseln. Reflexionen mit dem Odin-Theater. Reinbek bei Hamburg 1985

Baumeister, Willi: Das Unbekannte in der Kunst. Köln 1988

Beckett, Samuel: Dramatische Dichtung in drei Sprachen. Frankfurt/M. 1981

Bochow, Jörg: Das Theater Meyerholds und die Biomechanik. Berlin 1997

Brauneck, Manfred und Gérard Schneilin: Theaterlexikon. Reinbek bei Hamburg 1986

Brecht, Bertolt: Schriften zum Theater. In: Gesammelte Werke Bd.15. Frankfurt/M . 1967

Brook, Peter: Der leere Raum. Berlin 1988

Coblenzer, Horst und Franz Muhar: Atem und Stimme. Anleitung zum guten Sprechen. Wien 1976

Diderot, Denis: Das Paradox über den Schauspieler. In: Texte zur Theorie des Theaters. Hg. von Klaus Lazarowicz und Christopher Balme, Stuttgart 1991, S.155-163

Ebert, Gerhard: Improvisation und Schauspielkunst. Über die Kreativität des Schauspielers. Berlin 1993

Feldenkrais, Moshé: Bewusstheit durch Bewegung. Der aufrechte Gang. Frankfurt/M. 1978

Feldenkrais, Moshé: Die Entdeckung des Selbstverständlichen. Frankfurt/M. 1985

Fischer-Lichte, Erika: Kurze Geschichte des deutschen Theaters. Tübingen und Basel 1993

Fragstein, Thomas v. und Hans Martin Ritter (Hg.): Sprechen als Kunst. Positionen und Prozesse ästhetischer Kommunikation. Frankfurt / M. 1990

Fricke, Harald: Gesetzt und Freiheit. Eine Philosophie der Kunst. München 2000

Grotowski, Jerzy: Für ein armes Theater. Berlin 1994

Hilliger-Ache, Dorothea: Reibung – Versuch der Übertragung eines physikalischen Phänomens auf die theaterpädagogische Praxis. In: Vaßen / Koch / Naumann: Wechselspiel: KörperTheaterErfahrung. Frankfurt / M. 1998, S.149-153

Hofmannsthal, Hugo: Brief des Lord Chandos. In: Gesammelte Werke Bd. VII, Erzählungen. Erfundene Gespräche und Briefe. Reisen. Frankfurt / M. 1979, S. 461-472

Hohmann, Silke: Nicht fertig werden. In: „Frankfurter Rundschau" vom 25. 4. 03

Humphrey, Doris: Die Kunst, Tänze zu machen. Zur Choreographie des Modernen Tanzes. Wilhelmshaven 1985

Jelinek, Elfriede: Ein Sportstück. Reinbek bei Hamburg 1999

Jocks, Heinz-Norbert: Die Freiheit des Bühnenbildners. In: Das Bild der Bühne. Hg. von Volker Pfüller und Hans-Joachim Ruckhäberle, Berlin 1998, S. 19-23

Jürgens-Kirchhoff, Annegret: Technik und Tendenz der Montage in der bildenden Kunst des 20. Jahrhunderts. Gießen 1978

Kleve, Heiko / Gerd Koch / Matthias Müller (Hg.): Differenz und soziale Arbeit. Berlin, Milow, Strasburg 2003

Koch, Gerd: Ich ist ein anderer. In: Heiko Kleve / Gerd Koch / Matthias Müller (Hg.): Differenz und soziale Arbeit. Berlin, Milow, Strasburg 2003, S. 57-69

Koch, Gerd: Lob der Differenz. In: In: Anders Lernen! Schlüsselkompetenzen durch kulturelle Bildung vermitteln. Dokumentation zum Fachtag der „Landesvereinigung Kulturelle Jugendbildung Berlin e. v." am 18. 10. 2002. Berlin 2003, S. 25 - 32

Koch, Gerd und Marianne Streisand (Hg.): Wörterbuch der Theaterpädagogik. Berlin, Milow 2003

Köller, Thomas: Die Schauspielpädagogik Jacques Lecoqs. Frankfurt/M., Berlin, Bern, New York, Paris, Wien 1993

Korrespondenzen. Zeitschrift für Theaterpädagogik. 17. Jahrgang, Heft 41. Theater der Sprache. Milow 2002

Lazarowicz, Klaus und Christopher Balme (Hg.): Texte zur Theorie des Theaters. Stuttgart 1991

Lecoq, Jacques: Der poetische Körper. Eine Lehre vom Theaterschaffen. Berlin o. J.

Lehmann, Hans-Thies: Postdramatisches Theater. Frankfurt./M. 1999

Lehmann, Hans-Thies: Spiel mit Rahmungen. In: Anna Viebrock Bühnenräume. Berlin 2000, ohne Seitenangaben.

Lenzen, Dieter (Hg.): Kunst und Pädagogik. Erziehungswissenschaft auf dem Weg zur Ästhetik? Darmstadt 1990

Linklater, Kristin: Die persönliche Stimme entwickeln. Ein ganzheitliches Übungsprogramm zur Befreiung der Stimme. München 2001

Matthies, Roland: Wege zu einer Schauspielausbildung – Wege zu einem neuen Theater? Frankfurt/M. 1996

Musil, Robert: Die Schwärmer. Reinbek bei Hamburg, 1982

Pfüller, Volker: Bild und Text – eine unglückliche Liebe. In: Das Bild der Bühne. Hg. von Volker Pfüller und Hans-Joachim Ruckhäberle, Berlin 1998, S. 8-11

Pfüller, Volker und Hans-Joachim Ruckhäberle: Das Bild der Bühne. Arbeitsbuch. Berlin 1998

Ritter, Hans Martin: Sprechen auf der Bühne. Ein Lehr- und Arbeitsbuch. Berlin 1999

Schwab, Lothar und Richard Weber: Theaterlexikon. Kompaktwissen für Schüler und junge Erwachsene. Frankfurt / M. 1991

Schwarz, Jewgeni: Märchenkomödien. Leipzig 1977

Seym, Simone: Das Théâtre du Soleil. Ariane Mnouchkines Ästhetik des Theaters. Stuttgart 1992

Siegemund, Anke: Improvisation. In: Wörterbuch der Theaterpädagogik. Hg. Von Gerd Koch und Marianne Streisand, Berlin, Milow 2003, S. 137-139

Simhandl, Peter: Bildertheater. Bildende Künstler des 20. Jahrhunderts als Theaterreformer. Berlin 1993

Simhandl, Peter: Theatergeschichte in einem Band. Berlin 1996

Spolin, Viola: Improvisationstechniken für Pädagogik, Therapie und Theater. Paderborn 1987

Stanislawski, Konstantin: Die Arbeit des Schauspielers an sich selbst, Band 1. Berlin 1961

Stanislawski, Konstantin: Die Arbeit des Schauspielers an sich selbst, Band 2. Berlin 1955

Strasberg, Lee: Ein Traum der Leidenschaft. München 1988

Strasberg, Lee: Schauspielen und das Training des Schauspielers. Beiträge zur ‚Method'. Hg. von Wolfgang Wermelskirch. Berlin o.J.

Trilse-Finkelstein, Jochanan Ch. und Klaus Hammer: Lexikon Theater International. Berlin 1995

Vaßen, Florian: Das Theater der Sprache – eine erste Annäherung. In: Korrespondenzen. Zeitschrift für Theaterpädagogik. 17. Jahrgang, Heft 41. Milow 2002, S. 5-11

Vaßen, Florian / Gerd Koch / Gabriela Naumann (Hg.): Wechselspiel : KörperTheaterErfahrung. Frankfurt / M. 1998

Viebrock, Anna und Bettina Masuch: Damit die Zeit nicht stehen bleibt. In: Anna Viebrock Bühnen / Räume. Berlin 2000, ohne Seitenangaben.

Waegner, Heinrich: Theaterwerkstatt. Stuttgart 1994

Wiese, Hans-Joachim: Bausteine für eine Theorie der theatralen Erfahrung. Gegenwärtigkeit, Oberfläche und Exterritorialität. Berlin, Milow, Strasburg 2005

Wolf, Edith und Egon Aderhold: Sprecherzieherisches Übungsbuch. Berlin 1972

Wulf, Christoph: Ästhetische Wege zur Welt. Über das Verhältnis von Mimesis und Erziehung. In: Kunst und Pädagogik. Hg von Dieter Lenzen, Darmstadt 1990, S. 156-170

Erweiterte Literaturliste

Belgrad, Jürgen (Hg.) : TheaterSpiel. Ästhetik des Schul- und Amateurtheaters. Hehengehren 1997

Bogart, Anne: Viewpoints. Lyme 1995

Brauneck, Manfred: Theater im 20. Jahrhundert. Programmschriften, Stilperioden, Reformmodelle. Reinbek bei Hamburg 1991

Bundesvereinigung Kulturelle Jugendbildung e. V. (Hg.): Kultur, Jugend, Bildung. Kulturpädagogische Schlüsseltexte 1970 – 2000. Remscheid 2001

Cechov, Michail A.: Die Kunst des Schauspielers. Stuttgart 1992

Ebert, Gerhard und Rudolf Penka (Hg.): Schauspielen. Handbuch der Schauspielerausbildung. Berlin 1998

Ebert, Jürgen / Ula Korn / Hans-Wolfgang Nickel: Improvisation I: Grundlagen und neuere Entwicklungen. Berlin 1993

Fiebach, Joachim: Von Craig bis Brecht. Studien zu Künstlertheorien des 20. Jahrhunderts. Berlin 1975

Fischer-Lichte, Erika und Anne Fleig (Hg.): Körper-Inszenierungen. Präsenz und kultureller Wandel. Tübingen 2000

Fischer-Lichte, Erika / Clemens Risi / Jens Roselt: Kunst der Aufführung – Aufführung der Kunst. Berlin 2004

Flamboyant. Schriften zum Theater, Heft 1: Vom Entstehen einer Tradition. Dreißig Jahre Odin Theatret. Köln 1995

Flamboyant. Schriften zum Theater, Heft 5: Über das Workcenter of Jerzy Grotowski. Köln 1996

Fritz, Horst (Hg.): Montage in Theater und Film. Tübingen und Basel 1993

Gebauer, Gunter und Christoph Wulf: Spiel – Ritual – Geste. Mimetisches Handeln in der sozialen Welt. Reinbek bei Hamburg 1998

Geertz, Clifford: Dichte Beschreibung. Beiträge zum Verstehen kultureller Systeme. Frankfurt / M. 1995

Hentschel, Ulrike und Hans Martin Ritter: Entwicklungen und Perspektiven des Spiel- und Theaterpädagogik. Festschrift für Hans-Wolfgang Nickel. Berlin, Milow, Strasburg 2003

Hentschel, Ingrid / Klaus Hoffmann / Florian Vaßen: Brecht, Stanislawski und die Folgen. Berlin 1997

Hentschel, Ulrike: Theaterspielen als ästhetische Bildung. Über einen Beitrag produktiven künstlerischen Gestaltens zur Selbstbildung. Weinheim 1996

Hoffmann, Christel und Annett Israel (Hg.) :Theater spielen mit Kindern und Jugendlichen. Konzepte, Methoden und Übungen. Weinheim, München 1999

Hoffmann, Klaus / Uwe Krieger / Hans-Wolfgang Nickel: Masken. Eine Bestandsaufnahme mit Beiträgen aus Pädagogik, Geschichte, Religion, Theater, Therapie. Berlin, Milow, Strasburg 2004

Jenisch, Jakob: Ich selbst als ein anderer. Der Darsteller und das Darstellen. Grundbegriffe für Praxis und Pädagogik. Berlin 1996

Johnstone, Keith: Improvisation und Theater. Berlin 1993

Kapralik, Elena: Antonin Artaud. Leben und Werk des Schauspielers, Dichters und Regisseurs. München 1977

Klosterkötter-Prisor, Birgit (Hg.): Grenzüberschreitungen. Theater – Theater-
    pädagogik – Therapie. Remscheid 1994

Koch, Gerd / Gabriele Naumann / Florian Vaßen (Hg.): Ohne Körper geht nichts.
    Lernen in neuen Kontexten. Berlin, Milow 1999

Kurzenberger, Hajo (Hg.): Praktische Theaterwissenschaft. Spiel – Inszenierung
    – Text. Hildesheim 1998

Kurzenberger, Hajo und Annemarie Matzke (Hg.): TheorieTheaterPraxis. Thea-
    ter der Zeit. Recherchen 17

Nickel, Hans-Wolfgang: Regie: Thema und Konzept. Milow, 2005

Paris, Volkhard und Monika Bunse: Improvisationstheater mit Kindern und
    Jugendlichen. Organisation, Spielgeschichten, Spielanleitung. Reinbek bei
    Hamburg 1994

Pfütze, Hermann: Form, Ursprung und Gegenwart der Kunst. Frankfurt / M. 1999

Reiss, Joachim: Die Situation des Darstellenden Spiels als Unterrichtsfach.
    In: Theater in der Schule. Herausgegeben von der Körber-Stiftung und
    der Bundesarbeitsgemeinschaft Darstellendes Spiel e.V. Hamburg 2000,
    S. 388-395

Rellstab, Felix: Handbuch Theaterspielen Band 1. Grundlagen – Neues zu
    Theorie und Praxis. Wädenswil 1994

Rellstab, Felix: Handbuch Theaterspielen Band 2. Wege zur Rolle. Wädenswil 1996

Rellstab, Felix: Handbuch Theaterspielen Band 3: Theorien des Theaterspie-
    lens. Aristoteles – Shakespeare – Diderot – Kleist – Stanislawski – Brecht –
    Artaud. Wädenswil 1998

Riegel, Enja: Schule kann gelingen! Wie unsere Kinder wirklich fürs Leben
    lernen. Frankfurt / M. 2005

Schwerin v. Krosigk, Barbara: Der nackte Schauspieler. Die Entwicklung der
    Schauspieltheorie Jerzy Grotowskis. Berlin 1986

Tatarkiewicz, Wladyslaw: Geschichte der sechs Begriffe. Kunst, Schönheit,
    Form, Kreativität, Mimesis, Ästhetisches Erlebnis. Frankfurt / M. 2003

Text und Kritik Sonderband XI / 04: Theater fürs 21. Jahrhundert.
    Herausgegeben von Heinz Ludwig Arnold in Zusammenarbeit mit
    Christian Dawidowski. München 2004

Vleck, Radim: Workshop Improvisationstheater. Übungs- und Spielesamm-
    lung für Theaterarbeit, Ausdrucksfindung und Gruppendynamik.
    München 1997

Weintz, Jürgen: Theaterpädagogik und Schauspielkunst. Ästhetische und
    psychosoziale Erfahrung durch Rollenarbeit. Butzbach-Griedel 1998

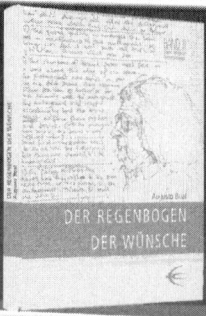